普通高校"十三五"规划教材

全国高等学校
法学系列教材
基础与应用

Advertising Laws and
Regulations

广告法律法规

○ ○ ○ ○ ○ ○（第2版）

李爱华　张冠男◎主　编
白　硕　尚建珊◎副主编

清华大学出版社
北京

内 容 简 介

本书根据国家 2020 年颁布实施的《民法典》,结合广告行业发展的新特点,系统介绍了以下内容:广告法、广告准则、广告主体、广告活动行为、特定媒体广告、广告知识产权保护、广告行政管理、广告审查、广告行业自律、广告社会监管、广告法律责任、外国广告管理等广告法律法规及管理知识。并通过实例分析讲解,提高读者的对广告法律法规的认知与运用能力。

本书内容翔实,案例丰富,与最新立法接轨,实用性强。可作为普通高等院校广告、经管等专业教学的首选教材,也可兼顾高职高专、应用型大学的教学,还可以作为广告从业人员在岗培训用书,并为广告从业者职业资格和职称考试提供指导。

图书在版编目(CIP)数据

广告法律法规/李爱华,张冠男主编.—2 版.—北京:清华大学出版社,2021.1(2024.9重印)
普通高校"十三五"规划教材　全国高等学校法学系列教材. 基础与应用
ISBN 978-7-302-57075-2

Ⅰ.①广…　Ⅱ.①李…②张…　Ⅲ.①广告法－中国－高等学校－教材
Ⅳ.①D922.294

中国版本图书馆 CIP 数据核字(2020)第 251128 号

责任编辑:刘　晶
封面设计:李伯骥
责任校对:王荣静
责任印制:丛怀宇

出版发行:清华大学出版社
　　　　　网　　　址:https://www.tup.com.cn,https://www.wqxuetang.com
　　　　　地　　　址:北京清华大学学研大厦 A 座　　邮　　编:100084
　　　　　社 总 机:010-83470000　　　　　　　　邮　　购:010-62786544
　　　　　投稿与读者服务:010-62776969,c-service@tup.tsinghua.edu.cn
　　　　　质量反馈:010-62772015,zhiliang@tup.tsinghua.edu.cn
印 装 者:涿州市般润文化传播有限公司
经　　销:全国新华书店
开　　本:170mm×240mm　　印　　张:17.25　　字　　数:234 千字
版　　次:2016 年 1 月第 1 版　　2021 年 1 月第 2 版　　印　　次:2024 年 9 月第 6 次印刷
定　　价:59.80 元

产品编号:089172-01

本书编审委员会

随着我国改革开放进程的加快和社会主义市场经济的快速推进,我国经济建设一直保持着持续高速增长的态势,已成为全球第二大经济体。经济发展越快、市场竞争越激烈,越是需要法律法规作保障,法律法规既是规则,也是企业的行为道德准则;法律法规在开拓国际市场、国际商务活动交往、防止金融诈骗、打击违法犯罪、推动民族品牌创建、支持大学生创业、促进生产、拉动内需、解决就业、推动经济发展、保证国家税改、改善民生、构建和谐社会等方面发挥着越来越重要的作用。

目前我国正处于经济稳步发展与社会变革的重要时期,随着经济转型、产业结构调整、传统企业改造,涌现了大批旅游、物流、电子商务、生物医药、动漫、演艺、文化创意、绿色生态、循环经济等新型产业;为支持"中小微"型企业和自主创业发展,为与国际经济接轨、适应中国经济国际化发展趋势,近年来国家不断加大税制改革、调整财政与会计政策,并及时颁布实施了一系列新出台和修订的法律法规,包括劳动法、旅游法、商标法、税法、保险法等,以及企业会计准则、税收征管制度等政策规定,为的是更好地搞活经营、活跃市场、确保我国经济的可持续发展。

市场经济是法治经济,经济活动必须遵纪守法,法律法规执行与监管是市场经济永恒的主题。随着我国法律体系的逐步建立,全民都必须严守法律法规,所有的企业也必须依法办事规范经营。当前,面对经济的快速发展、激烈的国际市场竞争、就业上岗的压力,更新观念、学习新法律法规、调整业务知识结构、掌握各项新的管理制度、加强在职从业人员的法律法律应用技能培训、强化法律道德素质培养已成为目前亟待解决的问题。

社会需求和市场呼唤有知识、会操作、能顶岗的实务型法律法规专业人才,本书的出版不仅有力地配合了高等教育法律教学的创新,而且也满足了社会需求,起到了为国家经济建设服务的作用;对依法治国、依法办事、依法经营,对加强法治观念、树立企业形象、提升核心竞争力、有效进行自我保护具有积极的现实意义。

本教材作为普通高等教育本科院校法律法规课程的特色教材,以读者应用能力训练为主线,以科学发展观为统领,严格按照国家教育部关于"加强职业教育、突出实践技能与能力培养"的教育教学改革要求,根据国家法律法规,遵循法制发展的新趋势,结合国家正在启动的毕业生就业工程,针对企事业单位对各种法律事务岗位用人的实际需求,我们组织多年从事相关法律法规课程教学的专家学者与具有丰富实践经验的律师共同撰写。

本套教材包括《经济法》《商法》《海商法》《税法》《国际商法》《劳动与社会保障法》《金融法律法规》《保险法律法规》《会计法律法规》《电子商务法律法规》等教材。参与编写的单位有:吉林工程技术师范学院、北京物资学院、华北科技学院、北京联合大学、哈尔滨师范大学、北方工业大学、山西大学、首钢工学院、牡丹江大学、北京教育学院、燕山大学、北京城市学院、东北财经大学、北京财贸职业学院、厦门集美大学、北京朝阳社区学院、大连商务学院、北京西城社区学院、郑州大学、北京石景山社区学院、大连海事大学、北京宣武社区学院、浙江工业大学、大连工业大学等全国三十多所高校。

由于本套教材紧密结合中国经济改革与发展实际、融入法律法规实践教学理念,坚持改革创新、注重与时俱进,有效解决本科法律教材陈旧、知识老化、数据案例过时、重理论轻实践等问题,具有选材新颖、知识系统、案例真实、贴近实际、通俗易懂等特点,并采取规范统一的格式化体例设计;因此既可以作为普通高等教育本科院校、高职高专院校相关专业法律教学课程的首选教材,也可以作为各类企事业机构从业人员的在职教育和岗位培训教材,对于广大社会社区居民也是非常有益的普法参考读物。

在教材编著过程中,我们参阅借鉴了大量国内外有关金融、财税等各项法律法规的最新书刊资料和国家新出台的政策法规及管理制度,并得到有关行业企业领导与专家教授的悉心指导,在此一并致谢。为配合本套教材的发行使用,特提供配套电子课件,读者可以从清华大学出版社网站(www.tup.com.cn)免费下载。希望全国各地区普通高等教育、高职高专院校积极选用本套教材,并请同行多提改进意见,以使教材不断完善与提高。

牟惟仲

2020 年 11 月

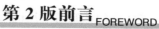
　　随着我国改革开放进程的加快,市场经济体制得到进一步完善,中国经济越来越凸显出国际化特征。依法治国、依法办事、完善法律法规、优化内外部环境,对我国经济发展具有特别重要的作用。市场经济是法治经济,经济活动必须遵纪守法,加强法制观念、依法经营,对于树立企业形象、提升企业竞争力、进行自我保护具有积极的现实意义。

　　商品促销离不开广告,企业形象也需要广告宣传,市场经济发展与广告业密不可分。广告是信息传播的使者,是促销的催化剂,是企业的"介绍信",是产品的"敲门砖"。广告不仅是国民经济发展的"晴雨表",也是社会精神文明建设的"风向标"。广告作为文化创意产业的关键支撑,在国际商务交往、丰富社会文化生活、推动民族品牌创建、促进经济发展等方面发挥着越来越大的作用,已经成为我国服务经济业的"绿色朝阳"产业,在我国经济发展中占有极其重要的位置。

　　虽然《广告法》已颁布实施了多年,但是由于利益驱动,广告市场的违法现象依然层出不穷,如:虚假广告、恶意诋毁广告等违法违规情况经常在各种媒体上出现。这不仅严重侵害了消费者的利益,而且损害了企业的形象,更严重的是扰乱了广告行业和广告市场,成为我国双循环经济发展的短板。

　　有法可依、有法必依、执法必严、违法必究,是最好的营商环境。我国双循环经济的发展离不开法律保障,广告从业人员需要不断提高法律意识和道德水平,广告行业也应该加强自律。面对复杂的国际经济形势和广告业的激烈竞争,加强广告法宣传和广告监管、加强从业者道德规范已成为当前亟待解决的问题。为培养社会急需的广告法律人才,我们组织多年从事广告法规教学与实践的专家学者,共同精心编撰了此教材,旨在提高大学生及广告从业者的专业素质,更好地服务于我国广告事业。

　　本书作为高等教育中广告法课程的特色教材,全书共十二章,坚持科学发展观,以培养读者的应用能力为主线,严格按照国家教育部关于"加强职业教育、突出应用能力培养"的教学改革要求,根据国家新颁布实施的《民法典》,结合广告活动的基本规律，系统介绍了如下内容：广告法、广告准则、广告主体、广告活动行为、特定媒体广告、广告知识产权保护、广告行政管理、广告审查、广告行业自律、广告社会监管、广告法律责任、外国广告管理等知识。并通过实例分析讲解，提高读者对广告法规的认知与运用能力。

本书融入了广告法律法规与广告管理的最新实践教学理念，力求严谨，注重与时俱进，具有知识系统、观点科学、案例真实、贴近实际、突出实用性、易于理解掌握等特点。本书既可作为普通高等院校广告、经管等专业教学的首选教材，也可兼顾高职高专、应用型大学的教学；还可以作为广告企业人员在岗培训用书；并为广告从业者职业资格和职称考试提供有益的学习指导。

本书由李大军统筹策划并具体组织，李爱华和张冠男主编，李爱华统改稿，白硕、尚建珊为副主编，由王桂霞教授审定。作者写作分工如下：牟惟仲（序言），李爱华（第一章、第二章、第四章），尚建珊（第三章、第八章），白硕（第五章、第七章），刘剑（第六章、第十二章），张冠男（第九章、第十一章），尚羿豪（第十章、附录），李晓新（文字修改、版式整理、课件制作）。

在教材再版过程中，我们参阅了国内外广告法规与管理的最新书刊、网站资料、国家近年新修订颁布实施的《民法典》及广告法和相关管理政策，收录了具有实用价值的典型案例，并得到业界专家教授的具体指导，在此一并致谢。为方便教学，本书提供配套电子课件，读者可以从清华大学出版社网站（www.tup.com.cn）免费下载使用。因广告法涉及面广，且作者水平有限，书中如有不妥之处，恳请专家和广大读者批评指正。

作者

2020 年 11 月

目　录 CONTENTS

广告法律法规(第 2 版)

第一章
广告法概述

 **本章导读**

1. 理解广告法的概念,掌握广告法律关系的构成要素;
2. 理解并掌握广告法的基本原则;
3. 了解我国广告法的渊源。

 引例

　　天津市津南区金轩宝贝孕婴用品商店通过互联网发布含有"激活自身免疫细胞""对抗新型冠状病毒新发现""能阻止冠状病毒对宿主呼吸道上皮细胞的侵入"等内容的食品、保健食品、口腔喷剂广告。当事人无法提供相关材料证明广告中推销的商品有防治新型冠状病毒或冠状病毒的功效,有关广告以虚假或者引人误解的内容欺骗、误导消费者,构成虚假广告。[①]

　　【解析】

　　该商店的行为违反了《广告法》第二十八条第二款第(二)项的规定,"商品的性能、功能、产地、用途、质量、规格、成分、价格、生产者、有效期限、销售状况、曾获荣誉等信息,或者服务的内容、提供者、形式、质量、价格、销售状况、曾获荣誉等信息,以及与商品或者服务有关的允诺等信息与实际情况不符,对购买行为有实质性影响的,以虚假或者引人误解的内容欺骗、误导消费者的,构成虚假广告"。该商店被天津市津南区市场监管局责令停止发布广告,并处罚款20万元。

---

　　① 《多家企业借疫情宣传产品功效被查处》,发布时间:2020-04-07,10:35。信息来源:《工人日报》,http://www.samr.gov.cn/ggjgs/sjdt/gzdt/202004/t20200407_313911.html.

第一节　广告法的概念和调整对象

一、广告的概念与分类

(一)广告的概念

广告是为了某种特定的需要,通过一定形式的媒体,并消耗一定的费用,公开而广泛地向公众传递信息的宣传手段。

广义的广告包括非经济广告和经济广告。非经济广告指不以营利为目的的广告,如政府行政部门、社会事业单位乃至个人的各种公告、启事、声明等。狭义上的广告仅指经济广告,又称商业广告,是指以营利为目的的广告,通常是商品生产者、经营者和消费者之间沟通信息的重要手段,或企业占领市场、推销产品、提供劳务的重要形式。

根据《广告法》的规定,广告即商业广告,是指商品经营者或者服务提供者通过一定媒介和形式直接或者间接地介绍自己所推销的商品或者服务的商业广告活动。

(二)广告的分类

由于分类的标准不同,看待问题的角度各异,导致广告的种类很多。从不同的角度可以对广告进行不同的分类,主要有:

1. 根据广告内容分类

(1)商业广告,即广告中最常见的形式。商业广告是以推销商品为目的,以向消费者提供商品信息为主的广告,包括商品营销广告、品牌形象广告。

(2)文化广告,即以传播科学、文化、教育、体育、新闻出版等为内容的广告。

(3)社会广告,即提供社会服务的广告。例如:社会福利、医疗保健、社会保险以及征婚、寻人、挂失、招聘工作等广告。

(4)政府公告,即政府部门发布的公告,也具有广告的作用。例如:公安、交通、法院、财政、税务、工商、卫生等部门发布的公告性信息。

(5)公益广告,即以社会公共利益为目标,宣扬或倡导人类优秀、高尚的文化价值观念的广告。

(6)悬赏广告,即组织或个人表示对完成一定行为的人给予报酬的广告。

2. 根据传播媒介分类

(1)印刷类广告,主要包括印刷品广告和印刷绘制广告。印刷品广告有报纸广告、杂志广告、图书广告、招贴广告、传单广告、产品目录、组织介绍等。印刷绘制广告有墙壁广告、路牌广告、工具广告、包装广告、挂历广告等。

(2)电子类广告,主要有广播广告、电视广告、电影广告、电脑网络广告、电子显示屏幕广告、霓虹灯广告等。

（3）实体广告，主要包括实物广告、橱窗广告、赠品广告等。

3. 根据广告目的分类

（1）产品广告，指向消费者介绍产品的特性，直接推销产品，目的是打开销路、提高市场占有率的广告。

（2）公共关系广告，指以树立组织良好社会形象为目的，使社会公众对组织增加信心，以树立组织卓著声誉的广告。

4. 根据广告地点进行分类

（1）销售现场广告，指设置在销售场所内外的广告。主要包括橱窗广告、货架陈列广告、室内外彩旗广告、卡通式广告、巨型商品广告。

（2）非销售现场广告，指存在于销售现场之外的一切广告形式。

5. 根据广告阶段性分类

（1）倡导广告，这种广告又称始创式广告，目的在于向市场开辟某一类新产品的销路或某种新观念的导入，此种广告重点在于使人知晓。

（2）竞争广告，这种广告又称比较式广告，是通过将自己的商品与他人的商品作比较，从而显出自己的商品的优点，使公众选择性认购。此种广告重点在于突出自己的商品的与众不同，许多国家在广告立法中对于比较式广告有一定限制。

（3）提示广告，这种广告又称提醒广告、备忘式广告，是指在商品销售达到一定阶段之后，商品已经成为大众熟悉的商品，经常将商品的名称提示给大众，以促进商品销售。

除上述分类之外，广告还有许多其他分类方法。如按照广告的表现形式，广告可以分为图片广告、文字广告、表演广告、说词广告、综合性广告；按照广告的目标对象，广告可以分为：儿童、青年、妇女广告，以及高收入阶层、工薪阶层的广告；按照广告在传播时间上的要求，广告可分为时机性广告、长期性广告和短期性广告，等等。随着新媒介的不断增加，依媒介划分的广告种类也会越来越多。

二、广告法的概念

关于广告法的概念，学术界有不少争议，目前尚无明确界定，通说认为广告法有广义和狭义之分。狭义的广告法是国家立法机关依照一定的法律程序所制定的专门调整广告活动的法律，即广告法典，特指《中华人民共和国广告法》（以下简称《广告法》）这部法典。广义的广告法是指用来调整广告管理、广告活动的强制性行为规范的总称。广义的广告法除了《广告法》以外，还包括了国务院及有关主管部门制定和颁布的广告管理的行政法规和规章，以及地方性法规、规章,等等。

三、广告法的调整对象

广告主、广告经营者、广告发布者和广告代言人在中华人民共和国境内从事广告活动,应当遵守《广告法》的规定。

国家对广告活动进行监督管理,国务院市场监督管理部门主管全国的广告监督管理工作,国务院有关部门在各自的职责范围内负责广告管理相关工作。县级以上地方市场监督管理部门主管本行政区域的广告监督管理工作,县级以上地方人民政府有关部门在各自的职责范围内负责广告管理相关工作。

根据以上规定,我国《广告法》调整的社会关系具体包括以下几类。

(1) 广告活动中,广告主、广告经营者、广告发布者在委托、设计、制作、代理广告活动中发生的社会关系,以及它们与广告受众之间发生的社会关系,以上当事人之间的法律地位平等。

(2) 广告监督管理机关在依法监督、检查管理各种广告活动中发生的广告管理关系。

(3) 广告审查机关在依法审查各种广告活动中发生的广告审查关系。

在对广告主体的活动进行管理的关系中,如有关主管部门对广告进行审查而发生的广告审查关系,双方的法律地位不平等。

(4) 广告管理机关、司法机关在处罚广告违法行为和解决广告纠纷中发生的社会关系。

第二节　广告法律关系

知识链接

法律关系的概念和特征

法律关系是在法律规范调整社会关系的过程中所形成的、人们之间的权利和义务关系。法律关系的特征:(1)法律关系是根据法律规范建立的一种社会关系,具有合法性。(2)法律关系是体现国家意志性的社会关系。(3)法律关系是特定法律关系主体之间的权利和义务关系。

一、广告法律关系的概念

广告法律关系是指在广告活动中根据广告法的规定发生的权利和义务关

系,包括广告监督管理机关、广告审查机关在依法监督、检查管理、审查各种广告活动中发生的广告管理关系、广告审查关系,以及广告活动主体之间发生的权利义务关系。

二、广告法律关系的构成要素

任何法律关系都由法律关系主体、法律关系内容、法律关系客体组成,三者缺一不可。因此,广告法律关系是由广告法律关系主体、广告法律关系客体和广告法律关系内容三大要素构成。

(一)广告法律关系主体

广告法律关系的主体指参与广告法律关系并依法享有权利和承担义务的人。依据法律规定,广告法律关系主体包括:广告监督管理机关和广告审查机关,具体包括县级以上市场监督管理部门、城市建设、环境保护、公安等部门,以及卫生健康委员会等;广告活动的主体;广告受众。

(二)广告法律关系客体

广告法律关系的客体是指广告法律关系主体权利和义务所共同指向的对象。它是将广告法律关系主体之间的权利与义务联系在一起的中介,没有广告法律关系的客体作为中介,就不可能形成广告法律关系。主要包括:物、行为、精神财富等。

(1)物,即广告法律关系主体支配的客观实体。

(2)行为,即广告法律关系主体的行为,可以分为作为和不作为两种情况。

(3)精神财富即智力成果,是广告法律关系主体在智力活动中所创造的精神财富。

(三)广告法律关系内容

广告法律关系的内容是指广告法律关系主体所享有的权利和应当承担义务。

1. 法律权利

法律权利是指法律保障或允许的、行为人能够作出一定行为的尺度,是权利主体能够作出一定行为或不做出一定行为,以及要求他人相应地作出一定行为或不作出一定行为的许可和保障。

2. 法律义务

法律义务是法律为保障权利人的权利需要而要求义务人作出必要行为的尺度,是因他人的要求为一定行为或不为一定行为,如果义务人未履行其义务,则构成法律制裁的理由或根据。

广告管理者与被管理者之间是一种不平等的行政管理关系,享有管理权的国家机关有依法对广告主体的广告活动进行监督管理的权力,广告活动的主体有接受监督管理的义务。

在广告活动主体因为从事广告活动所形成的民事法律关系中,当事人之间的权利义务关系平等或对等,其法律地位平等。明确广告活动中不同主体之间的权利(力)义务关系的性质,对于广告行政管理和广告司法活动具有重要的意义。

三、广告法律关系的产生、变更和终止

任何社会关系总是在不断地发展变化,广告法所调整的社会关系在广告法律关系方面,表现为各种广告法律关系的产生、变更和终止。

(一)广告法律关系的产生

广告法律关系的产生,是指因为一定的法律事实出现,广告主体之间形成的广告权利义务关系。

(二)广告法律关系的变更

广告法律关系的变更,是指因一定法律事实出现,原有的广告法律关系发生了变化,包括主体变更、客体变更和内容变更。

(三)广告法律关系的终止

广告法律关系的终止,是指因一定法律事实的出现,原有的广告法律关系终结。

广告法律关系产生、变更和终止必须具备一定的条件。首先,广告法律关系的产生、变更和终止需要以相应的广告法律作为前提。其次,广告法律关系的产生、变更和终止还需要有法律事实的存在。

法律事实是指直接引起广告法律关系产生、变更和消灭的客观情况。根据法律事实的发生与当事人的意志有无关系,法律事实可以分为行为和事件两类。

行为是指根据当事人的意志而作出的,能够引起法律关系产生、变更和终止的有意识的活动。事件是指不依当事人的主观意志为转移的客观事实,包括自然现象和社会现象引起的事实。所谓自然现象主要是指自然灾害,如:地震、洪水、海啸等。社会现象包括战争、政府行为等。

第三节　广告法基本原则

法律原则是指导立法、执法和守法活动的指导思想和根本法律准则。《广告法》总则中规定的广告法基本原则,是贯穿于广告法规范的指导思想和根本准则。

一、真实合法原则

广告应当真实、合法,符合社会主义精神文明建设的要求。

(一)广告应当符合真实性的要求

广告的真实性,要求广告活动必须真实地、客观地传播有关商品或者服务的情况,而不能进行任何形式的虚构和夸大,不得做虚假的传播,不得欺骗和误导消费者。商业广告通过一定的媒介和形式直接或者间接地介绍自己商品或者服务,其目的在于推销商品或者提供服务。

对于消费者来讲,广告具有很大的导向性。如果广告不真实,消费者就难免上当受骗,所以,采取不真实的广告推销商品或者服务,实际上就是采用欺骗的手段推销商品或者提供服务,这是对消费者权益的侵害,也扰乱了正常的市场经济秩序。

【案例 1-1】

福建福州盛欣房地产开发有限公司通过微信公众号、宣传册等媒介发布含有"高质别墅""叠拼别墅""山海主题牧场""Discovery 世界主题乐园"等内容的广告,与实际情况不符,且涉及对规划或建设中的相关设施及市政条件做误导宣传,违反了《广告法》第二十六条第(四)项、第二十八条第二款第(二)项等规定。

依据《广告法》第五十五条第一款、第五十八条第一款第(八)项等规定,2019 年 7 月,福州经济技术开发区市场监督管理局作出行政处罚,责令其停止发布违法广告,并处罚款 11.15 万元。[①]

【解析】

《广告法》第二十六条第(四)项规定,房地产广告,房源信息应当真实,面积应当表明为建筑面积或者套内建筑面积,并不得对规划或者建设中的交通、商业、文化教育设施以及其他市政条件作误导宣传。《广告法》第二十八条第二款第(二)项规定,与商品或者服务有关的允诺等信息与实际情况不符,对购买行为有实质性影响的构成虚假广告。当事人发布的广告违反了上述法规。

当事人承担的法律责任的依据是《广告法》第五十五条规定:违反本法规定,发布虚假广告的,由市场监督管理部门责令停止发布广告,责令广告主在相应范围内消除影响,处广告费用三倍以上五倍以下的罚款。《广告法》第五十八条第一款第(八)项规定:违反本法第二十六条规定发布房地产广告的,由市场

---

① 《福建福州盛欣房地产开发有限公司发布违法广告案 国家市场监督管理总局公布 2019 年第四批虚假违法广告典型案件》,发布时间:2019-12-17,14:21。信息来源:市场监管总局,http://www.samr.gov.cn/ggjgs/sjdt/gzdt/201912/t20191217_309265.html.

监督管理部门责令停止发布广告,责令广告主在相应范围内消除影响,处广告费用一倍以上三倍以下的罚款。

(二)广告应当符合合法性的要求

广告的合法性原则要求广告的内容和形式都必须在法律允许的范围内,不得违背社会秩序和公共利益的要求。广告活动的合法性原则不仅要求广告的内容和广告的形式要合法,而且要求广告主的广告宣传活动和广告经营者、发布者的设计、制作、代理发布等广告活动,以及在广告中对商品、服务进行推荐或者证明的自然人、法人或者其他组织的行为,必须符合法律法规的规定,不得违反法律法规的强制性规定。

任何违反法律法规的行为都必须承担相应的法律责任。

二、精神文明原则

广告必须符合社会主义精神文明建设的要求,是对广告思想性的要求,也是我国广告法中特有的内容。它要求广告不违反社会公共秩序、社会公共道德以及善良风俗,并且具有一定的文化内涵、思想品位,有利于社会主义精神文明建设。

广告是一种市场营销传播经济信息的手段,也是一种商业文化。广告所表现的内容对消费者的道德观念、价值取向有潜移默化的影响。特别是在现阶段,广告对人们生活的影响日益深入,广告的导向和文化传播的作用也越来越突出,必然对社会文化、社会风气产生巨大影响。对广告思想性的要求,对于促进经济的发展、社会主义文化建设有积极的作用。

具体来讲,广告应当符合社会主义精神文明建设的要求,就是要求广告必须尊重社会主义的社会公德和社会公共利益,而不能宣扬以及传播损人利己、欺诈勒索等腐朽思想和观念;弘扬中华民族精神和民族文化,维护国家利益和民族形象;弘扬科学,不得宣传带有封建迷信等内容;引导健康消费、积极生活的价值观念和生活方式。

【案例 1-2】

苏州爱和资产管理有限公司在其经营的天猫网店"爱和情趣专营店"中销售一款女用震动棒,在该商品的详情介绍页发布的广告内容中使用了挑逗性和涉嫌色情的语言,违背社会良好风尚。当事人的行为违反了《广告法》第九条第(七)项之规定,根据《广告法》第五十七条第(一)项之规定,苏州相城区市场监督管理局责令当事人停止发布违法广告,并对当事人处罚款 3 万元。[①]

---

① 《苏州爱和资产管理有限公司发布违背社会良好风尚广告案 2020 年苏州市市场监管系统查处的第一批违法广告典型案例》,发布时间:2020-04-05,10:44。信息来源:中国质量新闻网,http://www.samr.gov.cn/ggjgs/sjdt/gzdt/202004/t20200407_313912.html.

【解析】

苏州爱和资产管理有限公司发布的广告违反了《广告法》第九条第(七)项的规定,广告不得有妨碍社会公共秩序或者违背社会良好风尚。苏州相城区市场监督管理局依据《广告法》第五十七条第(一)项之规定,发布有本法第九条规定的禁止情形的广告的,由市场监督管理部门责令停止发布广告,对广告主处20万元以上100万元以下的罚款。

三、禁止虚假广告原则

这项原则要求广告不得含有虚假的内容、不得欺骗和误导消费者,实际上也就是要求广告必须具有真实性,即广告活动必须真实地、客观地传播有关商品或者服务的情况,而不能做虚假的传播,更不能欺骗和误导消费者。

在我国的其他法律中也有相关的规定,如《反不正当竞争法》第八条明确规定:经营者不得对其商品的性能、功能、质量、销售状况、用户评价、曾获荣誉等做虚假或者引人误解的商业宣传,欺骗、误导消费者。经营者不得通过组织虚假交易等方式,帮助其他经营者进行虚假或者引人误解的商业宣传。

《消费者权益保护法》第四十五条规定,消费者因经营者利用虚假广告或者其他虚假宣传方式提供商品或者服务,其合法权益受到损害的,可以向经营者要求赔偿。广告经营者、发布者发布虚假广告的,消费者可以请求行政主管部门予以惩处。广告经营者、发布者不能提供经营者的真实名称、地址和有效联系方式的,应当承担赔偿责任。

广告经营者、发布者设计、制作、发布关系消费者生命健康的商品或者服务的虚假广告,造成消费者损害的,应当与提供该商品或者服务的经营者承担连带责任。

社会团体或者其他组织、个人在关系消费者生命健康的商品或者服务的虚假广告或者其他虚假宣传中向消费者推荐商品或者服务,造成消费者损害的,应当与提供该商品或者服务的经营者承担连带责任。

【案例 1-3】

阆中市吾悟堂日用品经营部委托他人在微信"微帮"平台上发布含有大量衣着暴露的女性图片和低俗、色情的语言文字,宣传"JJ金蛋白"和"羊腰子三鞭片"两种食品,客服人员假冒"男性健康医师",通过微信对顾客一对一宣传其产品属于"藏秘古方",能改善男性生殖器官,增强性功能"等内容,以此来吸引顾客购买产品,违反了《广告法》第九条、《反不正当竞争法》第八条规定。[①]

---

① 《阆中市吾悟堂日用品经营部发布违法广告案 四川公开曝光 2020 年第一批虚假违法广告典型案件》,发布时间:2020-06-16,13:31。信息来源:人民网,http://www.samr.gov.cn/ggjgs/sjdt/gzdt/202006/t20200618_317113.html。

【解析】

吾悟堂日用品经营部发布的广告违反了《广告法》第九条第(七)项、第(八)项规定,广告不得妨碍社会公共秩序或者违背社会良好风尚;不得含有淫秽、色情、赌博、迷信、恐怖、暴力的内容。违反了《反不正当竞争法》第八条规定,经营者不得对其商品的性能、功能、质量、销售状况、用户评价、曾获荣誉等作虚假或者引人误解的商业宣传,欺骗、误导消费者。

阆中市市场监管局于2020年3月,依据《广告法》第五十七条及《反不正当竞争法》第二十条等规定,作出行政处罚,责令停止发布违法广告,并处罚款50万元。

四、行为规范原则

(一)广告主体守法原则

广告活动主体必须遵守法律、行政法规的原则,一方面为广告活动主体提供了基本的行为准则,要求广告活动主体必须在法律、行政法规允许的范围内进行广告活动;另一方面为国家管理机关、其他经济主体判断广告活动主体的行为是否合法提供了一个衡量标准,有利于国家管理机关依法查处违法广告行为,有利于其他经济主体依法维护自己的合法权益。

(二)遵循公平原则

公平原则是我国所有的民事活动都要遵循的一个原则,《民法典》第六条明确规定了民事主体从事民事活动,应当遵循公平原则,合理确定各方的权利和义务。

广告主、广告经营者、广告发布者和广告代言人从事广告活动也应当遵循公平原则,合理安排当事人之间的权利义务关系。一方当事人利用优势或者利用对方没有经验,致使双方的权利义务明显违反公平原则的,可以认定为显失公平,一方当事人有权请求人民法院或者仲裁机构予以变更或者撤销。

(三)遵循诚实信用原则

广告主、广告经营者、广告发布者和广告代言人从事广告活动,应当遵循诚实信用的原则。

诚实信用原则要求广告活动主体在进行广告活动时,应当讲诚实、守信用,以善意的方式履行自己的义务,不得规避法律和合同。诚实信用的原则,一是要求广告活动主体必须讲诚实、守信用,以善意方式行使权利和履行义务;二是要求以诚实信用原则解决广告活动各主体之间的各种利益冲突和矛盾;三是要求以诚实信用原则订立、履行、解除合同,在合同条款不明确时应依诚实信用原则来解释和履行。

第四节　我国广告法的渊源

一、我国广告法制建设的发展过程

我国的广告法制建设是随着国家经济建设的发展而发展的。新中国第一个地方性广告法规是 1949 年 12 月上海市人民政府颁布的《广告管理规则》,此后,一些地区也发布了地方性广告法规,对广告法制建设的发展起了积极的作用,对广告业的发展以及国家的经济建设也起到了推动作用。

随着社会主义商品经济的发展,我国的广告业进入了一个新的发展时期,为规范广告行为,发挥广告在经济生活中的作用,1982 年 2 月国务院发布了《广告管理暂行条例》,该条例是我国历史上第一部全国性、综合性的广告行政法规,在我国的广告法制建设史上居重要地位。

1982 年 4 月,国家工商行政管理总局依据《广告管理暂行条例》,制定了《广告管理暂行条例实施细则》,对促进《广告管理暂行条例》的实施起到了重要作用。

《广告管理暂行条例》及其实施细则的颁布,结束了我国改革开放以来,广告活动无章可循、缺乏管理的混乱局面,并且明确了工商行政管理机关是我国的广告管理机构,将全国各地的分散管理逐渐过渡到全国性的统一管理。

《广告管理暂行条例》及其实施细则的颁布实施标志着我国广告管理发生了质的飞跃,为广告法制建设的进一步发展奠定了基础,也为后来的《广告管理条例》和《广告法》以及其他部门规章的制定积累了宝贵的经验。

随着改革开放的不断深化,我国的经济领域发生了巨大的变化,广告活动日益频繁,广告队伍迅速扩大,对广告管理活动也提出了新的要求。从 1982 年以来,国家工商行政管理局对广告业进行了四次整顿,清理无证经营、清查虚假广告、取缔非法经营广告的单位和个人、吊销完全不具备条件的广告公司的营业执照。

在清查整顿中所发现的问题表明,有必要修改、完善已有的广告法律规范。1987 年 10 月,国务院正式发布《广告管理条例》,加强了对广告内容以及特殊广告的法律规制,扩大了广告活动主体的范围。1988 年 1 月,国家工商行政管理总局发布了《广告管理条例实施细则》,此实施细则于 2004 年 11 月修改,2005 年 1 月 1 日起施行。

社会市场经济体制的建立,促进了我国经济的繁荣与发展,广告业进入了高速发展的时期,同时也给广告法制建设的发展提出了新的问题。由于多方面的原因,在广告活动中,各种损害消费者权益和国家经济秩序的现象屡有发生。

主要表现在：利用广告推销假冒伪劣商品,夸大产品、服务的功效,欺骗和误导消费者;故意贬低竞争对手,进行不正当竞争;广告内容有悖于社会公认的道德风尚,损害社会公德。

此外,由于广告活动主体之间的权利义务不明确,在广告活动中出现了许多违法广告和违法行为。以上问题的存在,妨碍了广告业的健康发展,严重损害了消费者的利益,严重干扰了社会主义市场经济秩序。从 1990 年开始,国家着手《广告法》的立法工作,1994 年 10 月 27 日,第八届全国人大常委会通过了《广告法》。

《广告法》自 1995 年 2 月 1 日施行以来,在规范广告活动、促进广告业健康发展和保护消费者权益方面,发挥了重要作用。随着我国广告业的迅速发展和互联网的广泛应用,广告发布的媒介和形式发生了较大变化,现行广告法的有关规定过于原则,约束力不强,对一些新问题、新情况缺乏规范,已不能完全适应广告业发展的客观需要,为此,2015 年,2018 年国家先后对《广告法》进行修改。

2018 年新修订的《广告法》共有 6 章 75 条,对广告和广告活动的基本原则、广告内容准则、广告行为规范、广告监督管理、法律责任等作了比较全面的规定。

二、广告法的渊源

广告法的渊源是指广告法的外在表现形式。我国法的渊源主要是制定法,根据我国法律的规定,广告法的渊源有以下几个方面。

(一)法律

全国人民代表大会及其常委会制定的法律是广告法主要组成部分。

法律由国家最高权力机关,即全国人民代表大会及其常务委员会制定,在我国法的体系中的地位仅次于宪法。作为广告法的渊源的法律,既有专项广告法律,也有非专项广告法律。专项广告法律主要是《广告法》。

非专项广告法律的范围广泛,包括规定广告活动主体的法律,如《公司法》《合伙企业法》《独资企业法》《中外合资经营企业法》《外资企业法》等;规定广告行为的法律,如《民法典》《食品安全法》《消费者权益保护法》《反不正当竞争法》《专利法》《商标法》《刑法》等;规定广告争议处理方面的法律,如《民事诉讼法》《行政诉讼法》《刑事诉讼法》《仲裁法》《行政处罚法》等。这些法律构成广告法的主体与核心部分。

(二)行政法规

行政法规是由最高国家行政机关即国务院依法制定、修改的,有关行政管理和管理行政事项的规范性文件的总称,其法律地位低于宪法、法律,高于地方性法规。在《广告法》颁布前,国务院于 1987 年 10 月 26 日制定的《广告管理条例》对广告管理活动起到重要的作用。

此外,还有一些有关广告活动的非专项行政法规也是广告法的组成部分,如 2001 年 8 月 2 日国务院公布的《印刷业管理条例》(2016 年、2017 年进行了两次修订)。

(三)行政规章

行政规章是由有关行政机关依法制定的有关行政管理的规范性文件的总称,包括部门规章和地方政府规章。

部门规章是国务院所属各部委根据法律和国务院行政法规,在本部门的权限范围内所发布的规范性文件。根据《立法法》的规定:"国务院各部、委员会、中国人民银行、审计署和具有行政管理职能的直属机构,可以根据法律和国务院的行政法规、决定、命令,在本部门的权限范围内,制定规章。"

部门规章规定的事项应当属于执行法律或者国务院的行政法规、决定、命令的事项。如:国家工商行政管理总局和卫生部于 2006 年 11 月 10 日颁布的修订以后的《医疗广告管理办法》(修改以后的《医疗广告管理办法》自 2007 年 1 月 1 日起施行);国家市场监督管理总局 2019 年 12 月 24 日公布的《药品、医疗器械、保健食品、特殊医学用途配方食品广告审查管理暂行办法》等。

省、自治区、直辖市人民政府以及省、自治区、直辖市人民政府所在地的市和国务院批准的较大的市的人民政府制定的有关广告的规范性文件也是广告法的组成部分。如北京市人民政府于 2007 年 11 月 19 日通过的《北京市展会知识产权保护办法》(该《保护办法》自 2008 年 3 月 1 日起施行)。

(四)地方性法规

地方性法规,是指省、自治区、直辖市的人民代表大会及其常务委员会以及省、自治区、直辖市人民政府所在地的市、经国务院批准的较大的市的人民代表大会及其常务委员会,根据本地区的实际情况和需要,在不同宪法、法律、行政法规相抵触的前提下,可以制定和颁布地方性法规。

地方性法规只在本行政区域或者部分区域有效。例如,上海市第十三届人民代表大会常务委员会第三十三次会议于 2012 年 4 月 19 日通过,2012 年 9 月 1 日起施行的《上海市产品质量条例》仅在上海市范围内适用。

(五)法律解释

法律解释是对具有法律效力的规范性文件的内容和含义所做的说明。任何法律在其实际运用过程中都存在解释的问题。法律解释对正确理解法律规范的立法原意和保证法律正确实施具有重要的意义。

根据解释的主体和效力的不同,法律解释分为正式解释和非正式解释。正式解释具有法律效力,非正式解释不具有法律效力,能够成为广告法渊源的是正式解释。

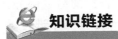 **知识链接**

正式解释和非正式解释

正式解释又称有权解释,是由有解释权的国家机关作出的解释,包括立法解释、行政解释和司法解释。立法解释是国家立法机关对法律所作的解释。我国有立法解释权的立法机关是最高权力机关及其常设机构。立法解释的效力同法律本身一样,具有普遍约束力。行政解释是国家行政机关在依法行使职权时,对有关法律、法规、规章的具体应用问题所作的解释。

国务院及主管部门有行政解释权,包括对行政法规的解释权和对法律的解释权。行政机关对自己制定的行政法规,当然有权解释;行政机关对法律的解释权是根据全国人大常委会的授权而产生的,并且仅限于对不属于审判和检察工作的法律如何具体应用的问题的解释。行政解释也具有普遍约束力。

司法解释是国家司法机关在使用法律、法规的过程中对具体应用法律、法规的问题所作的解释。我国有司法解释权的司法机关仅限于最高人民法院和最高人民检察院。

非正式解释不具有法律效力,又称无权解释,包括学理解释和任意解释。学理解释是在学术研究和教学实践中对法律规范作的解释。任意解释是社会团体、人民群众、诉讼参加人等对法律规范作的解释,没有法律约束力。

三、中国广告法制体系

中国广告法制体系是以《广告法》为核心和主干,以《广告管理条例》为必要补充,以国家市场监督管理局单独或会同有关部门制定的行政规章和规定为具体操作依据,以地方行政规定为实际针对性措施,以行业自律规则为司法行政措施的重要补充的多层次法制体系。在这个法制体系中,《广告法》具有最高效力,是广告管理的依据和准绳。

 思考与练习

一、简述题

1. 简述广告法的概念与调整对象。

2. 简述广告法律关系的概念与构成要素。

3. 简述广告法基本原则的内容。

4. 简述我国广告法的渊源。

二、案例题

基本案情:

上海市场监管部门办案人员在日常监督检查中发现,《吐槽大会》第三季第四、六、七期片尾小剧场中发布含有主持人和吐槽嘉宾手持 999 皮炎平口述"999 皮炎平绿色装,止痒就是快,无色无味更清爽;挠痒啊,不用那么麻烦,推荐您用 999 皮炎平绿色装"等内容的植入广告,涉嫌违反《广告法》相关规定。

经查,本案植入广告由重庆盖勒普霍斯医药有限公司委托发布,华宇乐视(北京)文化传媒有限公司具体创意、设计和制作,涉及广告主、广告经营者、广告发布者、广告代言人等 10 个主体,涉案当事人跨上海、北京、深圳、重庆、香港 5 个行政地域。

本案药品植入广告利用广告代言人推荐、证明,未标明禁忌、不良反应等,且未经广告审查部门审查发布,违反了《广告法》第十六条第一款第(四)项、第二款以及第四十六条之规定。鉴于含有上述违法内容广告在《吐槽大会》第三季第四、六、七期播放,播放量大且发布时间跨度长;广告代言人具有较高社会知名度,社会影响力大;同一违法行为触犯同一法律的 3 个不同条款,情节严重,办案机构对深度参与的广告主重庆盖勒普霍斯医药有限公司和广告经营者华宇乐视(北京)文化传媒有限公司分别给予 90 万元的从重处罚。[①]

思考讨论题:

(1) 本案是否适用《广告法》?

(2) 本案的法院管辖权如何确定?

分析要点:

(1) 本案广告性质为新型植入广告,具有隐蔽性、植入内容与正片内容高度契合等特点。案件调查过程中发现,当事人对植入内容存在认知错误,各方主体普遍认为属于品牌内容植入,并非广告发布行为。这种看法是不对的。

办案机构认为,品牌内容植入属于广告发布行为。根据《广告法》第二条第一款之规定,品牌植入内容符合通过一定的媒介和形式直接或间接地介绍自己所推销的商品或者服务的属性,应该认定为广告发布行为,适用《广告法》定性处罚。

(2) 本系列案件涉及多个广告活动主体,跨多个行政地域,关系错综复杂。《吐槽大会》为某视频平台播放的综艺节目,999 皮炎平生产方为深圳企业,两者均非上海企业。当事人提出管辖权异议,要求交由深圳市场监管部门管辖。

---

① 《植入广告不是法外之地——〈吐槽大会〉综艺节目违法药品植入广告案例分析》,发布时间:2020-04-22,14:52 信息来源:《中国市场监管报》,http://www.samr.gov.cn/ggjgs/sjdt/gzdt/202004/t20200422_314534.html.

办案人员最终发现上海笑果文化传媒有限公司(以下简称"上海笑果")是《吐槽大会》的共同投资方,上海笑果在本案广告发布中负责上传下达,起关键作用。办案机构便以其为切入点和突破口,展开调查,最终逐一击破,调查清楚全部违法事实。根据先发现原则,依据《互联网广告管理暂行办法》,确定上海法院的管辖权。

第二章
广告准则

本章导读

1. 掌握广告准则的概念、分类、作用、基本要求,应当遵守的一般规则;
2. 了解药品、医疗器械、保健食品、特殊医学用途配方食品广告,农药、兽药、饲料和饲料添加剂广告的特殊要求;
3. 了解烟草广告和酒类广告等的特殊要求。

引例

2020年1月29日,扬州市邗江区市场监管局接到举报,反映某化妆品有限公司在其淘宝店铺发布的口罩广告中,宣传其销售的口罩为外科医用口罩。经核查,当事人实际销售的产品并非医用防护口罩,使用场所为"矿山、铸造、金属冶炼及打磨等作业产生的粉尘保护"。当事人行为涉嫌发布虚假广告,扬州市邗江区市场监管局对当事人已作出罚款处罚。[①]

【解析】

医用口罩作为一种医疗用品,属于第二类医疗器械。对于医疗器械广告的发布,广告法明确规定应当在发布前由有关部门对广告内容进行审查,未经审查不得发布。除了医疗、药品、医疗器械广告外,其他类型的商品广告不能涉及疾病治疗功能。该化妆品有限公司的广告违反了《广告法》第二十八条规定,与商品有关的允诺等信息与实际情况不符,对购买行为有实质性影响的,构成虚假广告。消费者选购产品时要仔细查看产品本身的信息,不能盲目相信广告宣传。

---

① 《江苏公布一批虚假宣传防疫功效广告案件》,发布时间:2020-03-01,08:19。信息来源:新华社,http://www.samr.gov.cn/ggjgs/sjdt/gzdt/202003/t20200304_312467.html。

第一节　广告准则概述

一、广告准则的概念

广告准则又叫作广告标准、广告发布标准,是广告法律、法规对广告内容和形式的限制和禁止,包括对广告内容的基本要求、广告内容的禁止性规定和特殊商品广告的特殊要求等。

广告准则是广告活动主体从事广告活动必须遵守的准则和规范,是判断广告能否发布、是否违法的基本标准,也是广告管理机关、广告审查机关和司法机关依法进行广告监督和管理的基本依据。广告准则是广告法律、法规在广告内容和形式方面的要求,是广告法基本原则的具体体现。

广告涉及的商品范围非常广泛,广告内容和形式千变万化,广告准则的制定和实施,对维护广告宣传的正常秩序、保障消费者合法权益起到重要作用。只有深刻理解广告准则的含义,才能在广告设计、制作和发布过程中符合广告发布标准的要求。

广告准则不是一成不变的,社会的进步、科学的发展、人民素质的提高,都会使广告准则的内容随之变化,国家立法机关和广告行政监督管理机关会根据经济、社会发展的需要对广告准则进行调整。

二、广告准则的分类

(一)一般准则和特殊准则

广告准则从适用范围上分为一般准则和特殊准则。广告的一般准则是所有商品或者服务的广告在内容和形式上都必须遵守的最基本标准。广告的特殊准则是特殊商品或者服务的广告在内容和形式上的特别要求,是广告一般准则的具体化,是广告一般准则的补充。

(二)内容准则和形式准则

广告准则从规范对象上分为内容准则和形式准则。广告的内容准则是广告发布的具体内容应当符合的基本标准,广告的形式准则是广告发布在形式方面应当符合的基本标准。

(三)法定准则和非法定准则

广告准则从制定主体上分为法定准则和非法定准则。广告的法定准则是由国家立法机关或者广告监督管理机关制定的,表现为《广告法》《广告管理条例》等广告法律、法规的广告发布的基本标准。

广告的非法定准则是由广告行业协会或者其他社会组织,依据广告的法定准则自行制定的,在一定范围内施行的广告发布基本标准。广告监督审查执行的是法定准则,非法定准则在一定情况下起参考作用。

三、广告准则的作用

(一)广告准则是广告业健康发展的保障

广告准则体现了广告法的基本原则,是广告业健康发展的保障。制定广告准则的目的在于保证广告的真实性和合法性,具体广告标准的实施,就是为了维护广告的真实性和合法性。真实、合法既是广告法的基本原则,也是广告业健康发展的根本所在。广告准则为规范广告活动,促进广告业繁荣起到了不可替代的促进作用。

(二)广告准则有利于维护消费者合法权益、国家利益和社会公共利益

对广告侵害消费者合法权益的行为,消费者可以依据广告准则对制作、发布违法广告的个人或者单位提出停止侵害、赔偿损失等合法要求,广告准则为维护消费者合法权益,维护国家利益和社会公共利益提供了有力的保证。

(三)广告准则提供了广告设计、制作的基本标准

广告准则规范了广告活动,提高了广告质量,减少了违法广告的产生概率。广告主、广告经营者和广告发布者在设计、制作广告时,广告的内容和形式要符合广告准则的要求,这不但有利于提高广告质量,也从源头上杜绝了违法广告的产生。

(四)广告准则是广告监督审查的依据

广告准则是广告监督审查的依据,是判断广告是否违法的根据。广告准则的制定和实施是广告监督审查的主要内容,也是广告监督审查的重点和难点。广告审查机关依据广告准则对广告内容和形式进行审查,未经审查或者审查不符合规定的广告不得发布。广告监督管理机关依据广告准则对已经发布的广告进行监督管理,对违法广告进行处罚。

第二节　广告的一般准则

广告的一般准则是所有商品或者服务的广告在广告内容和形式上都必须遵守的最基本标准,主要表现为广告法律、法规对一切广告内容和形式的要求,以及对广告内容和形式的限制和禁止。

一、广告内容的基本要求

(一)广告应当有利于人民身心健康

广告作为一种大众传播方式,与人民群众的日常生活紧密相连,给社会生

活的各个方面都会带来影响,因此,广告的内容和形式都应当健康、活泼,要不断提高艺术品位和欣赏价值,使广告在传播商品或者服务信息的同时,给社会公众以美的享受。

(二)广告应当促进商品和服务质量的提高

广告是市场主体参与市场竞争的重要手段,商品生产者或者服务提供者通过广告宣传,反馈各方面对商品或者服务的信息,这些信息促使企业改善生产经营条件,降低成本,提高产品质量和服务质量,促进产品的更新换代。

(三)广告应当保护消费者的合法权益

广告直接面向广大消费者,是消费者获得商品和服务信息的渠道,因此,广告应当坚持为消费者服务的宗旨,切实保护消费者的合法权益,介绍商品或者服务时,应当实事求是,全面客观,禁止利用广告欺骗和误导消费者。

【案例 2-1】

张家港市锐志超声科技有限公司在阿里巴巴电商平台的网店发布"专业研发和制造的高新技术企业"等公司信息等广告内容,但其并未取得经过国家权威机构认定的"高新技术企业"称号,网店宣传含有虚假的广告内容;在公司信息介绍和公司照片下有无法识别具体内容的实用新型专利证书、质量管理体系认证证书和 CE 认证证书的证书展示图片,但当事人未取得上述证书,容易引人误解为当事人取得了上述证书。

当事人实际支出的广告费用为 3221.4 元。当事人发布上述虚假广告的行为违反了《广告法》第四条第一款的规定,根据《广告法》第五十五条第一款的规定,2020 年 3 月张家港市场监督管理局作出行政处罚,责令当事人在相应范围内消除影响,罚款 9664.2 元。[①]

【解析】

《广告法》第四条第一款的规定,广告不得含有虚假或者引人误解的内容,不得欺骗、误导消费者。锐志超声科技有限公司的广告内容违反了上述法规,应承担相应的法律责任。

(四)广告应当遵守社会公德和职业道德

社会公德是最起码的社会公共生活规则,遵守社会公德是每个公民、每个社会组织应尽的义务。广告活动作为一种商业活动,广告主、广告经营者和广告发布者在广告活动中也必须遵守社会公德。广告经营是一种以诚实信用为

---

① 《张家港市锐志超声科技有限公司发布虚假广告案 2020 年苏州市市场监管系统查处的第一批违法广告典型案例》,发布时间:2020-04-05,10:44。信息来源:中国质量新闻网,http://www.samr. gov.cn/ggjgs/sjdt/gzdt/202004/t20200407_313912.html.

基础的市场经济活动,遵守职业道德也是广告活动各方享受权利、履行义务的重要保证。

(五)广告应当维护国家尊严和利益

广告既是信息传播方式,也是企业文化,属于社会主义精神文明建设范畴,因此,广告在通过大众媒介传播信息的过程中,应当宣传积极向上、健康活泼的内容,体现国家的方针政策,广告应当站在国家利益的高度,维护国家的形象、荣誉和利益。

【案例 2-2】

在深圳先锋居善科技有限公司发布违法广告案中,当事人为推销房地产项目,发布房地产广告。广告中,对规划中的交通市政条件做误导宣传,并以项目到达某一具体参照物的所需时间表示项目位置,含有"风水"等宣传迷信和违背社会良好风尚的内容,违反了《房地产广告发布规定》第四条第(二)项、第(四)项,第八条,和《广告法》第九条第(七)项、第(八)项,第二十六条第(二)项、第(四)项等规定。

2019 年 7 月,徐州市铜山区市场监管局责令当事人改正违法行为,停止发布涉案违法广告,在相应范围内消除影响,处罚款 80 万元。①

【解析】

深圳先锋居善科技有限公司发布的广告违反了《房地产广告发布规定》第四条第(二)项、第(四)项规定,房地产广告不得含有:以项目到达某一具体参照物的所需时间表示项目位置;对规划或者建设中的交通、商业、文化教育设施以及其他市政条件作误导宣传。违反了《房地产广告发布规定》第八条规定,房地产广告不得含有风水、占卜等封建迷信内容,对项目情况进行的说明、渲染,不得有悖社会良好风尚。

违反了《广告法》第九条第(七)项、第(八)项规定,广告不得妨碍社会公共秩序或者违背社会良好风尚;含有淫秽、色情、赌博、迷信、恐怖、暴力的内容。违反了《广告法》第二十六条第(二)项、第(四)项等规定,房地产广告并不得含有下列内容:以项目到达某一具体参照物的所需时间表示项目位置;对规划或者建设中的交通、商业、文化教育设施以及其他市政条件作误导宣传。

二、广告内容的禁止性规定

(一)广告不得使用或者变相使用中华人民共和国国旗、国徽、国歌

中华人民共和国国旗、国徽、国歌是国家的象征和标志,体现国家的主权和

---

① 《江苏公布违法广告典型案例 卖楼盘谈风水栽了》,发布时间:2019-11-18,14:25。信息来源:《扬子晚报》,http://www.samr.gov.cn/ggjgs/sjdt/gzdt/201911/t20191119_308635.html。

尊严,只能用于政治活动,不得用作以营利为目的的商业活动。因此,不得在广告中使用中华人民共和国国旗、国徽、国歌,或以国歌的词、曲作背景或衬托。我国的《国旗法》《国徽法》都明确规定,国旗、国徽不得用于广告。

【案例2-3】

凉山州豪达金银珠宝有限公司利用印刷品等形式在其店门框上张贴的数张广告中含有"国庆70周年庆,我爱我的祖国,买钻石满1000元送1000元黄金,黄金立减100元,五克享一克,梦金园黄金0元购"内容,店内悬挂的多幅广告吊牌中含有"国庆70周年庆,我爱我的祖国,买钻石满1000元送1000元黄金"等内容,其中"国庆"二字左上角使用了中华人民共和国国旗图案,违反了《广告法》第九条规定。

依据《广告法》第五十七条等规定,2020年3月,西昌市市场监管局作出行政处罚,责令停止发布违法广告,并处罚款6万元。[①]

【解析】

凉山州豪达金银珠宝有限公司发布的广告违反了《广告法》第九条第一款的规定,广告不得使用或者变相使用中华人民共和国的国旗、国歌、国徽,军旗、军歌、军徽。西昌市市场监管局依据《广告法》第五十七条第一款规定,对发布有本法第九条规定的禁止情形的广告的,由市场监督管理部门责令停止发布广告,对广告主处20万元以上100万元以下的罚款。

(二)广告不得使用或者变相使用国家机关及其工作人员的名义

国家机关是行使国家立法权、行政权、司法权的国家权力机关、行政机关和司法机关的总称。国家机关工作人员是国家机关中依照法律从事公务的人员。国家机关及其工作人员从事公务活动,代表国家的意志,在社会经济活动中有重要影响。为了维护国家的尊严,维护国家机关的形象,保证国家工作人员的正常工作,广告不得使用国家机关及其工作人员的名义。

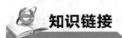 **知识链接**

祝贺广告也不得使用国家机关及其工作人员的名义

商业性的祝贺广告中,不得以任何形式使用国家机关及其工作人员的名义。商业性的祝贺广告是广告主为提高其商业信誉和社会知名度而开展的广

---

① 《凉山州豪达金银珠宝有限公司发布违法广告案 四川公开曝光2020年第一批虚假违法广告典型案件》,发布时间:2020-06-16,13:31 信息来源:人民网,http://www.samr.gov.cn/ggjgs/sjdt/gzdt/202006/t20200618_317113.html.

告宣传活动,如征集厂徽、厂标、产品名称、商标等属。

国家工商行政管理总局 1996 年在《对在祝贺广告中使用国家机关和国家机关工作人员的名义有关请示的答复》中规定,商业性的祝贺广告中,不得以任何形式使用国家机关及其工作人员的名义。非商业广告中,使用国家机关及其工作人员的名义的,应事先取得被使用者的书面同意。

(三)广告不得使用国家级、最高级、最佳等绝对化用语,但是依法取得的除外

广告可以对商品和服务进行语言文字描述,但描述应以不引起消费者误解为限,尤其不能使用国家级、最高级、最佳等绝对化用语。绝对化用语属于难以用客观指标加以度量的抽象概念,含义模糊、不确定,不能在广告中使用。

广告中常见的绝对化用语主要有两种:一是最高级形容词,如最好、最佳、最棒、第一等,有的广告还使用至尊、之王、之皇等变相的绝对化用语。二是以一定地域、整体作形容词,如畅销全国、誉满全球等国家级、世界级的绝对化用语。

【案例 2-4】

当事人在其公司网站上使用"成都利华德瑞环保设备有限公司是把国际最前沿的先进技术与产品引进国内……""确保了客户得到目前世界上最优质的有机膜元件"等字样的宣传用语。其行为违反了《广告法》第九条(三)项的规定。依据《广告法》第五十七条第一款、《行政处罚法》第二十七条第一款的规定,罚款 1.5 万元。[①]

【解析】

绝对化用语是不科学、不准确的语言,任何产品都是有局限性的,不可能十全十美。绝对化用语就是到了顶峰,不能再超越,违背了事物不断发展变化的客观规律。禁止使用国家级、最高级、最佳等绝对化用语既可以使消费者免受欺骗和误导,也可以保护其他竞争者的合法权利。

(四)广告不得损害国家的尊严或者利益,泄露国家秘密

维护国家的荣誉和利益是爱国主义的重要体现,也是法律赋予每个公民的义务。我国《宪法》第五十四条规定:中华人民共和国公民有维护祖国安全、荣誉和利益的义务,不得有危害祖国的安全、荣誉和利益的行为。

广告活动中应当自觉履行维护国家安全、荣誉和利益的义务,应当保证国

---

① 《成都利华德瑞环保设备有限公司违法广告案 四川省成都市市场监督管理局曝光一批违法广告典型案例》,发布时间:2020-07-14 09:49,信息来源:中国质量新闻网,http://www.samr.gov.cn/ggjgs/sjdt/gzdt/202007/t20200714_319624.html。

家的尊严不受侵犯,国家的荣誉不受玷污,国家的利益不受损害。

（五）广告不得妨碍社会安定,危害人身、财产安全,损害社会公共利益

妨碍社会安定是对国家的政治稳定和社会稳定造成不良影响,危害人身、财产安全和损害社会公共利益是公民的人身和财产权利,社会的公共利益因广告的影响而受到损害。社会安定是市场经济发展的前提条件,公民的人身和财产安全是社会经济发展的重要保障,不得损害社会公共利益是社会主义法制的基本原则,也是我国《宪法》的基本原则。

（六）广告不得妨碍社会公共秩序,违背社会良好风尚

社会公共秩序是通过各种行为规范调整人们行为而形成的有条不紊的状态,包括生产秩序、工作秩序、教学秩序、交通秩序和生活秩序等。广告法是维护社会公共秩序的重要手段之一,遵守广告秩序也是公民遵守社会秩序的义务之一。社会良好风尚是历代相传积久而成的善良风俗,是中华民族精神与风貌的体现,广告不得违背社会良好风尚,宣传各种腐朽思想,破坏社会主义精神文明建设。

（七）广告不得含有淫秽、迷信、恐怖、暴力和丑恶的内容

淫秽是不正当地描绘性行为或者露骨宣扬色情的内容,迷信是相信占星、风水、命相、鬼神等的思想,恐怖是面临危险情景,企图摆脱或者逃避而又感到无能为力的心理状态,暴力是侵犯他人人身、财产等权利的强暴行为,丑恶是人或物受到破坏、歪曲后产生的畸形表现。淫秽、迷信、恐怖、暴力和丑恶的内容违反科学、违背善良风俗,影响社会稳定,与社会主义精神文明相违背,为《广告法》所禁止。

（八）广告不得含有民族、种族、宗教和性别歧视的内容

在我国,公民不分民族、种族、性别和宗教信仰等,一律平等。《宪法》明确规定:"中华人民共和国各民族一律平等""禁止对任何民族的歧视和压迫""公民有宗教信仰自由"。因此,广告不得有损害国家主权和民族团结的内容,不得有损害各民族善良风俗的内容,不得有歧视少数民族的语言、文字和画面,不得出现对宗教信仰的任何歪曲,不得利用宗教进行破坏社会秩序,损害公民身体健康的活动,不得有性别歧视、宣传男尊女卑和重男轻女的内容和表现形式。

（九）广告不得妨碍环境和自然资源保护或者文化遗产保护

保护环境和自然资源是我国的一项基本国策,为了更好地保护环境,合理利用自然资源,保护文化遗产,我国颁布了一系列法律法规,如《环境保护法》《大气污染防治法》《水污染防治法》《土地管理法》《森林法》《水法》《野生动物保护法》《文物保护法》等,对环境和自然资源的保护以及文化遗产保护作了具体规定,因此,不得宣传妨碍环境和自然资源保护以及文化遗产保护的内容也应

成为广告法的禁止性规定。

（十）法律、行政法规和广告准则的具体规范规定禁止的其他情形

广告是一项十分复杂的经济活动,广告法不可能穷尽应当禁止的全部情形,其他法律、法规已明确规定禁止的情形是对广告法禁止性规定的补充,如《广告法》对广告使用妇女肖像的问题没有规定,但《妇女权益保障法》规定:"未经本人同意,不得以营利为目的,通过广告、商标、展览橱窗、报纸、期刊、图书、音像制品、电子出版物、网络等形式使用妇女肖像。"对于这一规定,广告活动也必须遵守。

再如,根据《商标法》的有关规定,如果广告中出现商标的,该商标不得使用《商标法》禁止使用的文字和图形,不得使用与同一种商品或者类似商品已注册的商标相同或者近似的商标,并不得出现其他侵犯他人商标专用权的情形。

三、广告活动应当遵守的一般规则

（一）广告表述内容和附带赠品的要求

1. 广告介绍商品或者服务的表述内容应当清楚、明白

商品或者服务的内容、形式是商品和服务的核心内容,也是消费者选择商品和服务的主要参考依据。为了保证经营者能够真实、客观地介绍自己的产品或者允诺服务,广告中对商品的性能、功能、产地、用途、质量、成分、价格、生产者、有效期限、允诺等或者对服务的内容、提供者、形式、质量、价格、允诺等有表示的,应当清楚、明白,使消费者能了解有关商品或者服务的真实情况。

性能是产品对设计要求的满足程度,产地是产品的生产出处,用途表明应用的方面或者范围,质量是产品或者服务的优劣程度,价格是商品价值的货币表现,生产者表明商品或者服务由谁提供,有效期限是食品、药品和化妆品等商品在规定的使用与保存期限内性能不变的期限,允诺是广告对商品或者服务所做的承诺。

清楚就是广告的文字、画面和图像等要清楚。明白就是广告的视听者能够听懂或者看懂,能够了解广告的意图,并且这种理解是符合广告本意的,根据这种理解产生的行为应当是正确的。

【案例 2-5】

青川县那屋宝贝母婴用品总店为了提升奶粉销售量,自行在网络上收集相关广告用语,通过广告经营者设计并制作成宣传资料。"飞鹤"飞睿幼儿配方奶粉广告宣传资料中含有"飞鹤奶粉更加适合中国宝宝体质,得天独厚的自然环境,核苷酸提升宝宝免疫力,抵抗病毒感染,促进智力骨骼发育,修复人体组织细胞,平衡肠道菌群,显著降低反复腹泻发生率、患流感的次数降低 3 倍,显著

降低儿童和成人上呼吸道感染"等涉及疾病预防和治疗功能的内容;"诺贝苏"纯牛初乳粉广告宣传资料中含有"诺贝苏纯牛初乳,21世纪免疫之王,提升免疫力,抵抗病毒感染,促进智力骨骼发育,修复人体组织细胞,平衡肠道菌群"等内容的食品广告,当事人不能提供证据证明其真实性,广告宣传内容无事实依据,违反了《广告法》第四条、第二十八条规定。

依据《广告法》第五十五条等规定,2020年3月,青川县市场监管局作出行政处罚,责令停止违法广告,并处罚款3万元。[①]

【解析】

《广告法》第四条、第二十八条规定都是要求广告主对广告内容的真实性负责,禁止虚假广告的规定。青川县那屋宝贝母婴用品总店发布的上述广告缺乏广告内容的真实性,违反了《广告法》第四条、第二十八条规定。

2. 广告附带赠品应当标明赠送的品种和数量

广告作为一种促销手段,推销商品时附带赠送礼品,在企业经营活动中很常见。赠品在一定程度上能够刺激消费者的购买欲望,但是在现实生活中,附带赠送礼品的广告往往存在混乱和误导消费者的情况。

为了规范赠品广告,减少赠品广告的消极影响,根据《广告法》的规定,凡是标明赠送礼品的广告,在广告中必须标明赠品是哪种品牌、规格和数量、有效期限和方式。消费者可以根据赠品广告中标明的赠品的品种和数量判断是否购买,防止盲目抢购,避免不必要的秩序混乱。同时,赠品广告必须标明赠品的品种和数量,规避商品经营者或者服务提供者以廉价的赠品和微少的数量吸引众多消费者。

商品经营者或者服务提供者必须权衡赠品广告的支出与收益,提供合理的、数量适当的赠品,这样可以极大地减少因赠品广告产生的不正当竞争。

(二) 广告引用材料的要求

广告是一门综合性的边缘科学,广告内容涉及多种学科的知识和资料,现实生活中各种数据、统计资料、调查结果、文摘和引用语常常在广告中被广泛使用。广告中引用这些材料,可以在一定程度上增强广告的证明力和说服力,但也容易出现断章取义、编造数据等问题,造成对消费者的欺骗和误导。

《广告法》要求广告引用材料必须真实、准确,表明出处,可以防止毫无根据地使用,增强社会公众对广告的信服力,而且一旦出现争议和诉讼,便于当事人举证,做到有据可查。

---

① 《青川县那屋宝贝母婴用品总店发布虚假广告案 四川公开曝光2020年第一批虚假违法广告典型案件》,发布时间:2020-06-16,13:31。信息来源:人民网,http://www.samr.gov.cn/ggjgs/sjdt/gzdt/202006/t20200618_317113.html.

1. 广告中使用数据、统计资料、调查结果、文摘和引用语应当真实、准确

（1）数据、统计资料和调查结果的取得方式应当科学。广告中使用数据的测量、统计资料和调查结果的取得应当有据可查，是科学的，具有普遍性的，不得胡夸或者歪曲。开展统计和调查工作的机构还应当具有法定资格，出具的结果具有法律上的证明效力。

（2）数据、统计资料和调查结果的使用应当合理、准确。数据、统计资料、调查结果、文摘和引用语说明的内容，应当与实际相符。如果是部分使用，应当与原义相符，不得省略对使用者不利并可能对社会公众产生误解的内容。

2. 广告中使用数据、统计资料、调查结果、文摘和引用语应当表明出处，引证内容有适用范围和有效期限的，应当明确表示

表明出处可以防止广告毫无根据地使用数据，增强社会公众对广告的信赖，产生争议或者诉讼时，便于当事人提供证据。表明出处应当真实、准确、明白和有据可查，没有出处的数据、统计资料、调查结果、文摘和引用语不得使用，这有助于保护消费者合法权益，防止在广告活动中编造数据，篡改调查结果，误导或者欺骗消费者。

（三）广告比较方法的要求

比较是广告常用的表现形式之一，我国《广告法》虽然没有禁止使用比较方法做广告，但要求比较方法的使用必须规范。广告比较必须符合商业公平竞争的原则，不正当的比较，是对公平竞争原则的破坏，这是广告行为规范的国际惯例。

1. 正当的广告比较

根据我国现有的相关法律、法规，为我国法律所允许的广告比较，是在广告中采用对比方法，以真实、充分的信息为基础，在竞争对手、非竞争对手之间，或者与自己原有商品、服务之间进行比较，突出自己宣传的商品或者服务的特性，从而影响消费者的消费决策或者其他经济行为。

2. 不正当的广告比较

贬低其他生产经营者的商品或者服务的广告，就是不正当的比较广告。贬低就是给予不公正的评价。含有贬低内容的广告，往往把介绍的商品或者服务和竞争市场中的一个或者一组商品或者服务做比较，采用不公正、不客观、捏造、恶意歪曲事实、影射、中伤和诋毁等不正当手段，给予竞争的产品或者服务不公正的评价，损害其商业信誉，进而削弱其竞争能力，使其在经济上遭受损失。

含有贬低内容的广告，侵犯了竞争对手的商业信誉，损害了竞争对手在竞争中的合法权益，破坏了社会主义市场竞争秩序，属于不正当竞争行为，是违反广告法的行为，应当予以制止。

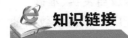 **知识链接**

含有贬低内容广告的特征

(1) 含有贬低内容的广告具有明确的针对性,是针对竞争对手进行的,目的是在竞争中取得优势。

(2) 含有贬低内容的广告直接或者间接地散布竞争对手的商品或者服务在质量、工艺、技术和价格等方面存在的缺点,产生诋毁他人商业信誉的效果,借以抬高自己。

(3) 含有贬低内容的广告在主观上是故意的,是侵犯他人合法权益的不正当竞争行为,违反商业道德。

(4) 含有贬低内容的广告侵犯的是竞争对手的商业信誉。

(四) 广告可识别性的要求

广告的可识别性是广告在形式上应当具有的,区别于其他信息传播的特征。广告应当具有可识别性,要求任何广告都必须清晰表明其特征,消费者能够轻易地辨认出广告主。当一则广告在含有新闻或者文章的媒介上发布时,应当轻而易举地被认作广告,避免消费者产生误解。

1. 大众传播媒介不得以新闻报道形式发布广告

大众传播媒介是利用集体力量将政治、经济和社会生活信息对社会公众进行大规模传播的各种工具和手段,发布广告是其发挥作用的一个重要方面。虽然新闻和广告在许多方面有相同之处,但是由于二者的目的不同,费用收取方式不同,时间要求和制作方式不同,承担责任的主体不同,更由于新闻在宣传党和国家方针政策上的导向性,新闻报道在人们心目中的可信度、权威性很高,尤其是出现在大众传播媒介上的经济新闻和报道,对人们的行为有明显的导向性。

因此,需要将广告与新闻加以区别。《广告管理条例》规定:"新闻单位刊播广告,应当有明确的标志。新闻单位不得以新闻报道形式刊播广告,收取费用;新闻记者不得借采访名义招揽广告。"

2. 通过大众传播媒介发布的广告应当有广告标记

为了使消费者能够辨识广告,防止对消费者的误导,通过大众传播媒介发布的广告,应当有广告标记,以与其他非广告信息相区别。

(五) 广告社会责任的要求

1. 广告应当保护未成年人和残疾人的身心健康

未成年人属于无民事行为能力人或者限制行为能力人,对自己的行为不能或者不能完全辨认和控制,其合法权益和身心健康容易受到损害。残疾人是在心理、生理和人体结构上,某些组织、功能丧失或者不正常,全部或者部分丧失以正常方式从事某种活动能力的人。残疾人包括视力残疾、听力残疾、言语残疾、肢体残疾、智力残疾、精神残疾、多重残疾和其他残疾的人。残疾人是社会的一个特殊群体,保障残疾人合法权益是全社会义不容辞的责任。

广告活动主体不得在中小学校、幼儿园内开展广告活动,不得利用中小学生、幼儿的教科书、教辅材料、练习册、校服、校车等发布广告。不得在针对未成年人的大众传播媒介、频率、频道、节目、栏目上发布药品广告、医疗广告、医疗器械广告、网络游戏广告、酒类广告。

根据《广告法》的规定,广告不得损害未成年人和残疾人的身心健康,主要包括三方面内容。

(1) 广告不得损害未成年人、残疾人的形象。

(2) 广告的语言、文字和画面不得含有歧视、侮辱未成年人和残疾人的内容。

(3) 适用于未成年人和残疾人的食品、用具和器械等商品的广告,应当真实、明白;所涉及商品的质量应当可靠,不得有害于未成年人和残疾人的安全和健康。

2. 涉及专利的广告应当标明专利号和专利种类

为了规范专利广告的行为,根据《广告法》的规定,广告涉及专利内容的准则主要有。

(1) 广告中涉及专利产品或者专利方法的,应当标明专利号和专利种类。

(2) 未取得专利权的,不得在广告中谎称取得专利权。

(3) 禁止使用未授予专利权的专利申请和已经终止、撤销或无效的专利做广告。

第三节　广告的特殊规定

广告的特殊规定是特殊商品或者服务的广告在内容和形式上所做的特别规定,是广告一般准则的具体化,是对广告一般准则的补充。这些特殊商品或者服务的广告,包括药品广告、医疗器械广告、农药广告、兽药广告、医疗广告、食品广告、化妆品广告、烟草广告和酒类广告等。

由于它们与消费者的身心健康、人身、财产安全和日常生活密切相关,属于国家实行特殊管理的商品或者服务,所以,为了保护人民群众的生命、财产安全,保护消费者的合法权益,此类广告,除必须符合广告法的一般准则,还必须遵守广告法对这些特殊商品或者服务广告所作的专门规定。

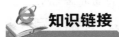 **知识链接**

广告特殊规定的法律渊源

《广告法》第十五条至第二十七条是广告的特殊准则,此外,《药品管理法实施条例》《医疗器械广告管理办法》《医疗广告管理办法》等行政法规的相关规定,也属于广告的特殊准则,对广告法起到了重要的补充作用。

一、药品、医疗器械、保健食品、特殊医学用途配方食品广告

为加强对药品、医疗器械、保健食品和特殊医学用途配方食品广告的监督管理,规范广告审查工作,维护广告市场秩序,保护消费者合法权益,根据《广告法》等法律、行政法规,国家市场监督管理总局于 2019 年 12 月 24 日公布《药品、医疗器械、保健食品、特殊医学用途配方食品广告审查管理暂行办法》。

药品、医疗器械、保健食品、特殊医学用途配方食品是与人的健康和安全直接相关的商品,是《广告法》规定发布前必须由有关行政主管部门进行审查的特殊商品,在其发布规定方面有共同性。

（一）药品、医疗器械、保健食品、特殊医学用途配方食品广告共性的规定

药品、医疗器械、保健食品和特殊医学用途配方食品广告应当真实、合法,不得含有虚假或者引人误解的内容。

1. 药品、医疗器械、保健食品和特殊医学用途配方食品广告必须标明的内容

（1）药品、医疗器械、保健食品和特殊医学用途配方食品广告应当显著标明广告批准文号。

（2）药品、医疗器械、保健食品和特殊医学用途配方食品广告中应当显著标明的内容,其字体和颜色必须清晰可见、易于辨认,在视频广告中应当持续显示。

2. 药品、医疗器械、保健食品和特殊医学用途配方食品广告内容禁止性规定

药品、医疗器械、保健食品和特殊医学用途配方食品广告不得包含下列情形:

（1）使用或者变相使用国家机关、国家机关工作人员、军队单位或者军队人员的名义或者形象,或者利用军队装备、设施等从事广告宣传;

（2）使用科研单位、学术机构、行业协会或者专家、学者、医师、药师、临床营养师、患者等的名义或者形象作推荐、证明;

（3）违反科学规律,明示或者暗示可以治疗所有疾病、适应所有症状、适应

所有人群,或者正常生活和治疗病症所必需等内容;

（4）引起公众对所处健康状况和所患疾病产生不必要的担忧和恐惧,或者使公众误解不使用该产品会患某种疾病或者加重病情的内容;

（5）含有"安全""安全无毒副作用""毒副作用小";明示或者暗示成分为"天然",因而安全性有保证等内容;

（6）含有"热销、抢购、试用""家庭必备、免费治疗、免费赠送"等诱导性内容,"评比、排序、推荐、指定、选用、获奖"等综合性评价内容,"无效退款、保险公司保险"等保证性内容,怂恿消费者任意、过量使用药品、保健食品和特殊医学用途配方食品的内容;

（7）含有医疗机构的名称、地址、联系方式、诊疗项目、诊疗方法以及有关义诊、医疗咨询电话、开设特约门诊等医疗服务的内容;

（8）法律、行政法规规定不得含有的其他内容。

3.广播电台、电视台、报刊音像出版单位、互联网信息服务提供者不得以介绍健康、养生知识等形式变相发布医疗、药品、医疗器械、保健食品广告。禁止在大众传播媒介或者公共场所发布声称全部或者部分替代母乳的婴儿乳制品、饮料和其他食品广告。

【案例 2-6】

广元市泰和药业连锁有限公司在新冠病毒肺炎疫情期间,为推销其销售的药品,在经营场所发布含有使用国家机关的名义以及"藿香正气口服液每天两支适用预防及医学观察期、每天两支适合新型冠状病毒感染的肺炎疫情"等内容的药品广告,当事人无法提供相关材料证明广告中推销的商品有预防新冠病毒肺炎的功效以及广告审查批准文件,违反了《广告法》第四条、第九条、第二十八条、第四十六条规定。依据《广告法》第五十七条等规定,2020 年 2 月,苍溪县市场监管局作出行政处罚,责令停止发布违法广告,并处罚款 6 万元。[①]

【解析】

广元市泰和药业连锁有限公司的广告存在两个问题,一是违反了《广告法》第四条、第九条、第二十八条规定,构成虚假广告;二是违反《广告法》第四十六条规定,应当在发布前由有关部门对广告内容进行审查,而该公司,未经审查,擅自发布。

---

① 《广元市泰和药业连锁有限公司发布违法广告案 四川公开曝光 2020 年第一批虚假违法广告典型案件》,发布时间：2020-06-16,13:31。信息来源：人民网,http://www.samr.gov.cn/ggjgs/sjdt/gzdt/202006/t20200618_317113.html。

(二)药品、医疗器械、保健食品、特殊医学用途配方食品广告的特殊规定

1. 药品广告的特殊规定

(1)药品广告主体的禁止性规定

麻醉药品、精神药品、医疗用毒性药品、放射性药品等特殊药品,药品类易制毒化学品,以及戒毒治疗的药品、医疗器械和治疗方法不得作广告。

(2)药品广告必须标明的内容

药品广告的内容应当以国务院药品监督管理部门核准的说明书为准。药品广告涉及药品名称、药品适应证或者功能主治、药理作用等内容的,不得超出说明书范围。药品广告应当显著标明禁忌、不良反应,非处方药广告还应当显著标明非处方药标识(OTC)和"请按药品说明书或者在药师指导下购买和使用"。

2. 医疗器械广告的特殊规定

为了保证医疗器械广告的真实、合法和科学,加强对医疗器械广告的管理,保障人民身体健康,除了《广告法》《药品、医疗器械、保健食品、特殊医学用途配方食品广告审查管理暂行办法》等的相关规定,《医疗器械广告管理办法》对医疗器械广告发布进行了具体规定。

(1)医疗器械广告主体的禁止性规定

未经国家医药管理局或省、自治区、直辖市医药管理局或同级医药行政管理部门批准生产的医疗器械;临床试用、试生产的医疗器械;已实施生产许可证而未取得生产许可证生产的医疗器械;有悖于中国社会习俗和道德规范的医疗器械。

(2)医疗器械广告必须标明的内容

医疗器械广告的内容应当以药品监督管理部门批准的注册证书或者备案凭证、注册或者备案的产品说明书内容为准。医疗器械广告涉及医疗器械名称、适用范围、作用机理或者结构及组成等内容的,不得超出注册证书或者备案凭证、注册或者备案的产品说明书范围。

推荐给个人自用的医疗器械的广告,应当显著标明"请仔细阅读产品说明书或者在医务人员的指导下购买和使用"。医疗器械产品注册证书中有禁忌内容、注意事项的,广告应当显著标明"禁忌内容或者注意事项详见说明书"。

3. 保健食品广告的特殊规定

由于保健食品功能的特殊性,除《广告法》外,原国家食品药品监督管理局2005 年印发的《保健食品广告审查暂行规定》对保健食品广告加强审查性规定。

(1)保健食品广告必须标明的内容

保健食品广告的内容应当以市场监督管理部门批准的注册证书或者备案凭证、注册或者备案的产品说明书内容为准。

保健食品广告涉及保健功能、产品功效成分或者标志性成分及含量、适宜人群或者食用量等内容的，不得超出注册证书或者备案凭证、注册或者备案的产品说明书范围。

保健食品广告应当显著标明"保健食品不是药物，不能代替药物治疗疾病"，声明本品不能代替药物，并显著标明保健食品标志、适宜人群和不适宜人群。

（2）保健食品广告内容禁止性规定

《广告法》规定，保健食品广告不得含有下列内容：表示功效、安全性的断言或者保证；涉及疾病预防、治疗功能；声称或者暗示广告商品为保障健康所必需；与药品、其他保健食品进行比较；利用广告代言人作推荐、证明；法律、行政法规规定禁止的其他内容。保健食品广告应当显著标明"本品不能代替药物"。

《保健食品广告审查暂行规定》规定，保健食品广告应当引导消费者合理使用保健食品，保健食品广告不得出现下列情形和内容：

① 含有表示产品功效的断言或者保证。

② 含有使用该产品能够获得健康的表述。

③ 通过渲染、夸大某种健康状况或者疾病，或者通过描述某种疾病容易导致的身体危害，使公众对自身健康产生担忧、恐惧，误解不使用广告宣传的保健食品会患某种疾病或者导致身体健康状况恶化。

④ 用公众难以理解的专业化术语、神秘化语言、表示科技含量的语言等描述该产品的作用特征和机理。

⑤ 利用和出现国家机关及其事业单位、医疗机构、学术机构、行业组织的名义和形象，或者以专家、医务人员和消费者的名义和形象为产品功效作证明。

⑥ 含有无法证实的所谓"科学或研究发现"，"实验或数据证明"等方面的内容。

⑦ 夸大保健食品功效或扩大适宜人群范围，明示或者暗示适合所有症状及所有人群。

⑧ 含有与药品相混淆的用语，直接或者间接地宣传治疗作用，或者借助宣传某些成分的作用明示或者暗示该保健食品具有疾病治疗的作用。

⑨ 与其他保健食品或者药品、医疗器械等产品进行对比，贬低其他产品。

⑩ 利用封建迷信进行保健食品宣传的；宣称产品为祖传秘方；含有无效退款、保险公司保险等内容的；含有"安全""无毒副作用""无依赖"等承诺的；含有最新技术、最高科学、最先进制法等绝对化的用语和表述的；声称或者暗示保健食品为正常生活或者治疗病症所必需；含有有效率、治愈率、评比、获奖等综合评价内容的；直接或者间接怂恿任意、过量使用保健食品的。

4. 特殊医学用途配方食品广告的特殊规定

特殊医学用途配方食品广告的内容应当以国家市场监督管理总局批准的

注册证书和产品标签、说明书为准。特殊医学用途配方食品广告涉及产品名称、配方、营养学特征、适用人群等内容的,不得超出注册证书、产品标签、说明书范围。

特殊医学用途配方食品广告应当显著标明适用人群、"不适用于非目标人群使用""请在医生或者临床营养师指导下使用"。

【案例 2-7】

东莞市凤岗镇移网文化传播工作室在微信公众号"今日凤岗"发布罗汉果甘草清莹茶的广告,内容包括"每天一杯,烟毒排了,连吸进的雾霾也能拯救一下","20 年烟龄的黑肺竟然被洗干净了"等,上述广告内容违反了广告法的相关规定,东莞市市场监督管理局凤岗分局对其作出行政处罚,责令其停止发布违法广告,处罚款 3.1 万元。①

【解析】

《广告法》第十八条规定,保健食品广告不得含有下列内容:表示功效、安全性的断言或者保证;涉及疾病预防、治疗功能。该当事人在微信公众号发布的广告违反了上述法规规定。

二、农药、兽药、饲料和饲料添加剂广告

(一)农药、兽药、饲料和饲料添加剂广告共性规定

《广告法》规定,农药、兽药、饲料和饲料添加剂广告不得含有下列内容:

1. 表示功效、安全性的断言或者保证。

2. 利用科研单位、学术机构、技术推广机构、行业协会或者专业人士、用户的名义或者形象作推荐、证明。

3. 说明有效率。

4. 违反安全使用规程的文字、语言或者画面。

5. 法律、行政法规规定禁止的其他内容。

(二)农药广告特殊规定

农药是指用于防止农、林、牧业病、虫、草、鼠害和其他生物以及调节植物、昆虫生长的物质。发布农药广告要接受严格的监管。农药广告监督管理依据主要是《广告法》、2016 年 2 月 1 日施行的《农药广告审查发布标准》。

1. 农药广告的禁止性规定

(1)未经国家批准登记的农药不得发布广告。

---

① 《广东通报十大保健食品违法广告案件》,发布时间:2019-11-04,08:45。信息来源:新华社,http://www.samr.gov.cn/ggjgs/sjdt/gzdt/201911/t20191108_308279.html。

（2）农药广告不得贬低同类产品，不得与其他农药进行功效和安全性对比。

（3）农药广告中不得使用直接或者暗示的方法，以及模棱两可、言过其实的用语，使人在产品的安全性、适用性或者政府批准等方面产生误解。

（4）农药广告不得滥用未经国家认可的研究成果或者不科学的词句、术语。

（5）农药广告不得出现违反农药安全使用规定的用语、画面。

（6）农药广告中不得含有评比、排序、推荐、指定、选用、获奖等综合性评价内容。

（7）农药广告中不得含有"无效退款""保险公司保险"等承诺。

2. 农药广告必须标明的内容

（1）农药广告内容应当与《农药登记证》和《农药登记公告》内容相符。

（2）农药广告的批准文号应当列为广告内容同时发布。

3. 农药广告内容禁止性规定

农药广告不得含有下列内容：

（1）表示功效、安全性的断言或者保证。

（2）利用科研单位、学术机构、技术推广机构、行业协会或者专业人士、用户的名义或者形象作推荐、证明。

（3）说明有效率。

（4）违反安全使用规程的文字、语言或者画面。

（5）法律、行政法规规定禁止的其他内容。

【案例 2-8】

淄博市沂源县华实农资有限公司在没有证据的情况下，发布的肥料广告中含有"有机菌肥能够防治病害抗重茬"，"有效预防根结线虫、根腐病、枯萎病"等内容。其行为违反了《广告法》《行政处罚法》相关规定。2020 年 4 月，沂源县市场监管局作出行政处罚，责令当事人停止发布广告并在相应范围内消除影响，并处罚款 1 万元。①

【解析】

《广告法》第二十一条规定，农药、兽药、饲料和饲料添加剂广告不得含有表示功效的内容。该当事人的广告违反了上述法规规定。

---

① 《淄博市沂源县华实农资有限公司发布违法农资广告案　山东省市场监管局公布 3 起农资广告行政处罚案例》，发布时间：2020-04-24，09：51　信息来源：《中国消费者报》，http://www.samr.gov.cn/ggjgs/sjdt/gzdt/202004/t20200427_314740.html.

三、烟草广告

(一)烟草广告的概念

烟草广告是指烟草制品生产者或者经营者承担费用,通过一定媒介和形式介绍自己或者自己生产经营的烟草制品,含有烟草企业名称、标识、烟草制品名称、商标、包装、装潢等内容,扩大烟草在公众中的影响,促进其销售的广告。

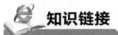 知识链接

烟草广告的形式

(1)直接介绍烟草制品或者出现烟草制品名称、商标的广告。

(2)虽不直接介绍烟草制品或者不出现烟草制品名称、商标,但是属于宣传烟草企业形象的广告。

(3)既不宣传烟草制品、烟草企业形象,也不出现烟草制品名称、商标,而是通过赞助举办某一专栏节目,或者体育赛事,在大众传播媒介或者比赛场地标示该烟草企业名称或者形象。

(二)烟草广告的特殊规定

1.《广告法》烟草广告的规定

《广告法》规定,禁止在大众传播媒介或者公共场所、公共交通工具、户外发布烟草广告。禁止向未成年人发送任何形式的烟草广告。

禁止利用其他商品或者服务的广告、公益广告,宣传烟草制品名称、商标、包装、装潢以及类似内容。

烟草制品生产者或者销售者发布的迁址、更名、招聘等启事中,不得含有烟草制品名称、商标、包装、装潢以及类似内容。

2.《全国无烟草广告城市认定实施办法》对烟草广告的细化规定

2003年,原卫生部、国家工商行政管理总局印发的《全国无烟草广告城市认定实施办法》对烟草广告做了如下细化规定:

(1)禁止利用广播、电影、电视、报纸、期刊、图书、音像制品、电子出版物、移动通信网络、互联网等媒介和形式发布或者变相发布烟草广告。

(2)禁止在各类等候室、影剧院、会议厅堂、体育比赛场馆、图书馆、文化馆、博物馆、公园等公共场所以及医院和学校的建筑控制地带、公共交通工具设置烟草广告。

(3)在前两款规定以外的其他媒介、场所发布烟草广告,应当经工商行政管理部门批准。经批准发布的烟草广告中必须标明"吸烟有害健康"。

四、酒类广告

从产品分类上讲,酒类属于食品范畴,将酒类专列,特指与其他饮料不同,含有酒精的饮料,如白酒、啤酒、黄酒、葡萄酒等。

酒类广告,是指含有酒类商品名称、商标、包装、制酒企业名称等内容的广告。为了加强对酒类广告的管理,保护消费者的合法权益,维护社会良好风尚,《广告法》对酒类广告的具体发布标准进行了规定。

1. 酒类广告必须符合卫生许可

《广告法》规定:"酒类广告内容必须符合卫生许可的事项。酒类本身必须符合卫生许可事项,酒类广告内容也必须符合卫生许可的事项,即卫生行政部门或者卫生行政部门认可的检验单位出具的产品检验合格证中记载的事项。"

2. 酒类广告的禁止性规定

《广告法》规定,酒类广告不得含有下列内容:

(1)诱导、怂恿饮酒或者宣传无节制饮酒。

(2)出现饮酒的动作。

(3)表现驾驶车、船、飞机等活动。

(4)明示或者暗示饮酒有消除紧张和焦虑、增加体力等功效。

【案例 2-9】

成都未来之路文化传播有限公司在其微信公众号上发布含有"会醺不会醉,就是不上头","不是勾兑酒,喝了头不疼","仨人喝完两瓶,还意犹未尽"等内容的广告宣传白酒类商品。该广告通过暗示饮用该酒类商品不会引起身体不适,诱导、怂恿消费者饮酒,其行为违反了《广告法》第二十三条第一款的规定。依据《广告法》第五十八条第一款的规定,罚款人民币 1.5 万元。[①]

【解析】

《广告法》第二十三条第一款规定,酒类广告不得含有诱导、怂恿饮酒或者宣传无节制饮酒。该当事人发布的广告违反了上述法规规定。

五、其他类广告

(一)教育、培训广告

教育、培训广告的内容应当与教育行政部门、人力资源和社会保障部门核发的办学许可证、备案的招生简章或者广告的内容相符合,不得有下列内容。

---

① 《成都未来之路文化传播有限公司违法广告案　成都市市场监督管理局曝光典型违法广告》,发布时间:2020-01-20,09:16。信息来源:中国质量新闻网,http://www.cqn.com.cn/ms/content/2020-01/19/content_8057071.htm。

1. 对升学、通过考试、获得学位学历或者合格证书,或者对教育、培训的效果作出明示或者暗示的保证性承诺。

2. 明示或者暗示有相关考试机构或者其工作人员、考试命题人员参与教育、培训;

3. 利用科研单位、学术机构、教育机构、行业协会、专业人士、受益者的名义或者形象作推荐、证明。

【案例2-10】

北京尚德在线教育科技有限公司通过手机移动端发布含有"别再买假学历! 北京有种本科学历叫一年学完,国家承认!"等内容的广告。经调查核实,学员一年学完相关的专业课程后并非取得本科学历,当事人无法颁发学历证书,要想取得本科学历还需参加国家的统一考试,当事人发布的广告内容与实际情况不符,违反了《广告法》第二十四条第一款的规定。

依据《广告法》第五十五条第一款的规定,2019年5月,北京市石景山区市场监督管理局作出行政处罚,责令停止发布违法广告,并处罚款27.93万元。①

【解析】

《广告法》第二十四条第一款规定,教育、培训广告不得含有对升学、通过考试、获得学位学历或者合格证书,或者对教育、培训的效果作出明示或者暗示的保证性承诺。当事人发布的广告违反了上述规定。

(二)房地产广告

房地产广告,房源信息应当真实,面积应当表明为建筑面积或者套内建筑面积,并不得含有下列内容:

1. 升值或者投资回报的承诺。

2. 以项目到达某一具体参照物的所需时间表示项目位置。

3. 违反国家有关价格管理的规定。

4. 对规划或者建设中的交通、商业、文化教育设施以及其他市政条件作误导宣传。

【案例2-11】

当事人通过自有网站发布含有"八达岭孔雀城、京张高铁20分钟到达北京北站、兴延高速45分钟直达北三环马甸桥"等内容的广告。2019年1月,原北

---

① 《北京尚德在线教育科技有限公司发布虚假违法广告案　国家市场监督管理总局公布2019年第四批虚假违法广告典型案件》,发布时间:2019-12-17,14:21　信息来源:市场监管总局,http://www.samr.gov.cn/ggjgs/sjdt/gzdt/201912/t20191217_309265.html.

京市工商行政管理局昌平分局作出行政处罚。[①]

【解析】

该广告内容以项目到达某一具体参照物的所需时间表示项目位置,违反了《广告法》第二十六条第(二)项的规定,原北京市工商行政管理局昌平分局依据《广告法》第五十八条第一款第(八)项的规定,作出行政处罚,责令停止发布违法广告,并处罚款 10 万元。

(三) 招商等有投资回报预期的商品或者服务广告

招商等有投资回报预期的商品或者服务广告,应当对可能存在的风险以及风险责任承担有合理提示或者警示,并不得含有下列内容:

1. 对未来效果、收益或者与其相关的情况作出保证性承诺,明示或者暗示保本、无风险或者保收益等,国家另有规定的除外。

2. 利用学术机构、行业协会、专业人士、受益者的名义或者形象作推荐、证明。

【案例 2-12】

新疆大晨报股份公司、乌鲁木齐金粒广告传媒有限公司两当事人通过报纸发布含有"恒基泰富助财富稳健增长、可靠、实力、稳健","恒基泰富有效保障您的资产安全","轻松理财安享财富人生","理财全方位财富零距离"等内容的广告,未对可能存在的风险以及风险责任承担有合理提示或者警示,违反了《广告法》第二十五条第一款第(一)项的规定。

依据《广告法》第五十八条等规定,2019 年,乌鲁木齐市市场监督管理局作出行政处罚,责令停止发布违法广告,并分别处罚款 45.03 万元、49.42 万元。[②]

【解析】

《广告法》第二十五条第一款第(一)项的规定,招商等有投资回报预期的商品或者服务广告,应当对可能存在的风险以及风险责任承担有合理提示或者警示,并不得含有对未来效果、收益或者与其相关的情况作出保证性承诺,明示或者暗示保本、无风险或者保收益等,国家另有规定的除外。两当事人发布的广告未对可能存在的风险以及风险责任承担有合理提示或者警示,违反了广告法上述规定。

---

① 《北京易安家房地产经纪有限公司发布违法广告案　国家市场监督管理总局公布 2019 年第二批虚假违法广告典型案件》,发布时间:2019-08-26,15:51。信息来源:市场监管总局,http://www.samr.gov.cn/ggjgs/sjdt/gzdt/201908/t20190826_306256.html.

② 《新疆大晨报股份公司、乌鲁木齐金粒广告传媒有限公司发布违法广告案　国家市场监督管理总局公布 2019 年第四批虚假违法广告典型案件》,发布时间:2019-12-17,14:21。信息来源:市场监管总局,http://www.samr.gov.cn/ggjgs/sjdt/gzdt/201912/t20191217_309265.html.

(四) 农作物种子、林木种子、草种子、种畜禽、水产苗种和种养殖广告

农作物种子、林木种子、草种子、种畜禽、水产苗种和种养殖广告关于品种名称、生产性能、生长量或者产量、品质、抗性、特殊使用价值、经济价值、适宜种植或者养殖的范围和条件等方面的表述应当真实、清楚、明白,并不得含有下列内容:

1. 作科学上无法验证的断言。

2. 表示功效的断言或者保证。

3. 对经济效益进行分析、预测或者作保证性承诺。

4. 利用科研单位、学术机构、技术推广机构、行业协会或者专业人士、用户的名义或者形象作推荐、证明。

【案例2-13】

济宁市金乡县胡集镇新龙农业技术服务站通过户外展示牌发布的种子广告中含有"亩产多收上千元","增产1000斤","高产稳产、抗病抗倒"等内容。2020年3月,金乡县市场监管局作出行政处罚,责令当事人停止发布违法广告,并处罚款2000元。[①]

【解析】

当事人的行为违反《广告法》第二十七条的规定,农作物种子不得含有作科学上无法验证的断言;表示功效的断言或者保证。

思考与练习

一、简述题

1. 简述广告准则的概念与作用。

2. 简述广告内容的基本要求。

3. 简述禁止发布的广告内容。

4. 简述比较广告与贬低他人广告之间的区别。

5. 简述广告社会责任的要求。

二、案例题

基本案情:

2020年1月29日,临海市市场监管局接到浙江省市场监管局案件线索交办,某淘宝店店主金某发布"专家钟南山推荐超大框防风镜防飞溅口水唾沫男

---

① 《济宁市金乡县胡集镇新龙农业技术服务站发布违法种子广告案 山东省市场监管局公布3起农资广告》,发布时间:2020-04-24,09:51。信息来源:《中国消费者报》,http://www.samr.gov.cn/ggjgs/sjdt/gzdt/202004/t20200427_314740.html.

女挡烟灰汽车护目镜","北大一院王发广微博披露治疗情况,怀疑未戴护目镜致感染"的广告语。临海市市场监管局执法人员立即着手查办此案。

经调查,动态图片内容属实,王广发在其个人"北大呼吸发哥"的微博中发布了上述内容,但是"钟南山推荐"的广告语系金某虚构。涉案广告系当事人自行设计制作,广告费用无法计算。当事人在其经营的网店销售页面上使用"专家钟南山推荐"的广告用语,系使用虚假的广告语,违反了《广告法》第四条第一款规定。

鉴于涉案广告发布时间仅3天,2副护目镜的销售订单还未发货,且金某主动联系消费者退款,未造成社会危害,还为行政机关提供了4条涉嫌违法广告的线索,市场监管部门认为其符合《行政处罚法》第二十七条第一款之规定,对其从轻处罚,依据《广告法》第五十五条第一款的规定,罚款1.5万元。[①]

思考讨论题:

该案违法事实清楚,证据确凿,法律适用正确,但在处罚问题上是否过轻?

分析要点:

因涉案广告系金某自行设计制作并发布,未产生广告费,依据《广告法》第五十五条第一款规定,广告费用无法计算的,处20万元以上100万元以下的罚款。而本案中广告发布时间较短,涉案产品未发生实际交易,违法行为轻微并及时纠正,没有造成危害后果。

该案如果发生在非特殊时期,根据《行政处罚法》第二十七条第二款之规定,应不予行政处罚。但在疫情期间当事人发布上述广告,确实主观过错明显,应当按照《行政处罚法》第二十七条第一款规定,予以减轻处罚。如机械化地按照广告费无法计算处罚20万元至100万元,明显处罚过重。

---

① 《假借"钟南山"名义推销产品,罚!》,发布时间:2020-06-10,12:33。信息来源:《中国市场监管报》,http://www.samr.gov.cn/ggjgs/sjdt/gzdt/202006/t20200611_316972.html.

第三章
广告活动主体

 本章导读

1. 了解广告活动的主体,广告主的权利、义务与基本管理规范;
2. 了解广告经营者的权利、义务与基本管理规范;
3. 了解广告发布者的权利、义务与基本管理规范。

引例

2020 年 1 月 31 日,南京市市场监管局根据广告监测,发现南京某保健食品公司通过微信公众号发布蜂胶产品的广告中,含有"预防新冠病毒肺炎","对多种疾病具有治疗作用"等内容。经查,广告中的蜂胶产品为保健食品,不具备治疗疾病等功能。南京市市场监管局已责令当事人停止发布上述涉嫌违法广告,并对当事人的违法行为立案调查。①

【解析】

广告监测发现,一些不法商家捏造预防新冠肺炎的特殊功效,夸大产品功效,误导消费者购买使用,违反了《广告法》第二十八条第二款规定,商品的性能、功能广告等信息与实际情况不符,对购买行为有实质性影响的构成虚假广告。南京市市场监管局对在疫情防控期间发布该虚假违法广告等行为及违法主体进行惩处,责令停止广告发布,依法查处负有责任的广告发布者。

---

① 《江苏公布一批虚假宣传防疫功效广告案件》,发布时间:2020-03-01,08:19。信息来源:新华社,http://www.samr.gov.cn/ggjgs/sjdt/gzdt/202003/t20200304_312467.html.

第一节　广　告　主

一、广告主的概念与分类

广告主，是指为推销商品或者提供服务，自行或者委托他人设计、制作、发布广告的自然人、法人和其他组织。大致来说，广告主可以分为：工商企业和个体工商户；机关、团体、事业单位、个人；全国性公司、中外合资经营企业、中外合作经营企业、外商独资经营企业、外国企业在中国常驻代表机构。

 **知识链接**

广告主的特征

广告主是广告活动的最初发起者，是广告费用的实际支付者，对是否做广告，做什么广告，做多少广告，何时、以何种方式选择哪家广告经营者和广告发布者设计、制作、代理、发布广告，具有绝对的自主权。因此，广告主的广告行为直接对广告活动有着决定性影响，所以，对广告主进行切实有效的管理在整个广告活动中有着重要意义。

二、广告主的权利、义务与基本规范

（一）广告主的权利和义务

根据我国现行广告管理法规的有关规定，广告主在广告活动中应当享有一定的权利和承担相应的义务。

1. 广告主享有的权利

广告主享有的权利包括：

（1）要求广告管理机关保护自己依法从事广告活动的权利。

（2）是否做广告、做多少广告、何时做广告、采取何种方式做广告等的自由决定权。

（3）选择广告代理商、广告媒介的自主决定权。

（4）要求广告代理商履行合同的权利以及违约后的赔偿请求权。

（5）要求侵害自己具有合法权益的广告单位和个人停止侵害、恢复名誉和赔偿损失的权利。

（6）拥有对违法广告、虚假广告的举报权。

（7）对广告管理机构的行政处罚决定及其他行政处理决定不服时的申请行政复议权和提起行政诉讼权，等等。

2. 广告主承担的相应义务

广告主承担的相应义务包括:

(1) 遵守国家广告管理法律、法规的有关规定,依法从事广告活动的义务。

(2) 依照广告合同向广告代理商支付广告及服务费用,不得索取和收受"回扣"的义务。

(3) 主动提交相应的主体资格证明文件或相关证明材料的义务。

(4) 自觉提供保证广告内容真实性、合法性的真实、合法、有效的证明文件或材料,不得欺骗和误导消费者的义务。

(5) 广告主自行或委托他人设计、制作、发布广告,所推销的产品或者提供的服务应当符合广告主的经营范围和国家法律、法规的许可范围。

(6) 广告主的广告业务应当委托具有合法经营资格的广告经营者和广告发布者设计、制作、代理、发布。

(7) 广告主在广告活动中应当自觉维护他人的合法权益,不得利用广告进行任何形式的不正当竞争。

(8) 广告主应当主动接受和积极配合广告监督管理机关的检查活动。

(9) 广告主应当履行广告管理机关依法作出的已发生法律效力的广告行政处罚决定和人民法院广告行政处罚诉讼案件的判决的义务,等等。

【案例 3-1】

鹤鸣日新公司(原告)和北京迅合科技有限责任公司(被告)均在互联网上设立了自己的网站,都提供在线法律服务,在其网站上介绍中国律师和中国律师事务所。原、被告均在各自网页上使用了"国际互联网上第一家全面、集中向全球介绍中国律师事务所及其律师"的广告用语,被告也同时强调其网站"是目前国内最权威的综合性法律信息站点"。

后来原告将被告诉至法院,称被告宣传广告是虚假和带有欺骗性的,也违反了《反不正当竞争法》第十一条的规定。被告则称其宣传广告是对事实的客观表述,不是虚假和带有欺骗性的广告,请求法院驳回原告的诉讼请求。该案成为国内首例因虚假广告引起的不正当竞争案。

【解析】

《反不正当竞争法》第十一条规定,经营者不得编造、传播虚假信息或者误导性信息,损害竞争对手的商业信誉、商品声誉。

被告在应知国内有其他 ICP 提供相同在线法律服务的情况下,没有任何事实依据,在其网页上使用"最权威""第一家"等修饰性广告宣传用语,影射了包括原告在内的其他提供在线法律服务的 ICP 的服务质量问题,从而误导社会公众,侵犯了包括原告在内的他人的合法竞争权利,主观过错明显,已构成不正当竞争,原告要求被告立即停止侵权行为,公开致歉、消除影响,理由正当,应依法予以支持。

（二）广告主的基本规范

（1）广告主自行或者委托他人设计、制作、发布广告，所推销的商品或者所提供的服务应当符合广告主的经营范围。

（2）广告主委托设计、制作、发布广告，应当委托具有合法经营资格的广告经营者、广告发布者。

（3）广告主自行或者委托他人设计、制作、发布广告，应当具有或者提供真实、合法、有效的营业执照以及其他生产、经营资格的证明文件。推销的商品或者服务依法需要取得行政许可或者认证的，应当提供相关许可或者认证文件。

发布的广告需要经有关行政主管部门审查的，应当提供有关批准文件。广告内容真实性依法需要有关材料证明的，应当提供相应的证明材料。上述生产、经营资格证明文件，许可或者认证文件，有关批准文件或者证明材料统称为证明文件。

广告主应当确保广告内容真实，并对其提供的证明文件的真实性负责。广告主依法应当提供证明广告内容真实性的证明文件而不提供的，视为广告内容不真实。

第二节　广告经营者

一、广告经营者的概念和市场准入制度

（一）广告经营者的概念

广告经营者，是指受委托提供广告设计、制作、代理服务的自然人、法人和其他组织。

（二）广告经营者的市场准入制度

广告经营者要取得合法的经营资格，必须符合《民法典》的有关规定、广告管理法规以及企业登记的基本要求，必须具备广告管理法规中规定的有关资质标准，必须按照一定的法律程序依法审批登记。

企业法人、其他经济组织或者个人进入广告市场从事广告设计、制作、代理、发布等广告经营活动，必须具备市场准入的资质标准，方可从事广告经营活动。广告经营者在广告市场经营活动中除了必须遵守广告监督管理法规和广告市场经营活动基本行为规范外，还应当遵守的规范有如下几种。

（1）在承接具体广告业务时，应当依据广告监督管理法规的要求，查验有关证明文件，核准广告内容。

（2）按照国家有关规定，建立、健全广告业务的承接登记、审核档案管理

制度。

（3）广告收费应当合理、公开，并公布其收费标准和收费办法，向物价和工商行政管理部门备案。

（4）不得为法律、法规所禁止生产、销售的商品或提供的服务设计、制作广告。

（5）不得为禁止发布的商品或服务提供广告服务。

（6）在广告市场经营活动中，应当依法订立书面合同，明确各方的权利和义务。

二、广告经营者的权利和义务

依照广告管理的法律、法规，广告经营者在广告业务活动中应当享有一定的权利和承担相应的义务。

（一）广告经营者享有的权利

（1）要求广告管理机关保护自己合法经营的权利。

（2）享有申请经营广告业务的权利。

（3）享有自主经营广告业务的权利。

（4）要求广告主交验其主体资格和广告内容证明文件或材料的权利。

（5）拥有拒绝承办或者举报虚假、违法广告的权利。

（6）以国家规定为指导，享有自行制定和调整广告收费标准的权利。

（7）要求广告主按照约定支付酬金的权利。

（8）享有申请复议和提起诉讼的权利，等等。

（二）广告经营者应履行的相应的义务

（1）遵守国家广告管理法律、法规和有关政策规定，依法从事广告经营活动，不得违法的义务。

（2）按照一定的法律、法规规定和程序，依法办理广告经营的登记、注册的义务。

（3）广告活动必须在广告管理机关核准的经营资格和核定的经营范围内进行的义务。

（4）收取并查验广告主的主体资格和广告内容的证明文件或材料的义务。

（5）与广告主签订书面合同，明确各方的权利与责任的义务。

（6）依法建立、健全广告业务的承接登记、广告审查、广告合同、广告业务档案等广告经营管理制度的业务。

（7）对广告收费标准进行备案，并依法接受监督、检查的义务。

（8）禁止从事不正当竞争行为或从事垄断经营活动的义务。

（9）维护广告主的合法权益与消费者合法权益的义务。

（10）广告经营者在广告中使用他人名义、形象的,应当事先取得当事人书面同意的义务。

（11）主动接受并积极配合广告管理机关的监督、检查的义务。

（12）自觉履行广告管理机关和人民法院作出的已经发生法律效力的广告行政处罚决定和广告行政处罚诉讼案件判决的义务,等等。

【案例 3-2】

当事人未经广告审查且无依据证明的情况下,在店门口张贴海报,发布含有"新型冠状病毒医护人员都已全副武装了,你还不赶紧守护起来？VC＋板蓝根＋抗病毒口服液,增强抵抗力,提高免疫力,预防大于治疗"等内容的广告。

2020 年 3 月 2 日,依据《广告法》第五十五条、第五十八条相关规定,宁波市海曙区市场监管局作出行政处罚,责令停止发布违法广告,消除影响,并处罚款 2 万元。①

【解析】

当事人的上述行为违反了《广告法》第四条、第二十八条、第四十六条相关规定。《广告法》第四条规定,广告不得含有虚假或者引人误解的内容,不得欺骗、误导消费者。广告主应当对广告内容的真实性负责。《广告法》第二十八条规定,广告以虚假或者引人误解的内容欺骗、误导消费者的,构成虚假广告。

《广告法》第四十六条规定,发布医疗、药品、医疗器械、农药、兽药和保健食品广告,以及法律、行政法规规定应当进行审查的其他广告,应当在发布前由有关部门（以下简称广告审查机关）对广告内容进行审查；未经审查,不得发布。

宁波市海曙区市场监管局依据《广告法》第五十五条、第五十八条相关规定对当事人作出处罚。《广告法》第五十五条规定,违反本法规定,发布虚假广告的,由市场监督管理部门责令停止发布广告,责令广告主在相应范围内消除影响,处广告费用三倍以上五倍以下的罚款。

第五十八条第十四款规定,违反本法第四十六条规定,未经审查发布广告的,由市场监督管理部门责令停止发布广告,责令广告主在相应范围内消除影响,处广告费用一倍以上三倍以下的罚款。

三、广告合同制度规范中对广告经营者的法律规定

（一）广告活动的主体应在广告合同中明确各方权利、义务及责任

《广告管理条例》第十七条规定,广告经营者承办或者代理广告业务,应当

---

① 《浙江省市场监管局公布第二批新冠肺炎疫情防控违法广告典型案例》《宁波海曙某大药房有限公司发布药品虚假违法广告案》,发布时间：2020-03-13,12：52。信息来源：中国质量新闻网,http://www.samr.gov.cn/zt/jjyq/bgt/202003/t20200313_312926.html。

与客户或者被代理人签订书面合同,明确各方的责任。

(二)广告经营者在广告合同中应遵守的规范

对于广告经营者来说,这里所涉及的则主要是广告设计、制作合同要求的规范。广告设计是指根据广告目标进行的广告创意、构思,广告中的音乐、语言、文字、画面等经营性创作活动;广告制作是指根据广告设计要求,制作可供刊播、设置、张贴、散发的广告作品等经营性活动。

1. 广告设计、制作合同的概念

广告设计、制作合同,是指广告经营者用自己的技术、设备,按照广告主的要求设计、制作广告作品,并获取约定报酬的协议。

2. 广告设计、制作合同应当具备的主要条款

(1) 广告设计、制作项目。

(2) 设计、制作广告作品的数量和质量。

(3) 设计、制作广告作品的方法。

(4) 设计、制作广告作品的原材料的规格、数量和质量。

(5) 合同履行期限、地点、方式。

(6) 验收标准和方法。

(7) 价款和酬金。

(8) 结算方式、开户银行、账号。

(9) 违约责任。

(10) 双方约定的其他条款。

3. 广告设计、制作合同具有的主要法律特征

(1) 广告经营者要以自己的技术、设备和创造性劳动,完成广告主委托的设计、制作广告的任务,未经广告主同意,不得转交给第三方去完成。

(2) 广告设计、制作合同的标的,是具有特定的工作,广告经营者要完全按照广告主的委托设计、制作要求去完成,不得任意改变设计、制作的内容。

(3) 广告经营者要以自己的能力承担风险责任,如造成设计、制作的广告作品损坏时,由广告经营者自己承担责任。

(4) 广告设计、制作合同属于有偿的劳务合同。

对广告经营者来说,在广告合同签订前,在承接广告主的设计、制作、代理业务前,应当对广告主的主体资格和广告内容的证明文件或者材料的真实性、合法性、有效性进行认真审查,了解其信誉能力和履约能力等。只有当需要的条件具备时,方可与其订立广告设计、制作合同;否则不能签订相关合同。

4. 广告经营者应当遵守的规范

按照广告设计、制作合同当事人的有关义务的要求,广告经营者还应当遵守以下规范。

（1）按照合同规定的日期完成广告作品的设计、制作工作。

（2）广告经营者要以自己的设备、技术和力量完成广告主所要求的广告设计、制作任务。

（3）广告经营者进行设计、制作广告所用的原材料和方法要符合合同的约定，并接受广告主的检验，不得隐瞒原材料的缺陷或者使用不符合合同规定的原材料。

（4）广告经营者要按照广告主的要求进行设计、制作，如发现按照广告主的要求设计、制作广告有不合理的情况时，应当及时通知广告主。

（5）广告经营者对广告主未能按期领走的广告设计、制作作品，在代为保管期限内，应负有妥善保管的义务。

第三节 广告发布者

一、广告发布者的概念

广告发布者，是指为广告主或者广告主委托的广告经营者发布广告的自然人、法人或者其他组织。

二、广告发布者的权利义务与基本规范

（一）广告发布者的权利和义务

依照广告管理的法律、法规，广告发布者在广告业务活动中应当享有一定的权利和承担相应的义务。

1. 广告发布者应当享有的权利

（1）要求广告管理机关保护自己依法从事广告发布活动的权利。

（2）享有申请发布广告业务的权利。

（3）享有自主发布广告业务的权利。

（4）要求广告主、广告经营者交验其主体资格和广告内容真实、有效的证明文件、材料的权利。

（5）拒绝发布虚假、违法广告的权利。

（6）以国家规定为指导，享有自行制定和调整广告发布费用的权利。

（7）要求广告主、广告经营者按照约定支付广告费用的权利。

（8）享有依法申请复议和提起诉讼的权利，等等。

2. 广告发布者应当承担的相应的义务

（1）遵守国家广告管理的法律、法规，依法从事广告发布活动，不得违法发布广告业务。

（2）按照一定的法律规定和程序，取得广告经营的资格证明。

（3）收取并查验广告主、广告经营者的主体资格、广告内容的证明文件、材料。

（4）依法建立、健全广告发布业务的承接登记、审查与发布等业务档案制度。

（5）备案广告发布费用标准，自觉接受广告管理机关的监督与检查。

（6）自觉维护广告主、广告经营者的合法权益。

（7）按照国家有关规定，如期向广告经营者支付广告代理费。

（8）主动接受并积极配合广告管理机关的监督与检验。

（9）自觉履行广告管理机关和人民法院依法作出的已发生法律效力的广告行政处罚决定和广告行政处罚诉讼案件判决，等等。

（二）广告发布者的基本管理规范

根据《广告法》《广告管理条例》以及其他广告管理法律法规的有关规定，对广告发布者的活动，主要有以下基本管理规范。

（1）广告发布者依照法律、行政法规查验有关证明文件和核实广告内容。

（2）按国家有关规定，建立、健全广告业务的承接登记、审核、档案管理制度，并应依照广告审查员管理办法的规定，配备广告审查员，并建立相应的管理制度。

（3）广告收费应当合理、公开，收费标准和收费办法应当向物价和工商行政管理部门备案，还应当通过其发布广告的媒介向社会公布其收费标准和收费办法。

（4）向广告主、广告经营者提供的媒介覆盖率、收视率、发行量等资料应当真实。

（5）户外广告设置规划和管理办法，由当地县级以上地方人民政府组织广告监督管理、城市建设、环境保护、公安等有关部门制定。

（6）利用广播、电影、电视、报纸、期刊以及其他媒介发布药品、医疗器械、农药、兽药等商品的广告和法律、行政法规规定应当进行审查的其他广告，必须在发布前依照有关法律、行政法规由有关行政主管部门（广告审查机关）对广告内容进行审查；未经审查，不得发布。而且，不得伪造、变造或者转让广告审查决定文件。

（7）广告有下列内容的，广告发布者不得刊播、设置、张贴。

① 违反我国法律、法规的。

② 损害我国民族尊严的。

③ 有中国国旗、国徽、国歌标志、国歌音响的。

④ 有反动、淫秽、迷信、荒诞内容的。

⑤ 弄虚作假的。

⑥ 贬低同类产品的。

（8）新闻单位刊播广告，应当有明确的标志。

（9）禁止利用广播、电视、报刊为卷烟做广告。

（10）广告发布者应当遵守广告经营资格检查办法，未通过广告经营资格检查的广告发布者，不得继续从事广告发布业务。

广告发布者发布广告是广告活动中的重要环节之一，违法虚假广告能否得到有效遏制和杜绝，与广告发布者有着极其密切的关系。

三、广告发布者应当遵守的重要规范

除了上述对广告发布者的管理，广告发布者还应当遵守以下的重要规范。

（一）广告合同制度规范

1. 广告发布合同的概念

对于广告发布者来说，主要针对性的内容便是广告发布合同。广告发布，是指利用一定媒介或形式发布各类广告，利用其他形式发布带有广告信息的经营活动。广告发布合同，是指广告发布者与广告主或广告主委托的广告经营者为发布广告而达成并签订的协议。

2. 广告发布合同具有的主要法律特征

（1）广告发布者利用自己掌握或控制的媒介，完成广告主或广告经营者委托的广告发布活动。未经广告主或广告经营者同意，不得转交给第三方去发布。

（2）广告发布合同的标的是发布广告的行为，广告发布者要按照广告发布合同的约定发布，不得擅自改变发布内容。如果发现广告内容有错误或者存在不应当发布的内容，广告发布者应及时通知广告主或广告主所委托的广告经营者。

（3）广告发布合同属于一种有偿的劳务合同。

3. 广告发布合同应当具备的主要条款

广告发布合同应当具备的主要条款包括广告发布的项目；发布广告的数量、质量；发布广告的媒介；发布广告的范围；发布广告的地点、期限和方式；验收的标准和方法；酬金；违约责任；双方一致约定的其他条款。

4. 广告发布合同当事人中，广告发布者应当遵守的规范

（1）按照广告发布合同约定的期限、地点、方式完成需要发布的广告。

（2）广告发布者要接受广告主或广告主委托的广告经营者对履行合同情况的检查。

（3）应当如实地向广告主或广告主委托的广告经营者提供媒介的覆盖率、

收视率、收听率、发行量、人流量等有关资料。

（二）禁止不正当竞争

广告主、广告经营者、广告发布者和广告代言人不得在广告活动中进行任何形式的不正当竞争。

对广告发布者来说，不正当竞争行为主要表现为利用自己掌握或控制的媒介优势，妨碍其他广告活动主体之间的正当竞争。比如：

（1）对部分广告活动主体在收费标准和收费办法方面实行歧视性待遇，在媒介时段或版面的销售方面不相一致。

（2）依凭自身优势，拒付或者不按国家规定标准支付广告代理费，或者随意更改甚至取消广告发布合同。

（3）委托某一特定广告经营者全权代理本媒介的广告业务，排斥其他具有广告代理权的经营者参与公平竞争。

（4）在明知或应知的情况下，发布虚假广告。

（5）在广告经营者相互勾结，故意抬高标价或者压低标价，以排挤竞争对手的公平竞争。

（6）在违背客户意愿的情况下，搭售或者附加其他不合理的条件。

作为广告发布者，应当与广告主、广告经营者同样，自觉遵守禁止不正当竞争行为的管理规范。

（三）广告收费管理规范

对于广告发布者的收费标准，要遵守《广告管理条例》。

1. 备案价格管理

我国对广告发布者收费的管理，基本上实行备案价格管理。以广播电台、电视台、报社、杂志社等四大媒介为主体的广告发布者根据自身的收听率、收视率、发行量，以及在全国或地方的覆盖率和影响范围，来制定自己的收费标准和收费办法，然后报当地工商行政管理机关和物价管理部门备案。其中需要特别注意的是，媒体一定要如实地向广告用户提供真实的覆盖率，并以此制定合理的收费标准。

2. 户外广告收费的管理

对户外广告收费的管理，亦有专门管理。《广告管理条例》第十五条规定：户外广告场地费、建筑物占用费的收费标准，由当地工商行政管理机关会同物价、城建部门协商制定，报当地人民政府批准。

因此，户外广告收费标准，并非单独由场地、建筑物的拥有单位和主管部门任意制定，而是必须根据当地经济发展程度，考虑户外广告的设置区域、场地、建筑物的位置好坏、人流量多少、是否位于商业中等因素，由工商行政管理机关会同物价、城建部门共同协商制订，并报当地人民政府批准，方可通过。户外广告收费标准一经批准确定,则必须严格实施执行,任何单位和个人不得随意更改。

四、对广告发布者资质标准及其覆盖率的管理

(一)对广告发布者资质标准的管理

1. 申请广告发布业务

根据有关法律、法规规定,申请经营广告发布业务,必须向工商行政管理机关提出申请,经审核批准,领取广告经营许可证或营业执照后方可从事经营。广播电台、电视台、报刊出版单位、互联网站从事广告发布业务的,应当依法办理广告发布登记。

2. 广告发布者资质标准

广告发布者资质标准,是从事广告发布活动的基本资格要求,是广告监督管理机关对广告发布者进行广告审批登记的重要依据,也是广告监督管理机关对广告发布者经营活动进行监督检查的重要内容。

广告发布者的资质标准及广告经营范围核定用语规范可以分类作出以下表述。

(1)新闻媒介单位利用电视、广播、报纸等新闻媒介,发布广告的电视台、广播电台、报社,其应当具备的资质标准包括如下内容。

① 有直接发布广告的媒介。

② 有与广告经营范围相适应的经营管理人员、编审技术人员(以上人员均须取得广告专业技术岗位资格证书)、财会人员和广告经营管理制度。

③ 有专门的广告经营机构和经营场所,经营场所面积不小于 20 平方米。

④ 有专职广告审查人员。

⑤ 广告费收入单独立账。

(2)新闻媒介单位利用电视、广播、报纸等新闻媒介,发布广告的电视台、广播电台、报社,其核定广告经营范围和用语规范例如。

① ××电视台——利用自有电视台,发布国内外电视广告,承办分类电视广告业务。

② ××报社——利用《××报》,发布国内外报纸广告,承办分类报纸广告业务。

③ ××广播电台——利用自有广播电台,发布国内外广播广告,承办分类广播广告业务。

(3)具有广告发布媒介的企业、其他法人或经济组织,利用自有或自制音像产品、图书、橱窗、灯箱、场地(馆)、霓虹灯等发布广告的出版(杂志、音像)社、商店、宾馆、体育场(馆)、展览馆(中心)、影剧院、机场、车站、码头等,其应当具备的资质标准是:

① 有直接发布广告的媒介。

② 有与广告经营范围相适应的经营管理人员、专业技术人员（以上人员均须取得广告专业技术岗位资格证书）、财会人员和广告经营管理制度。

③ 有专门的广告经营机构和经营场所，经营场所面积不小于 20 平方米，有相应的广告设计和制作设备。

④ 有专职广告审查人员。

⑤ 广告费收入单独立账。

（4）具有广告发布媒介的企业、其他法人或经济组织，利用自有或自制音像产品、图书、橱窗、灯箱、场地（馆）、霓虹灯等发布广告的出版（杂志、音像）社、商店、宾馆、体育场（馆）、展览馆（中心）、影剧院、机场、车站、码头等，其核定广告经营范围和用语规范例如：

① ××音像社设计和制作音像制品广告，利用本社出版的音像制品发布广告。

② ××出版（杂志）社设计和制作印刷品广告，利用本社出版的印刷品发布广告。

③ ××商店（场）、宾馆、饭店设计和制作招牌、灯箱、橱窗、霓虹灯广告，利用本店内招牌、灯箱、橱窗、霓虹灯发布广告。

④ ××体育场（馆）、展览馆（中心）、影剧院设计和制作招牌、灯箱、电子牌、条幅广告，利用本场（馆）内招牌、灯箱、电子牌、条幅发布广告。

⑤ ××车站（码头、机场）设计和制作招牌、灯箱、电子牌广告，利用本场（馆）内招牌、灯箱、电子牌发布广告。

（二）对广告发布者覆盖率的管理

1. 广告媒体覆盖率

媒体覆盖率是媒体覆盖范围和覆盖人数的总称，它随媒体自身的不同而具有不同的判断和衡量准则。主要包括广播电台的覆盖范围和收听率，电视台的覆盖范围和收视率，报纸、期刊等印刷媒体的发行范围和发行量，户外广告场所的位置和人流量等。

真实的媒体覆盖率是广告主、广告经营者实施广告战略和广告发布者确定收费标准的重要依据。

（1）广告主、广告经营者可以根据广告发布者提供的媒体覆盖率，选择收听率和收视率高、发行量大、位置优越、人流量大的媒体进行广告投入与宣传，这样就会达到良好的广告效果。

（2）广告发布者应当根据真实的媒体覆盖率，合理确定收费标准，这样才能为广告主、广告经营者所接受，才能使广告活动得以顺利完成。

2. 广告发布者媒体覆盖率应当真实

广告发布者向广告主、广告经营者提供的媒介覆盖率、收视率、点击率、发行量等资料应当真实。这便是对广告发布者的媒体覆盖率作出的法律上的管理规定。

当前,一些媒体为达到承揽广告的目的,存在着向广告主、广告经营者提供虚假材料,隐瞒、夸大媒体覆盖的现象。这不仅直接损害了广告客户的正当利益,而且严重损害了同业和竞争对手的利益,最终必然损害到自身的形象与长远利益,带来的只能是广告市场的混乱。

因此,加强对广告发布者提供的媒体覆盖率真实性的管理、对于保护广告主、广告经营者的合法利益,对于维护和树立广告发布者声誉、增强和拓宽广告发布业务来源,都具有极为重要的积极作用。

 思考与练习

一、简述题

1. 简述广告主的权利和义务。

2. 简述广告发布者的审查义务。

3. 简述对广告经营者的审批登记管理。

二、案例题

基本案情:

吉林省某科技有限公司成立于 2018 年 12 月,经营范围包括磁化产品及磁化设备技术研发、饮料生产及销售等。该公司委托河南省新乡市某食品有限公司生产的"磁化五环水""磁化解酒茶"只是一种风味饮料,所含成分对新冠肺炎根本不具有防治作用。

2020 年 1 月 26 日至 2 月 1 日,当事人利用公司网站及微博账号发布"磁化五环水""磁化解酒茶"含有"对此次新型冠状病毒感染的肺炎具有明显防治作用"等内容的广告,还擅自使用"吉林省新型冠状病毒感染的肺炎疫情防控指挥部"名义进行广告宣传。

2020 年 1 月 31 日,吉林省市场监管厅接到举报,办案人员决定从网络查询入手开展核查工作。他们登录涉案公司网站、新浪微博等,搜索相关信息,调取该公司通过网络对所售产品进行宣传的信息,确定该公司宣传并销售的产品,随后调查该产品委托生产厂家河南省新乡市某食品有限公司的相关信息材料以及该产品所含实际成分等。在确凿的证据面前,该单位负责人认识到其行为的违法性及危害性。①

——————————

① 《虚假广告? 一查到底! ——吉林省市场监管厅对某公司疫情期间发布虚假广告案追踪记》,发布时间: 2020-05-07,08:54。信息来源: 《中国市场监管报》,http://www.samr.gov.cn/ggjgs/sjdt/gzdt/202005/t20200509_315056.html。

思考讨论题：

该公司违反了哪个法规？市场监管厅对其进行处罚的依据是什么？

分析要点：

该科技有限公司借疫情传播伪科学，利用民众对疫情的恐慌心理，对该公司旗下产品"磁化五环水""磁化解酒茶"进行虚假宣传，称其对新冠病毒具有明显防治作用，误导消费者认为该产品具有特殊功效。当事人行为违反了《食品安全法》第七十三条规定，食品广告的内容应当真实合法，不得含有虚假内容，不得涉及疾病预防、治疗功能。

食品生产经营者对食品广告内容的真实性、合法性负责。上述公司的行为违反了《广告法》第四条规定，广告不得含有虚假或者引人误解的内容，不得欺骗、误导消费者。同时违反了《广告法》第二十八条规定，商品的性能、功能等信息与实际情况不符，对购买行为有实质性影响的，构成虚假广告。

吉林省市场监管厅依据《食品安全法》第一百四十条及《广告法》第五十五条规定，责令当事人立即停止发布虚假广告行为，在相应范围内消除影响，并处罚款 20 万元。

《食品安全法》第一百四十条规定，在广告中对食品作虚假宣传，欺骗消费者，或者发布未取得批准文件、广告内容与批准文件不一致的保健食品广告的，依照《广告法》的规定给予处罚。

《广告法》第五十五条规定，违反本法规定，发布虚假广告的，由市场监督管理部门责令停止发布广告，责令广告主在相应范围内消除影响，处广告费用三倍以上五倍以下的罚款。

第四章
广告活动行为

本章导读

1. 理解广告合同法律制度的基本原则与制度；
2. 理解并掌握广告代理制度的基本原理；
3. 了解我国对于广告活动中不正当竞争行为的法律规制；
4. 了解我国对于广告活动中有关人格权的法律规制。

引例

　　青海绿色创意文化传媒有限责任公司(以下简称："青海绿创")系青海广播电视台台属、台控、台管的全资公司，负责青海新闻综合频道除时政新闻节目以外的所有节目、广告及衍生产品(产业)的生产、营销、代理、发布业务。

　　青海绿创于 2019 年 3 月 10 日，与西安晔楠信息科技有限公司签订《广告代理合同》，合同规定 2019 年 3 月 25 日至 4 月 25 日发布"老伏膏消肚子贴"保健贴广告 50 次，广告每播一次定价 750 元，广告费用按实际播出次数计算。青海卫视自 2019 年 3 月 26 日开播至 4 月 11 日停播，期间共发布"老伏膏消肚子贴"保健贴广告 30 次，按合同计算应收广告费 2.5 万元，已开出广告费发票金额为 2.5 万元。

　　"老伏膏消肚子贴"保健贴广告以"不管是贪吃型大肚子、产后型大肚子、中年发福大肚子、还是老年三高大肚子，只要在肚脐上贴一贴，快的三星期，最多三个月大肚子没有了，粗胳膊粗腿都不见了，身材苗条又好看，三高人群肚子小了、指标正常了，身体变好了，减掉大肚子苗条又健康；胆固醇脂肪肝，都正常了；一些像三高心脑血管的疾病，就可以好转，直至消失"等内容，极力宣传"老伏膏消肚子贴"疾病治疗功能功效。

　　青海市场监管局认为，青海省广播电视台发布的"老伏膏消肚子贴"保健贴广告，违反了《广告法》第十七条规定，依据《广告法》第五十八条第三款"广告经营者、广告发布者明知或者应知有本条第一款规定违法行为仍设计、制作、代理、发布的,由市场监督管理部门没收广告费用,并处广告费用一倍以上三倍以下的罚款,广告费用无法计算或者明显偏低的,处 10 万元以上 20 万元以下的罚款;情节严重的,处广告费用三倍以上五倍以下的罚款,广告费用无法计算或者明显偏低的,处 20 万元以上 100 万元以下的罚款,并可以由有关部门暂停广告发布业务、吊销营业执照、吊销广告发布登记证件"的规定,青海广播电视台多次发布类似违法广告情节严重,对当事人作出如下处罚:没收广告费用 750 元×30 次=22500 元;并处以五倍罚款 112500 元,合计 135000 元。[①]

【解析】

代理权的行使,一般是指代理人在代理权限范围内,以被代理人的名义独立、依法有效地实施民事法律行为,以达到被代理人所希望的或者客观上符合被代理人利益的法律效果。青海省广播电视台发布的"老伏膏消肚子贴"保健贴广告,违反了《广告法》第十七条规定。

《广告法》第十七条规定,除医疗、药品、医疗器械广告外,禁止其他任何广告涉及疾病治疗功能,并不得使用医疗用语或者易使推销的商品与药品、医疗器械相混淆的用语。为此,青海市场监管局依法对青海省广播电视台进行处罚。

第一节　广告合同法律规定

一、广告合同概述

(一) 广告合同的概念

根据《广告法》的规定,广告主、广告经营者、广告发布者之间在广告活动中应当依法订立书面合同,明确各方的权利和义务。据此,广告合同,是指广告主、广告经营者、广告发布者之间在广告活动中依法订立的明确各方权利和义务关系的书面协议。

(二) 广告合同的特征

广告合同具有合同的一般特点,主要表现在:合同是平等主体的当事人之间的协议;合同是两个或两个以上当事人之间的协议;合同是平等主体之间就民事权利义务关系所达成的协议;合同是当事人在自愿的基础上,设立、变更和终止权利义务关系的协议;合同必须具有合法性。

---

① 《罚款 135000 元,省广播电视台发广告也不能"任性"》,发布时间:2019-08-08,09:37,信息来源:青海省市场监管局,http://www.samr.gov.cn/ggjgs/sjdt/gzdt/201908/t20190812_305594.html。

此外,广告合同还具有其自身的特点。

1. 广告合同是要式合同

根据合同的成立是否需要采用特定的形式作为标准,合同可以分为要式合同和不要式合同。在合同成立时,要求采用特定形式的合同是要式合同,不要求采用特定形式的合同是不要式合同。根据《广告法》的规定,广告主、广告经营者、广告发布者之间在广告活动中所订立的合同应当采用书面合同。

 **知识链接**

《民法典》对合同书面形式的定义

书面形式是指合同书、信件和数据电文(包括电报、电传、传真、电子数据交换和电子邮件)等可以有形地表现所载内容的形式。

2. 广告合同是双务合同

广告合同属于双务合同,广告经营者和广告发布者接受广告主的委托,一般情况下都要收取一定的费用,即合同一方当事人有义务依照合同的约定提供广告设计、制作、代理、发布等服务,对方当事人有支付相应报酬的义务。

3. 广告合同是有偿合同

广告合同是有偿合同。广告经营者和广告发布者提供广告设计、制作、代理、发布等项服务,收取一定的报酬;另一方当事人接受广告设计、制作、代理、发布等项服务,并支付相应的报酬。

4. 广告合同是无名合同

凡是法律上没有规定名称,也没有对其特别做出规定的合同是无名合同。无名合同依法成立,受法律的保护。对于无名合同的法律适用《民法典》第四百六十七条规定:"本法或者其他法律没有明文规定的合同,适用本编通则的规定,并可以参照适用本编或者其他法律最相类似合同的规定。"

广告合同属于无名合同,当然适用《民法典》通则的一般性规定,不同的广告合同可以参照适用《民法典》合同编中所规定的相类似合同的规定。

(三) 广告合同的分类

1. 广告设计、制作合同

广告设计、制作合同,是指广告经营者用自己的技术、设备,按照广告主的要求进行设计、制作广告作品,广告主接受广告经营者设计、制作的广告作品,并给付约定报酬的协议。

2. 广告发布合同

广告发布合同,是指广告发布者与广告主或广告主委托的广告经营者,提供自有的大众传播媒介的时间、版面、户外媒介的场所和空间,进行广告宣传活动的协议。

3. 广告代理合同

广告代理合同,指广告代理人以广告主的名义为广告主办理委托事宜,广告主支付约定报酬的协议。

(四) 广告合同活动的基本原则

1. 平等原则

广告合同当事人的法律地位平等,一方不得将自己的意志强加给另一方。

2. 自愿原则

广告合同当事人依法享有自愿订立合同的权利,任何单位和个人不得非法干预。

3. 公平原则

广告合同当事人应当遵循公平原则确定各方的权利和义务。

4. 诚实信用原则

广告合同当事人行使权利、履行义务应当遵循诚实信用原则。

5. 遵守法律并不得损害社会公共利益原则

广告合同当事人订立、履行合同,应当遵守法律、行政法规,尊重社会公德,不得扰乱社会经济秩序,损害社会公共利益。

二、广告合同的订立

广告合同的订立是当事人就合同的条款进行协商并达成一致意见的过程。《民法典》合同编规定:"当事人订立合同,采取要约、承诺方式。"当事人订立合同的过程,可以分为两个阶段,即提出订约提议(要约)和接受提议(承诺)。在订立合同的过程中,要约是反复出现的,而承诺只有一次,承诺表明合同关系成立。

(一) 要约

1. 要约的概念与构成条件

要约是希望和他人订立合同的意思表示,要约应当具备以下的条件。

(1) 要约是特定的人进行的意思表示。

(2) 一般情况下,要约也是向特定的人发出的。

(3) 要约必须以缔结合同为目的。

(4) 要约的内容必须具体确定,应当包括合同成立的主要条款或者主要条件。

(5) 要约应当表明要约人在受要约人承诺时即受该意思表示约束的意思。

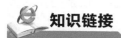知识链接

《民法典》规定的要约邀请的形式

拍卖公告、招标公告、招股说明书、债券募集办法、基金招募说明书、商业广告和宣传、寄送的价目表等为要约邀请。商业广告和宣传的内容符合要约条件的,构成要约。

2. 要约的生效

要约到达受要约人时生效。

3. 要约的撤回与撤销

(1) 要约的撤回

要约的撤回是指要约人在要约生效之前,取消要约,从而阻止要约生效的意思表示。要约人在发出要约后、要约到达受要约人之前可以根据自己的意愿取消要约。要约可以撤回。撤回要约的通知应当在要约到达受要约人之前或者与要约同时到达受要约人。

(2) 要约的撤销

要约的撤销是指要约人在要约到达受要约人并生效以后,将该项要约取消,从而使要约的效力归于消灭的意思表示。

《民法典》规定以下情况,要约人不得撤销要约。

① 要约人确定了承诺期限或者以其他形式明示要约不可撤销。

② 受要约人有理由认为要约是不可撤销的,并已经为履行合同作了准备工作。

4. 要约的失效

要约失效是指要约丧失了法律拘束力,对要约人和受要约人不再产生拘束力。

要约失效的原因有:

(1) 要约被拒绝。

(2) 要约被依法撤销。

(3) 承诺期限届满,受要约人未作出承诺。

(4) 受要约人对要约的内容作出实质性变更。

(二) 承诺

1. 承诺的概念与构成条件

承诺是受要约人同意要约的意思表示。

承诺应当具备以下的条件。

（1）承诺是受要约人的意思表示,可以是受要约人本人也可以是受要约人的代理人作出的意思表示。

（2）承诺必须是向要约人作出的。

（3）承诺必须在要约的有效期限内到达要约人。要约以非对话方式作出并且没有确定承诺期限的,承诺应当在合理期限内作出并到达要约人。

（4）承诺是受要约人对要约人所发出的要约表示同意的意思表示,承诺的内容应当与要约的内容一致,不能对要约作出实质性变更。受要约人对要约的内容作出实质性变更的,为新要约。

 知识链接

对要约内容的实质性变更

有关合同标的、数量、质量、价款或者报酬、履行期限、履行地点和方式、违约责任和解决争议方法等的变更,是对要约内容的实质性变更。

2. 承诺的生效

承诺通知到达要约人时生效。承诺不需要通知的,根据交易习惯或者要约的要求作出承诺的行为时生效。

受要约人超过承诺期限发出的承诺,一般情况下不具有承诺的效力,为新要约。除非要约人愿意接受该承诺,并且及时通知受要约人。

受要约人在承诺期限内发出承诺,按照通常情形能够及时到达要约人,但是因为其他的原因,承诺到达要约人时超过承诺期限的,如果要约人没有及时通知受要约人不接受该承诺,则该承诺仍然是有效的承诺。

3. 承诺的撤回

承诺撤回是承诺人阻止承诺生效的意思表示。要约人在发出承诺后也可以将该承诺撤回,但是撤回承诺的通知应当在承诺到达要约人之前或者与承诺同时到达要约人。

4. 承诺的效力

承诺到达要约人,则承诺生效,合同关系成立。依法成立的合同,受法律保护,对当事人具有法律约束力。当事人应当按照约定履行自己的义务,不得擅自变更或者解除合同。

三、广告合同生效的时间和地点

（一）广告合同生效的时间

承诺生效时广告合同成立。

当事人采用合同书形式订立合同的,自双方当事人签字或者盖章时合同成立。当事人采用信件、数据电文等形式订立合同的,可以在合同成立之前要求签订确认书。签订确认书时合同成立。

(二) 广告合同生效的地点

承诺生效的地点为广告合同成立的地点。采用数据电文形式订立合同的,收件人的主营业地为合同成立的地点;没有主营业地的,其经常居住地为合同成立的地点。当事人采用合同书形式订立合同的,双方当事人签字或者盖章的地点为合同成立的地点。

 **知识链接**

广告合同成立地点的重要意义

广告合同成立的地点有重要的意义,首先,广告合同成立的地点是确定合同纠纷管辖的标准之一,按照《民事诉讼法》规定,因合同纠纷提起的诉讼,由被告住所地或者合同履行地人民法院管辖。合同的双方当事人也可以在书面合同中协议选择被告住所地、合同履行地、合同签订地、原告住所地、标的物所在地人民法院管辖。

其次,广告合同成立的地点在确定涉外合同的法律适用上也有重要的意义,涉外广告合同的当事人可以选择处理广告合同争议所适用的法律,如果当事人没有选择的,适用与广告合同有最密切联系的国家的法律,这时合同的成立地点就是"与合同有最密切联系"的标准之一。

四、广告合同的效力

广告合同的效力是指已经依法成立的合同在当事人之间产生一定的法律约束力。广告合同一经成立,对当事人产生法律约束力,当事人不能擅自变更和解除合同;当事人违反合同,将承担民事责任。

(一) 广告合同生效的条件

广告合同生效的条件是合同具有法律效力应当具备的条件。主要有。

1. 当事人在订立广告合同时必须具有相应的民事权利能力和民事行为能力

根据广告合同的不同,对当事人主体资格的要求有差异。以广告主为一方当事人、签订合同委托他人设计、制作、发布的,应当依法具有从事经营活动的资格,所推销的商品或所提供的服务应当符合其经营范围。广告经营者接受委托提供设计、发布、代理服务的,必须具有从事广告经营活动的资格,并在核准的广告经营范围以内进行活动。

2. 当事人的意思表示真实

广告合同当事人的意思表示必须真实。

3. 广告合同的内容不违反法律或者社会公共利益

广告主、广告经营者、广告发布者从事广告活动，应当遵守法律、行政法规。广告的内容应当遵守社会公德和职业道德，维护国家的尊严和利益，不得有法律、行政法规所明确规定禁止的内容；不得妨碍社会安定和危害人身、财产安全，损害社会公共利益；不得妨碍社会公共秩序和违背社会良好风尚。

4. 广告合同的形式符合法律的相应规定

广告主、广告经营者、广告发布者、广告代言人之间在广告活动中应当依法订立书面合同。

（二）无效的广告合同

无效广告合同是已经成立但因欠缺广告合同的生效条件，而在法律上不发生当事人预期的法律效果的广告合同。

1. 有下列情形之一的广告合同无效

（1）一方以欺诈、胁迫的手段订立合同，损害国家利益。

（2）恶意串通，损害国家、集体或者第三人利益。

（3）以合法形式掩盖非法目的。

（4）损害社会公共利益。

（5）违反法律、行政法规的强制性规定。

2. 广告合同中的下列免责条款无效

（1）造成对方人身伤害的。

（2）因故意或者重大过失造成对方财产损失的。

3. 无效广告合同的法律后果

无效广告合同不能产生当事人预期的法律效果。广告合同被人民法院或仲裁机构确认无效后，尚未履行的部分不再履行；正在履行的部分，应当终止履行；已经履行的部分，分别按照以下情况处理：

（1）返还财产。

（2）折价补偿。

（3）赔偿损失。

（4）收归国家、集体或第三人。

合同部分无效，不影响其他部分效力的，其他部分仍然有效。

合同无效并不影响合同中独立存在的有关解决争议方法的条款的效力。这些条款依然有效。

（三）可变更、可撤销的广告合同

可变更、可撤销的广告合同是指合同欠缺一定生效要件，其有效与否，取决于有撤销权的一方当事人是否行使撤销权的合同。可变更、可撤销的广告合同所欠缺的合同有效条件,主要是当事人的意思表示不真实,法律规定当事人可以根据自己的意愿决定是否撤销该合同。

对于可变更、可撤销的广告合同,当事人有权请求人民法院或仲裁机构变更或者撤销。当事人请求变更的,人民法院或者仲裁机构不得撤销。当事人请求撤销并且被人民法院或者仲裁机构依法撤销的合同,是无效合同。

1. 当事人因法定原因有权请求人民法院或者仲裁机构变更或者撤销

(1)因重大误解订立的。

(2)在订立合同时显失公平的。

(3)一方以欺诈、胁迫的手段或者乘人之危,使对方在违背真实意思的情况下订立的合同,受损害方有权请求人民法院或者仲裁机构变更或者撤销。

2. 当事人应当在法律规定的期限内行使撤销权

有下列情形之一的,撤销权消灭。

(1)具有撤销权的当事人自知道或者应当知道撤销事由之日起一年内没有行使撤销权。

(2)具有撤销权的当事人知道撤销事由后,明确表示或者以自己的行为放弃撤销权。

(四)效力待定的广告合同

效力待定的广告合同是广告合同主体资格欠缺的合同,这类合同经过有权人的追认就可以产生有效合同的效力。

行为人没有代理权、超越代理权或者代理权终止后以被代理人名义订立的合同,未经被代理人追认,对被代理人不发生效力,由行为人承担责任;经过被代理人追认的,该合同成立,对被代理人发生效力。相对人可以催告被代理人在一定时间内予以追认。被代理人未作表示的,视为拒绝追认。合同被追认之前,善意相对人有撤销的权利。

五、广告合同的履行

广告合同履行是指广告合同生效后,广告合同当事人依照合同的约定,全面、适当完成其义务的行为。广告合同的履行在合同活动中至关重要,关系到当事人合同权利的实现,也关系到社会经济秩序的稳定。

(一)广告合同履行的原则

广告合同履行的原则是当事人在履行合同义务时所应当遵循的基本准则。根据法律的规定,广告合同履行的原则主要有全面履行合同原则和诚实信用原则。

(二) 广告合同履行中的抗辩权

双方合同履行中的抗辩权,是指在符合法律规定的条件下,当事人对抗对方当事人的履行请求权,暂时拒绝履行合同义务的权利。广告合同是双务合同,也存在履行抗辩权的情况。

1. 同时履行抗辩权

合同当事人互负债务,没有先后履行顺序的,应当同时履行。一方在对方履行之前有权拒绝其履行要求。一方在对方履行债务不符合约定时,有权拒绝其相应的履行要求。

2. 后履行抗辩权

当事人互负债务,有先后履行顺序,先履行一方未履行的,后履行一方有权拒绝其履行要求。先履行一方履行债务不符合约定的,后履行一方有权拒绝其相应的履行要求。

3. 不安抗辩权

应当先履行债务的当事人,有确切证据证明对方有法律规定情形之一的,可以中止履行合同义务。当事人采取暂时停止合同义务的,应当及时通知对方。在对方提供适当担保的情况下,应当恢复履行合同义务。

如果在中止履行合同后,对方当事人在合理期限内未恢复履行能力并且未提供适当担保的,中止履行的一方可以解除合同关系。但是当事人没有确切证据中止履行的,应当承担违约责任。

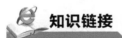 **知识链接**

《民法典》规定当事人可以中止履行合同义务的情形

应当先履行债务的当事人,有确切证据证明对方有下列情形之一的,可以中止履行。

(1) 经营状况严重恶化。

(2) 转移财产、抽逃资金,以逃避债务。

(3) 丧失商业信誉。

(4) 有丧失或者可能丧失履行债务能力的其他情形。

当事人没有确切证据中止履行的,应当承担违约责任。

六、广告合同的变更、转让和终止

(一) 广告合同的变更

广告合同的变更是指广告合同内容的变更,即有效成立的广告合同在尚未履行或者尚未完全履行完毕以前,当事人在不改变合同主体的情况下变更合同的内容,当事人的权利义务关系发生变化。

广告合同依法变更后,当事人依照变更后的广告合同履行。如果当事人对广告合同变更的内容约定不明确的,推定为未变更。

(二)广告合同的转让

广告合同的转让是指在广告合同成立后,合同当事人依法将其在合同中的权利义务全部或者部分地转让给第三人。合同的转让并不改变合同内容,根据合同所产生的权利义务不发生变化。广告合同的转让主要有三种形态,合同权利的转让、合同义务的转让、合同权利义务概括转让。

1. 合同权利的转让

合同当事人可以将合同的权利全部或者部分转让给第三人,债权人转让权利的,应当通知债务人。未经通知,该转让对债务人不发生效力。债权人转让权利受到一定的限制,有下列情形之一的不得转让合同权利。

(1)根据合同性质不得转让。

(2)按照当事人约定不得转让。

(3)依照法律规定不得转让。

2. 合同义务的转让

合同当事人可以将合同的义务全部或者部分转移给第三人,但是应当经债权人同意。

3. 合同权利义务概括转让

当事人一方经对方同意,可以将自己在合同中的权利和义务一并转让给第三人。

(三)广告合同的终止

广告合同的终止是指由于一定的法律事实的发生,使广告合同所设定的权利义务在客观上已经不存在,合同关系归于消灭。

依《民法典》规定,有下列情形之一的,广告合同的权利义务终止。

(1)债务已经履行。合同双方当事人均按照合同规定履行了各自的义务,这是合同权利义务终止的最主要最普遍的原因,也是最为理想的合同终止的原因。

(2)债务相互抵销。

(3)债务人依法将标的物提存。

(4)债权人免除债务。

(5)债权债务同归于一人。

(6)法律规定或者当事人约定终止的其他情形。

(7)合同解除。

(四) 广告合同的解除

广告合同解除是广告合同有效成立后,因当事人一方或双方的意思表示,使合同关系消灭的行为。广告合同解除分为法定解除和约定解除。

1. 广告合同的法定解除

法律规定,在以下情况下,合同一方当事人可以单方面解除合同。

(1) 因不可抗力致使不能实现合同目的。

(2) 在履行期限届满之前,当事人一方明确表示或者以自己的行为表明不履行主要债务。

(3) 当事人一方迟延履行主要债务,经催告后在合理期限内仍未履行。

(4) 当事人一方迟延履行债务或者有其他违约行为致使不能实现合同目的。

(5) 法律规定的其他情形。

当事人一方依照《民法典》主张解除合同的,应当履行相应的义务,应当通知对方当事人。合同自通知到达对方时解除。如果法律、行政法规规定解除合同应当办理批准、登记等手续的,依照相关的规定办理。

2. 广告合同的约定解除

广告合同当事人可以约定解除合同关系。当事人经过协商一致,可以解除合同。当事人也可以在合同中约定解除合同的情形,当一方当事人解除合同的条件成就时,解除权人可以解除合同。

合同关系解除后,双方的权利义务终止。合同尚未履行的,终止履行;已经履行的,根据履行情况和合同性质,当事人可以要求恢复原状、采取其他补救措施,并有权要求赔偿损失。

七、违反广告合同的法律责任

(一) 违约责任的概念

违约责任是广告合同当事人不履行合同义务或者履行合同义务不符合约定所应当承担的民事责任。

(二) 违约形态

当事人一方不履行合同义务或者履行合同义务不符合约定的,应当承担继续履行、采取补救措施或者赔偿损失等违约责任。主要有以下表现。

1. 不履行合同义务

广告合同当事人不履行合同规定的义务,包括当事人在客观上已经没有履行合同能力的不履行合同义务,也包括当事人有履行合同的能力但是故意不履行合同义务。

2. 不完全履行合同义务

不完全履行合同义务是指合同当事人没有完全按照合同的约定履行合同义务。

3. 预期违约

合同当事人一方在广告合同生效以后至合同约定的履行期限届满以前,明确表示或者以自己的行为表明不履行合同义务的,对方可以在履行期限届满之前要求其承担违约责任。

（三）违约责任的免除

违约责任的免除是指依照《民法典》的规定,违约方免于承担违约责任。

《民法典》上规定的免于承担违约责任的法定事由是不可抗力。依照《民法典》的规定,不可抗力是指不能预见、不能避免并不能克服的客观情况。当发生因为不可抗力不能履行合同时,当事人应当及时通知对方,以减轻可能给对方造成的损失,并应当在合理期限内提供证明。一般情况下,因为不可抗力不能履行合同的,根据不可抗力的影响,可以部分或者全部免除责任。

（四）承担违约责任的形式

《民法典》规定的违约责任的主要方式有:继续履行、赔偿损失、违约金、定金罚则等。

1. 继续履行

继续履行是合同当事人在违反合同的情况下,向对方当事人继续实际履行合同义务。与在正常情况下的当事人自觉履行合同不同的是,继续履行是一种违约责任的形式,是国家强制履行合同义务。

如果当事人一方不履行非金钱债务或者履行非金钱债务不符合约定的,对方可以要求履行,但有下列情形之一的除外。

（1）法律上或者事实上不能履行。

（2）债务的标的不适于强制履行或者履行费用过高。

（3）债权人在合理期限内未要求履行。

2. 采取补救措施

合同当事人一方不履行合同义务或者履行合同义务不符合约定的,可以采取补救措施。合同标的质量不符合约定的,应当按照当事人的约定承担违约责任。对违约责任没有约定或者约定不明确,依照《民法典》的规定仍不能确定的,受损害方根据标的的性质以及损失的大小,可以合理选择要求对方承担修理、更换、重作、退货、减少价款或者报酬等违约责任。

3. 赔偿损失

合同当事人一方不履行合同义务或者履行合同义务不符合约定的,承担向对方当事人赔偿损失的责任。赔偿损失作为一种民事责任,补偿性是其突出的特点。在违约方履行义务或者采取补救措施后，对方仍然有其他损失的，还应当赔偿损失。

赔偿损失以全部赔偿为原则，当事人一方不履行合同义务或者履行合同义务不符合约定，给对方造成损失的，损失赔偿额应当相当于因违约所造成的损失，包括合同履行后可以获得的利益。但是，损失赔偿额不得超过违反合同一方订立合同时预见到或者应当预见到的因违反合同可能造成的损失。

当事人一方违约后，对方应当采取适当措施防止损失的扩大；没有采取适当措施致使损失扩大的，不得就扩大的损失要求赔偿。

4. 违约金

《民法典》中规定的违约金是约定违约金。当事人可以约定一方违约时应当根据违约情况向对方支付一定数额的违约金，也可以约定因违约产生的损失赔偿额的计算方法。如果约定的违约金低于造成的损失的，当事人可以请求人民法院或者仲裁机构予以增加；约定的违约金过分高于造成的损失的，当事人可以请求人民法院或者仲裁机构予以适当减少。

5. 定金罚则

定金是担保的一种形式，合同当事人可以依法约定一方当事人向对方当事人给付定金作为债权的担保，债务人履行债务后，定金应当抵作价款或者收回。

给付定金的一方不履行约定的债务的，无权要求返还定金；收受定金的一方不履行约定的债务的，应当双倍返还定金。当事人既约定违约金，又约定定金的，一方违约时，对方可以选择适用违约金或者定金条款。

第二节　广告代理法律规定

一、广告代理概述

（一）代理的概念与特征

1. 代理的概念

《民法典》规定，代理人在代理权限内，以被代理人名义实施的民事法律行为，对被代理人发生效力。据此，代理是指代理人在代理权限范围内，以被代理人的名义与第三人进行民事作为，该行为的法律后果由被代理人承担的法律制度。

在代理关系中，根据代理权代替他人实施民事行为的人称为代理人；由他人代替自己实施民事法律行为的人称为被代理人或称为本人；与代理人进行民事法律行为的人，称为第三人。

在代理关系中，一般涉及三种关系：代理人与被代理人之间的代理关系，是代理的内部关系。代理人与第三人之间的关系,为代理行为关系;被代理人与第三人之间的权利义务关系,是代理的结果关系。

2. 代理的特征

(1)代理人必须在代理权限范围内进行代理行为。

(2)代理人以被代理人的名义实施代理行为。

(3)代理行为必须是具有法律意义的行为。

(4)被代理人对代理行为承担民事责任。

因此,企业在选择代理广告的广告公司时,应当委托有代理权的广告公司代理广告业务,而有代理权的广告公司必须有代理广告项目的业务能力。

3. 代理的分类

依据不同的标准,可以对代理进行不同的分类。《民法典》第一百六十三条规定,代理包括委托代理和法定代理。委托代理人按照被代理人的委托行使代理权。法定代理人依照法律的规定行使代理权。广告代理为委托代理。

代理还可以分为直接代理和间接代理。直接代理,又称为显名代理,即代理人以被代理人的名义进行民事行为,其后果直接归属于被代理人。间接代理又称为隐名代理,是代理人以自己的名义进行民事行为,其后果间接地归属于被代理人。

（二）广告代理的概念与特征

1. 广告代理的概念

广告代理制是企业委托广告公司实施广告活动计划,并通过广告经营单位和广告媒体接洽广告发布业务。广告代理制是广告公司在广告经营中处于主体和核心地位,为广告主全面代理广告业务,向广告主提供以市场调查为基础、广告策划为主导、创意为中心、媒体发布为手段、同时辅以其他促销手段的全面性服务。

广告代理制是随着广告业的发展而逐步形成的,是广告业发展到一定的历史阶段的产物。广告代理制是国际上通行的广告经营机制,也是衡量广告市场是否成熟的标志。1993 年,国家工商局颁布了《关于进行广告代理制试点工作的若干规定(试行)》,规定了广告代理制度,也就标志着中国的广告业开始了全面的推行代理制度。

 **知识链接**

广告代理制度的产生与发展

1869 年,弗朗西斯·W.艾尔在美国开设了艾尔父子广告公司,经营重点转向为客户提供专业化的服务。他帮助客户制定广告策略与计划,设计与撰写广告文案,建议与安排合适的广告媒介,实行"公开合同制",并将广告代理佣金固定为15％。这一制度于1917年在美国得到正式确认,并一直沿用至今成为国际惯例。

自艾尔父子广告公司奠定广告代理制度的基本形态之后,经过约半个世纪发展,到了20世纪30年代以后,专业意义上的广告代理制在美国基本形成,并相继在广告业比较发达的日本、法国等国家和地区普及,逐渐成为国际通行的广告经营机制。

2. 广告代理的特征

(1) 广告代理为委托代理

在广告代理中,代理权的产生需要委托人的委托,广告主将广告业务委托给广告经营者,广告经营者接受广告主的委托,而产生广告代理。

被代理人授权的形式是授权委托书。书面委托代理的授权委托书应当载明代理人的姓名或者名称、代理事项、权限和期间,并由委托人签名或盖章。委托书授权不明的,被代理人应当向第三人承担民事责任,代理人负连带责任。

(2) 广告代理是代理人以营利为目的的行为

广告代理活动本身是一种营业方式,广告代理人为被代理人提供服务是以营利为目的,收取广告代理费。

(3) 广告代理人应当具有相应的资格

广告代理人必须是经市场监管部门核准登记,在确定的经营范围中有代理广告业务项目的广告经营者。不是经市场监管部门核准登记的广告经营者,或虽然是广告经营者,但广告经营范围中没有代理广告业务项目的,不能代理广告业务。

(4) 广告代理合同约定采用书面形式

一般的民事法律行为的委托代理,可以用书面形式,也可以用口头形式。但是法律规定用书面形式的,应当用书面形式。广告合同必须采用书面形式。《广告法》规定,广告主、广告经营者、广告发布者之间在广告活动中应当依法订立书面合同,明确各方的权利和义务。据此,被代理人应当与代理人就其内部的权利义务关系达成协议,订立书面的委托合同。

二、广告代理中代理权的行使

代理权的行使,一般是指代理人在代理权限范围内,以被代理人的名义独立、依法有效地实施民事法律行为,以达到被代理人所希望的或者客观上符合被代理人利益的法律效果。

(一) 代理权行使的原则

1. 代理人的代理行为应当符合法律规定

代理人不得进行违反法律的行为。《民法典》规定,代理人知道或者应当知道代理事项违法仍然实施代理行为,或者被代理人知道或者应当知道代理人的代理行为违法未作反对表示的,被代理人和代理人应当承担连带责任。

《广告法》规定,广告经营者、广告发布者明知或者应知广告虚假仍进行设计、制作、发布的,应当依法承担连带责任。广告经营者、广告发布者不能提供广告主的真实名称、地址的,应当承担全部民事责任。

2. 代理人应当在代理权限范围内行使代理权

代理人在代理权限范围内进行的民事活动,才能被看作是被代理人的行为,由被代理人承担代理行为的法律后果。非经被代理人的同意,代理人不得擅自扩大、变更代理权限。代理人擅自扩大、变更代理权限的,如果没有经过被代理人的追认,其后果由代理人自己承担。

3. 代理人应当亲自行使代理权,进行代理行为

在委托代理中,被代理人与代理人之间以信赖关系为基础,代理人应当亲自行使代理权,不得将代理事项任意转托他人代理。

《民法典》第一百六十九条规定,代理人需要转委托第三人代理的,应当取得被代理人的同意或者追认。转委托代理经被代理人同意或者追认的,被代理人可以就代理事务直接指示转委托的第三人,代理人仅就第三人的选任以及对第三人的指示承担责任。

转委托代理未经被代理人同意或者追认的,代理人应当对转委托的第三人的行为承担责任;但是,在紧急情况下代理人为了维护被代理人的利益需要转委托第三人代理的除外。

4. 代理人应当对被代理人尽勤勉、谨慎的义务

代理人在行使代理权时,应当尽善良管理人的义务,遵守被代理人的指示,尽报告与保密的义务,如果代理人没有尽到职责,给被代理人造成损害的,代理人应当承担民事责任。代理人和第三人串通、损害被代理人的利益的,由代理人和第三人负连带责任。

(二)广告活动的无权代理

代理人不具有代理权,而以被代理人的名义进行民事行为的,为无权代理。无权代理可以分为狭义的无权代理和表见代理。

广告活动中的无权代理有以下情况。

1. 代理人不具有合法的经营资格,不能承接广告代理业务

我国法律规定,从事广告代理业务必须有依法核准的相应的资格,代理人不具有进行广告代理活动的资格而进行代理活动的是无权代理。一种情况是未经广告登记管理机关核准登记广告经营的单位或个人承接广告代理业务;一种情况是,虽然广告登记管理机关核准其可以从事广告经营活动,但是在其核定的广告经营范围内没有广告代理项目,在此情况,代理人如果承接广告代理业务的也属于无权代理。

2. 代理人具有合法的经营资格,但是不具有代理权的属于无权代理

代理人虽然具有合法的经营资格,但是没有被代理人的授权,或者代理权已经终止,而仍然以被代理人的名义进行代理活动的,是无权代理。代理人超越被代理人所授予的代理权的,超出代理权限的部分构成无权代理。

这种无权代理,只有经过被代理人的追认才可以成为有效代理,被代理人才承担民事责任。未经追认的行为,由行为人承担民事责任。但是,如果被代理人知道他人以自己的名义实施民事行为而不作否认表示的,视为同意,对代理人的行为承担民事责任。善意第三人有催告权。在无权代理被追认以前,善意第三人有撤销的权利,撤销应当以通知的形式作出。

第三人知道行为人没有代理权、超越代理权或者代理权已终止还与行为人实施民事行为给他人造成损害的,由第三人和行为人负连带责任。

3. 代理人的表见代理行为有效

表见代理属于无权代理,但是因为被代理人与无权代理人之间的关系具有被代理人授权的特征,致使第三人有理由相信行为人有代理权而与之进行民事法律行为,法律规定该行为具有与有权代理相同的法律后果的代理行为。

《民法典》第一百七十一条规定,行为人没有代理权、超越代理权或者代理权终止后以被代理人名义订立合同,相对人有理由相信行为人有代理权的,该代理行为有效。

三、广告代理关系的终止

广告代理关系的终止是指代理人与被代理人之间的代理关系消灭,代理人不再以被代理人的名义进行民事法律行为。

广告代理属于委托代理,《民法典》第一百七十三条规定委托代理消灭的原因有:代理期间届满或者代理事务完成;被代理人取消委托或者代理人辞去委托;代理人死亡;代理人丧失民事行为能力;作为被代理人或者代理人的法人终止。

【案例 4-1】

南宁市市场监管局专业市场分局查明,当事人广西某网络科技集团有限公司与广告主甘肃某农业科技集团有限责任公司签了广告合同,并在其网站上代理发布了食品广告,该广告的图文中有"御藜露装在瓶子里的谷物精华","藜麦属粗纤维含量谷物,而常吃粗纤维的食品可以减少 15% 患心脏病的风险","藜麦还具有改善体内酸碱平衡,减肥、降三高、预防糖尿病等奇特作用"等内容。

当事人的行为违反了《广告法》第十七条"除医疗、药品、医疗器械广告外,禁止其他任何广告涉及疾病治疗功能,并不得使用医疗用语或者易使推销的商品与药品、医疗器械相混淆的用语"的规定,属发布违法广告的违法行为,被处罚没款 6000 元。[①]

【解析】

广告代理法律规定,代理人的代理行为应当符合法律规定,在发布互联网广告时,一定要按照法律法规的要求,对商品服务做到用词准确、表达清晰、真实反映,不能使用虚假的、误导消费者的语言。在该案例中,当事人的行为违反了《广告法》第十七条的规定,南宁市市场监督管理局对其处罚是正确的。

第三节　广告活动中不正当竞争的法律规制

一、广告活动中不正当竞争行为的概念与特征

(一)广告活动中不正当竞争行为的概念

广告活动中不正当竞争行为,是指广告活动主体违反法律法规的规定,损害其竞争对手的合法权益,扰乱广告市场秩序的行为。

《广告法》明确规定,广告主、广告经营者、广告发布者不得在广告活动中进行任何形式的不正当竞争。《反不正当竞争法》规定制止不正当竞争行为,以保护经营者的合法权益,维护消费者的利益,保证市场经济秩序的稳定。

(二)广告活动中不正当竞争行为的特征

(1)实施广告活动中不正当竞争行为的主体是具有从事广告活动资格的广告主、广告经营者、广告发布者。

(2)不正当竞争行为是发生在广告活动中。

(3)广告活动主体在主观上有进行不正当竞争行为的故意。

(4)广告活动中不正当竞争行为具有损害结果,包括以排挤竞争对手为目的而损害其他广告活动主体的利益,损害消费者权益,以及不同程度上扰乱市场经济秩序。

二、不正当竞争行为的表现形式

(一)假冒行为

《反不正当竞争法》规定,经营者不得假冒他人的注册商标;不得擅自使用知名商品特有的名称、包装、装潢,或者使用与知名商品近似的名称、包装、装

[①] 《广西某网络科技集团有限公司互联网发布食品违法广告案 南宁市公布 7 起互联网违法广告典型案例》,发布时间:2019-09-03,08:52,信息来源:人民网,http://www.samr.gov.cn/ggjgs/sjdt/gzdt/201909/t20190905_306554.html.

潢,造成和他人的知名商品相混淆,使购买者误认为是该知名商品;不得擅自使用他人的企业名称或者姓名,引人误认为是他人的商品;不得在商品上伪造或者冒用认证标志、名优标志等质量标志,伪造产地,对商品质量作引人误解的虚假表示。

(二) 发布虚假广告,作虚假宣传

经营者不得利用广告或者其他方法,对商品的质量、制作成分、性能、用途、生产者、有效期限、产地等作引人误解的虚假宣传。广告的经营者不得在明知或者应知的情况下,代理、设计、制作、发布虚假广告。

【案例 4-2】

台州市黄岩区市场监管局接到批量群众举报,称某房地产开发有限公司在售房过程中宣称购买该公司开发某楼盘的房子,凭购房合同即可就读相应学区学校,而实际并不能入读对应的学区学校,涉嫌虚假宣传,侵害了消费者合法权益。

台州市黄岩区市场监管局立即出动执法人员对当事人公司进行了执法检查。经查,从 2018 年上半年开始,当事人公司的销售人员以口述的形式向来了解楼盘的客户宣传购买黄岩某楼盘房屋的业主凭购房合同就可入读某初级中学和小学。但根据 2019 年 4 月 17 日台州市黄岩区教育局印发的《2019 年黄岩区义务教育阶段学校招生工作实施意见》,凭借购房合同并不能入读这两所学校。

2020 年 5 月 19 日,台州市黄岩区市场监管局依据《反不正当竞争法》第二十条第一款的规定,对当事人违法行为作出处罚,责令当事人停止违法行为并处罚款 70 万元。[①]

【解析】

《反不正当竞争法》第八条第一款的规定,经营者不得对其商品的性能、功能、质量、销售状况、用户评价、曾获荣誉等作虚假或者引人误解的商业宣传,欺骗、误导消费者。当事人对楼盘相关情况进行虚假宣传的行为,属于对商品作引人误解商业宣传的违法行为。

(三) 侵犯商业秘密

经营者不得利用广告披露已经掌握的他人的商业秘密。所谓商业秘密,是指不为公众所知悉、具有商业价值并经权利人采取相应保密措施的技术信息、

---

① 《台州市黄岩区市场监管局查处某房地产开发有限公司虚假宣传案 "亮剑 2020"严厉打击重点领域消费侵害行为 浙江公布一批典型案例》,发布时间:2020-07-31,17:38。信息来源:中国质量新闻网,http://www.samr.gov.cn/zfjcj/dxal/202007/t20200731_320436.html。

经营信息等商业信息。广告主侵害他人商业秘密的行为,就是广告主通过广告披露已经掌握的他人的商业秘密的行为。

(四) 经营者损害竞争对手商业信誉、商品声誉的行为

经营者不得利用广告捏造、散布虚伪事实,损害竞争对手的商业信誉、商品声誉,以排挤竞争对手。如用自己的商品和服务与对方的商品和服务的某些特点进行不全面、不真实的比较,诋毁对方商品和服务,以打击竞争对手;或者虚构事实,贬低其他经营者的商品和服务;或者诋毁他人的资信情况。

(五) 进行不正当的有奖销售

经营者不得利用广告进行欺骗性有奖销售,利用有奖销售的手段推销质次价高的商品,以及最高奖金额超过 50000 元的抽奖式有奖销售。

(六) 进行不正当降价的行为

经营者不得利用广告的形式采取不正当降价的行为,即广告主不得以排挤竞争对手为目的,从事以低于成本的价格销售商品的广告。

(七) 进行商业贿赂行为

经营者不得利用不正当的回扣行为从事广告行为,即广告主、广告经营者、广告发布者之间不得采用财物或者其他手段在广告中从事贿赂以销售或者购买商品的行为。在账外暗中给予对方单位或者个人回扣的,以行贿论处;对方单位或者个人在账外暗中收受回扣的,以受贿论处。经营者给对方折扣、给中间人佣金的,必须如实入账。

接受折扣、佣金的经营者必须如实入账。如广告经营者利用贿赂手段使报纸、电台、电视台等新闻单位以新闻报道的形式发布广告。

(八) 串通招标投标的行为

投标者不得串通投标,抬高标价或者压低标价。投标者和招标者不得相互勾结,以排挤竞争对手的公平竞争。

三、广告活动主体不正当竞争行为的主要表现

1. 广告主的不正当竞争行为

此类行为主要包括:

(1) 利用广告贬低同类或其他类的商品、服务。

(2) 发布虚假夸大广告,诱骗和误导消费者以达到扩大市场占有份额的目的。

(3) 侵犯他人商业秘密的行为,即广告主通过广告披露掌握他人的商业秘密的行为。

(4) 不正当降价的广告宣传。

(5) 违法有奖销售行为的广告。

2. 广告经营者的不正当竞争行为

此类行为主要包括:

(1) 利用行政权力从事广告行为。

(2) 利用垄断地位成立广告公司排挤其他广告经营者,牟取独占利益。

(3) 利用账外暗中回扣或其他承诺承揽广告。

(4) 通过不正当竞争手段,如合并、收买或其他方法把竞争对手从广告市场上排挤出去,从而确立自己在市场上的主导地位。

3. 广告发布者的不正当竞争行为

此类行为主要包括:

(1) 对广告活动主体在收费标准和收费办法上实行歧视性待遇,在时段或版面的销售上不一视同仁,或随意更改、取消广告发布合同。

(2) 利用新闻式广告或隐形广告替代广告,收取费用,既误导消费者,也对其他媒体造成不正当竞争。

(3) 单独委托一家广告经营者全权代理该媒介的全部广告业务,排斥其他具有广告代理权的经营者参与公平竞争。

(4) 提供虚假的收视率或发行量,错误宣传其广告影响力,造成损害广告主的利益,同时对其他广告媒体构成不正当竞争。

(5) 不合理降低收费标准,恶意与其他媒体竞争。

第四节　广告活动中有关人格权的法律规制

一、人格权的概念与特征

(一)人格权的概念

人格权是民事主体固有的,由法律确认的、以人格利益为内容的,为维护民事主体具有法律上的独立人格所必须具备的基本权利。

(二)人格权的特征

1. 人格权是民事主体固有的权利

民事主体参与任何民事关系,都平等地享有人格权。对于自然人,这种权利是与生俱来;对于法人和其他组织,这种权利在该组织成立时即享有。

2. 人格权以人格利益为客体

人格利益是对人的人身和行为自由、安全及精神自由等方面享有的利益。

人格权具有非财产性。

3. 人格权是法律确认的

人格权的取得是基于法律的规定,是法律预先设定的,民事主体不能通过约定或单方的行为自由创设、放弃或者剥夺人格权。

4. 人格权是维护民事主体独立人格所必须具备的权利

人格权是民事主体享有其他一切权利的前提和基础。

二、人格权的主要内容

我国民事法律规定的人格权主要有:生命权、健康权、身体权、人格尊严权、人身权、姓名权、肖像权、名誉权、信用权、荣誉权、隐私权等。

三、广告活动中有关人格权的法律规定

《广告法》规定,广告主或者广告经营者在广告中使用他人名义、形象的,应当事先取得他人的书面同意。

在广告活动中,广告主、广告经营者在广告中有可能使用他人的名义或者他人的形象,按照我国法律的规定,民事主体对自己的姓名或者名称、肖像等拥有姓名权或者名称权、肖像权。

【案例 4-3】

某科技有限公司在某电视台播出广告,宣传自己的产品。在广告中,播出著名医学专家杨某的大幅照片。由于某科技有限公司在未经杨某许可的情况下,使用了杨某的照片,杨某委托律师发出律师函。某电视台停止播放该广告,并向杨某道歉。某科技有限公司也表示认可侵权事实,并愿意承担民事赔偿责任,但是就赔偿金额以及具体的公开致歉方式未能达成一致意见。

【解析】

公民享有肖像权,未经本人同意,不得以营利为目的使用公民的肖像。某科技有限公司在未经著名医学专家杨某的许可的情况下,选用杨某的肖像照片作为宣传自己产品的广告内容,其目的是获取更高的商业利益,构成了对杨某的肖像权的侵害。

电视台作为广告的发布者,有义务审查某科技有限公司是否有权使用杨某的肖像,但电视台没有尽到审查义务,也构成对杨某肖像权的侵害。因此,某科技有限公司和某电视台应承担停止侵权、赔礼道歉、消除影响、赔偿损失的民事责任。

如果以他人的名义、形象从事广告活动,涉及他人的姓名权或者名称权、肖像权,必须得到他人的同意,包括民事主体本人和民事主体的监护人。

使用无民事行为能力人、限制民事行为能力人的名义、形象的,应当事先取

得其监护人的书面同意。

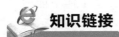 **知识链接**

个别网站非法使用他人肖像,侵害他人肖像权

借用名人尤其是影视明星的名声来扩大企业的影响,似乎是一种时尚,其主要原因在于,这些名人都是一般消费者家喻户晓的,容易产生较好的宣传效果。但是将名人的肖像用于企业的商业广告宣传,应当事先取得他们的同意,否则就是非法使用,侵害他们的肖像权。

目前有些网站尤其是个别中小型网站,他们一方面迫切希望扩大自己的影响,另一方面由于缺乏足够的资金支持,于是不经过名人的同意,擅自通过各种途径获得名人肖像,通过扫描并加以处理,当作自己网站的网页或宣传动画,以对自己进行宣传,这些行为均违反了广告法的规定。

四、广告活动中侵犯人格权的法律责任

侵犯人格权的法律责任形式主要有:停止侵害、恢复名誉、消除影响、赔礼道歉,并可以要求赔偿损失。

 思考与练习

一、简述题

1. 简述广告合同生效的条件。

2. 简述广告合同的变更和解除。

3. 简述广告代理的概念与特征。

4. 简述广告活动中不正当竞争行为的特征。

5. 简述广告活动中有关人格权的法律规定。

二、案例题

基本案情:

某化妆品公司为推销该公司生产的祛斑霜,委托某广告公司为其制作广告。广告公司在化妆品公司用户信息反馈表中找到一位姓林的女士和姓方的男士在使用祛斑霜前后的照片用于广告之中,以宣传该祛斑霜的效果。

广告在电视台播出后,林、方二人分别从家人和同事处得知此事。他们找到广告公司要求其采取措施使广告停止播放,并分别赔偿他们精神损失。

双方未能达成协议,林、方二人诉至法院。法院判决:被告广告公司公开向林、方二人赔礼道歉,消除影响,停止侵害,赔偿林、方二人精神损失各1.5万元。

思考讨论题：

试分析本案法院的判决。

分析要点：

本案中的广告公司未经消费者林某和方某的同意就将其照片用在广告之中，通过电视播放公之于众，侵犯了林、方二人的肖像权，违反了《广告法》第三十三条的规定，广告主或者广告经营者在广告中使用他人名义或者形象的，应当事先取得其书面同意。同时，擅自使用他人名义、形象，依据《广告法》第六十九条第四款的规定，在广告中未经同意使用他人名义或者形象的，广告公司应当依法承担民事责任，法院的判决是正确的。

第五章
广告行政管理

本章导读

1. 了解广告行政管理的概念、特征以及意义;
2. 了解广告行政管理机关及其广告管理职责;
3. 掌握广告登记管理和广告监测的相关法律规定;
4. 掌握广告语言文字的相关法律规定,掌握我国对虚假广告的法律规制。

引例

　　福建省南安市市场监管局通过福建省市场监督管理局广告监测平台及全国互联网广告监测平台进行广告监测,同时强化日常市场巡查,加强对各类涉及新冠肺炎疫情防治广告的监管。督促各类广告发布者落实广告发布前审查责任,严禁在广告中虚构、夸大疫情及利用疫情误导消费者,严禁对产品防治效果进行虚假和误导性宣传。

　　加强对各类媒体的监督,重点关注辖区内的移动互联网媒介,对利用疫情发布违法虚假广告的行为及时责令停止发布,消除不良影响,并对相关线索进行追查。加强与其他部门的联系,对利用疫情制作含有涉及"疫情预防、治疗、治愈、偏方"等内容的违法广告,涉及口罩等防护产品及原辅材料的虚假违法广告进行联合整治。2020 年上半年共立案处理涉及疫情违法广告案件 5 起。①

【解析】

　　如果不对各种违法广告、欺骗消费者的广告、损害竞争对手利益的广告进行监管和规范,我们的法制环境、市场竞争秩序、消费者的合法利益会受到侵害。所以,国家通过一定的行政干预手段,或者依照一定的行政管理的法律、法

---

① 《福建省南安市市场监管局:深入整治广告市场突出问题》,发布时间:2020-07-30,13:55。信息来源:新华网,http://www.samr.gov.cn/xw/df/202007/t20200730_320373.html。

规和有关政策规定,对广告行业和广告活动进行监督、检查、控制、指导,以维护我国的法制环境、良好的市场竞争秩序十分必要。

福建省南安市市场监管局坚持问题导向,突出重点领域,开展疫情期间广告违法专项整治工作,有力促进了辖区广告市场健康规范发展。

第一节　广告行政管理概述

一、广告行政管理的概念和意义

(一)广告行政管理的概念

所谓广告行政管理,是指国家通过一定的行政干预手段,或者依照一定的行政管理的法律、法规和有关政策规定,对广告行业和广告活动进行监督、检查、控制、指导的一系列活动的总称。它是国家宏观调控经济的行为之一,属于上层建筑的范畴。对于这个概念主要应明确以下两个方面的内涵。

(1)广告行政管理的实施主体是国家行政机关。县级以上人民政府市场监管部门是广告监督管理机关。

(2)广告行政管理的范围涉及广告活动的全过程,既包括对广告市场准入资格的确认,也包括对广告设计、制作、发布的控制和监督,还包括对广告活动涉及的各种社会关系的维护和调整。

(二)广告行政管理的特点

广告行政管理作为政府对广告活动的监督管理,具有如下特点。

1. 指导性

广告行政管理是国家以市场为基础,通过立法、行政执法、行业政策等指导、协调广告业的活动,是间接的宏观管理。

2. 强制性

广告行政管理是国家广告管理行政机关依据国家法律、法规、政策,凭借法律手段和行政手段对广告活动实施监督管理,因此具有强制性。

3. 规范性

广告行政管理是国家广告行政管理机关依据相关的法律、法规等规定对广告经营活动的管理,是依法进行的,因而具有规范性。

(三)广告行政管理的必要性和意义

1. 广告行政管理的必要性

在广告充斥着我们生活的各个角落的今天,各种违法广告、欺骗消费者的广告、损害竞争对手利益的广告此起彼伏、不断出现,如果不对这些广告进行监管和规范,我们的法制环境、市场竞争秩序、消费者的合法利益会受到侵害。所以,国家有必要设置广告行政管理机关,对广告活动进行监督管理,保护合法宣传、打击各种违法广告,以维护我国的法制环境、良好的市场竞争秩序,同时实现对消费者利益的保护。

2. 广告行政管理的意义

(1) 充分发挥广告的积极作用,促进市场经济的发展

广告的作用有积极的和消极的两个方面:积极的一面是促进市场经济的发展;消极的一面是虚假广告等违法失德广告破坏市场经济的正常秩序。因此,广告行政管理通过行政手段,督促广告发挥其积极作用,促进市场经济的发展。

(2) 保护合法的广告宣传,维护社会主义的经济秩序

国家对市场行为进行行政管理的主要目的是确定良好的市场和竞争秩序。广告行政管理也不例外。广告行政管理对经济秩序的维护,既表现为对合法广告经营的保护和扶持,又表现为对非法广告宣传的取缔和处罚。

例如,广告行政管理机关在执法过程中对不法广告的查处,一方面打击了不法广告行为,净化了广告市场;另一方面也保护了合法的广告宣传,维护了正常的广告市场秩序和市场竞争秩序。

(3) 维护广大人民群众的利益,促进社会的安定

市场经济中的广告行为,与消费者有密切的联系。这就要求广告必须真实地介绍商品或服务,不允许有欺骗和误导消费者的行为,不能为了牟取暴利而损害消费者的利益。

在实践中,虚假广告的泛滥,侵害了消费者的权益,特别是有一些别有用心的人利用广告招摇撞骗,严重损害了人们的身心健康,危害了社会秩序的安定。只有加强对广告的监督管理,才能保证广告的真实性,保证社会的安定和消费者利益的实现。

二、广告行政管理机关及其职责

(一)广告行政管理机关

市场监管机关代表国家行使广告监督管理的职能,是我国主要的广告行政管理机关。除此之外,有关政府主管部门如卫生行政管理部门、医药行政管理部门、新闻出版部门、广播电影电视部门、农业行政管理部门、教育行政管理等部门,也在各自的职权范围内对广告发布等有关事项进行监督管理,也属于我国的广告监督管理部门。

目前,我国已经形成了一个以市场监管机关为主体、其他监管部门各司其职的比较完善的广告行政管理机构体系。其中,市场监管机关中的广告监管机构设置如下:

国家市场监管总局下设广告监管司,是市场监管部门广告行政管理的最高

机关。各省、自治区、直辖市的市场监管局设广告监管处。地区、市市场监管局设广告监管科。县、自治县、自治州、市、省辖市属区市场监管局设广告监管股，在许多地方也用科的称谓。这些机构分别对辖区内的广告主体和广告活动进行监督管理。

（二）广告行政管理机关的职能

根据《广告法》和国务院的有关授权，市场监管机关在广告管理中主要行使以下职能。

1. 受托起草法律法规和确定广告管理规章

国家市场监管总局可以受国家立法机关和国务院委托起草法律、法规；可以单独或会同有关部门制定广告管理的行政规章；解释广告管理法规、规章，制定各类广告发布标准，并对地方市场监管部门进行业务指导。地方市场监管可以受地方立法机关和地方政府委托，起草地方性广告管理法规。

2. 进行广告经营登记

对从事广告活动的主体进行广告经营登记是广告行政管理机关的一项重要职能，内容包括在专业广告公司及广告兼营企业的登记注册程序中对其从业资格进行审查批准，并核定广告经营范围；对从事广告发布活动的媒介单位进行资格审查，核定广告经营范围，核发"广告经营许可证"；对各类临时性或特殊形式的广告活动进行资格审查，核定广告经营范围，核发"临时性广告经营许可证"等。

3. 对广告活动实施日常监督管理

广告行政管理机关对广告活动的日常监督管理，包括对广告主、广告经营者、广告发布者进行政策、法规的宣传和指导，对各类广告活动的监督检查，对广告样板、样刊、样带的备案审查等。

4. 受理投诉，查处和复议广告违法案件

广告行政管理机关的该项职能包括受理并解决消费者对广告的投诉；对广告违法案件进行立案调查并依法作出行政处罚；对情节严重、构成犯罪的，移送司法机关；做出处罚决定的上一级的工商行政管理部门，受理被处罚人不服处罚的复议申请，进行行政复议，并根据案件事实及法规适用做出维持、变更或者撤销原处罚决定的复议决定。

5. 指导广告业健康发展

广告行政管理机关还有一项重要的职能就是研究、制定并组织实施广告业的方针、政策及发展规划，指导广告行业组织健康发展。

三、广告行政管理的内容

基于广告行政管理机关的上述职能，广告行政管理工作的具体内容包括以下几个方面。

1. 对各类广告发布标准进行管理

广告发布标准是广告主、广告经营者、广告发布者必须遵守的准则。制定、解释、修改广告发布标准,是广告行政管理的一项基本内容。

2. 制定广告行业规划

为了保证广告行业的健康发展,广告行政管理机关要根据国民经济和社会发展的总要求,制定广告业在一定时期的发展目标、发展战略、发展重点、行业结构及相应的政策措施,使广告业与国民经济和社会发展相适应。

3. 对广告内容进行审查验证

我国对不同类别的广告规定了不同的发布要求、审查标准以及审查方法,广告行政管理机关的一项重要工作就是按照相关程序、依据法定的标准对广告进行审查,进而实现对广告的监管。

4. 对广告组织和广告行为进行管理

对广告组织及其行为的规范和管理是广告行政管理机关的广告监督管理的重要工作。对广告组织的管理包括管理广告经营者的资格和资质;而对于广告主体行为的规范包括对合法行为的保护和对违法行为的处理、制裁。

5. 对户外广告的管理

户外广告的管理,其实质属于对广告行为的管理,也是广告行政管理机关进行广告监管工作的一项重要内容。户外广告的管理包括户外广告的登记、发布标准和经营规范。

 知识链接

广东省市场监督管理局 2019 年公布了十大保健食品违法广告典型案件,涉及灵芝孢子油胶囊、罗汉果甘草清莹茶等相关食品、保健食品。截至 9 月底,广东共查处食品、保健食品违法广告案件 276 宗,罚没金额 171.2 万元。

广东省市场监督管理局有关负责人表示,保健食品行业专项清理整治主要围绕保健食品领域五方面突出问题:

一是保健食品标签、说明书虚假宣传疾病预防、治疗功能;二是虚假违法保健食品广告;三是虚假宣传行为;四是违规直销和非法传销;五是非法添加和假冒伪劣。①

---

① 《广东通报十大保健食品违法广告案件》,发布时间:2019-11-04,08:45。信息来源:新华社,http://www.samr.gov.cn/ggjgs/sjdt/gzdt/201911/t20191108_308279.html。

第二节　广告发布登记管理和广告监测的法律规定

一、广告发布登记管理

1. 办理广告发布登记的条件

办理广告发布登记,应当具备下列条件:

(1) 具有法人资格;不具有法人资格的报刊出版单位,由其具有法人资格的主办单位申请办理广告发布登记;

(2) 设有专门从事广告业务的机构;

(3) 配有广告从业人员和熟悉广告法律法规的广告审查人员;

(4) 具有与广告发布相适应的场所、设备。

2. 办理广告发布登记提交材料

申请办理广告发布登记,应当向工商行政管理部门提交下列材料:

(1)《广告发布登记申请表》;

(2) 相关媒体批准文件:广播电台、电视台应当提交《广播电视播出机构许可证》和《广播电视频道许可证》,报纸出版单位应当提交《报纸出版许可证》,期刊出版单位应当提交《期刊出版许可证》;

(3) 法人资格证明文件;

(4) 广告业务机构证明文件及其负责人任命文件;

(5) 广告从业人员和广告审查人员证明文件;

(6) 场所使用证明。

3. 广告发布登记及事项发生变化的程序性规定

工商行政管理部门应当自受理广告发布登记申请之日起五个工作日内,作出是否准予登记的决定。准予登记的,应当将准予登记决定向社会公布;不予登记的,书面说明理由。

广告发布登记的有效期限,应当与广告发布单位依照本规定第五条第一款第二项规定所提交的批准文件的有效期限一致。

广告发布登记事项发生变化的,广告发布单位应当自该事项发生变化之日起三十日内向工商行政管理部门申请变更登记。

申请变更广告发布登记应当提交《广告发布变更登记申请表》和与变更事项相关的证明文件。

工商行政管理部门应当自受理变更申请之日起五个工作日内作出是否准予变更的决定。准予变更的,应当将准予变更决定向社会公布;不予变更的,书面说明理由。

4. 申请注销广告发布登记

有下列情形之一的,广告发布单位应当及时向工商行政管理部门申请注销登记:

(1)广告发布登记有效期届满且广告发布单位未申请延续的;

(2)广告发布单位法人资格依法终止的;

(3)广告发布登记依法被撤销或者被吊销的;

(4)广告发布单位由于情况发生变化不具备以下条件:具有法人资格;设有专门从事广告业务的机构;配有广告从业人员和熟悉广告法律法规的广告审查人员;具有与广告发布相适应的场所、设备;

(5)广告发布单位停止从事广告发布的;

(6)申请单位只有一个媒介,且申请减少媒介的;

(7)依法应当注销广告发布登记的其他情形。

5. 对广告发布单位监管的规定

广告发布单位应当建立、健全广告业务的承接登记、审核、档案管理、统计报表等制度。广告发布单位应当按照广告业统计报表制度的要求,按时通过广告业统计系统填报《广告业统计报表》,向工商行政管理部门报送上一年度广告经营情况。

工商行政管理部门应当依照有关规定对辖区内的广告发布单位采取抽查等形式进行监督管理。抽查内容包括:

(1)是否按照广告发布登记事项从事广告发布活动;

(2)广告从业人员和广告审查人员情况;

(3)广告业务承接登记、审核、档案管理、统计报表等基本管理制度的建立和执行情况;

(4)是否按照规定报送《广告业统计报表》;

(5)其他需要进行抽查的事项。

6. 广告发布单位的法律责任

工商行政管理部门依照广告法的规定吊销广告发布单位的广告发布登记的,应当自决定作出之日起十日内抄告为该广告发布单位进行广告发布登记的工商行政管理部门。

广播电台、电视台、报刊出版单位未办理广告发布登记,擅自从事广告发布业务的,由工商行政管理部门依照广告法第六十条的规定查处。以欺骗、贿赂等不正当手段取得广告发布登记的,由工商行政管理部门依法予以撤销,处 1 万元以上 3 万元以下罚款。

广告发布登记事项发生变化,广告发布单位未按规定办理变更登记的,由工商行政管理部门责令限期变更;逾期仍未办理变更登记的,处 1 万元以上 3

万元以下罚款。

广告发布单位不按规定报送《广告业统计报表》的,由工商行政管理部门予以警告,责令改正;拒不改正的,处 1 万元以下罚款。

【案例 5-1】

天津市全民健智慧健康信息咨询有限公司在广告宣传册中发布含有"全民健原花青素对各种细胞病变引起的疾病有如下功效:减缓动脉粥样硬化的形成,延缓心脑血管疾病的发生。延缓老年痴呆的发生,并改善老年痴呆的临床症状。全民健原花青素是迄今为止纯度最高、生物活性最强的纯植物自由基清除剂"等内容的保健食品广告。

相关保健食品广告未经有关部门审查,内容包含绝对化用语,涉及疾病预防、治疗功能,并且未按照规定显著标明"本品不能代替药物"。当事人行为违反了《广告法》第四条第一款、第九条第一款第(三)项、第十八条第一款第(一)、(二)项、第四十六条等法律规定。2019 年 5 月,天津市南开区市场监督管理局依据《广告法》第五十五条第一款、第五十七条、第五十八条的规定,作出行政处罚,责令停止发布违法广告,并处罚款20 万元。[①]

【解析】

《广告法》第四条第一款规定,广告不得含有虚假或者引人误解的内容,不得欺骗、误导消费者。《广告法》第九条规定,广告不得使用"国家级""最高级""最佳"等用语。《广告法》第十八条规定,保健食品广告不得含有表示功效、安全性的断言或者保证;涉及疾病预防、治疗功能。

《广告法》第四十六条规定,发布医疗、药品、医疗器械、农药、兽药和保健食品广告,以及法律、行政法规规定应当进行审查的其他广告,应当在发布前由有关部门(以下称广告审查机关)对广告内容进行审查;未经审查,不得发布。当事人行为违反了上述法规的规定。市场监督管理局依据广告法的规定,作出行政处罚。

二、广告监测的法律规定

(一)广告监测概述

广告监测就是广告监督管理机关对已经发布的广告进行监测以发现问题、进行监管的工作。广告监测工作是广告监管日常工作的重要内容。广告监测对于广告监督管理机关发现违法广告,分析广告发布违法趋势,及时提出违法广告的社会识别预警和警示,制定监管措施具有重要意义。

---

① 《天津市全民健智慧健康信息咨询有限公司发布违法广告案　国家市场监督管理总局公布2019 年虚假违法食品、保健食品广告典型案件》,发布时间:2019-12-12,15:26,信息来源:市场监管总局,http://www.samr.gov.cn/ggjgs/sjdt/gzdt/201912/t20191212_309187.html。

（二）广告监测法律规定

广告监测是对个案广告、类别广告、全部广告法律执行状况进行的跟踪检查。广告监测工作包括监测数据的采集汇总、分析整理、监测信息发布等。目前，广告监测的主要法律依据是国家工商局（已撤销）2004年发布的《关于规范和加强广告监测工作的指导意见（试行）》。

1. 广告监测主体

省及省以下广告监督管理机关对在本辖区发布的广告进行监测。国家及省广告监督管理机关根据工作需要可以进行指定监测。广告监督管理机关应就广告监测工作建立、健全专门的数据采集、监测报告、监测档案、监测信息发布、监测对象法规培训、违法广告查处等工作制度。

在坚持日常监测的同时，广告监督管理机关可以根据工作需要对一定区域、一定时期、一定媒介进行集中监测。集中监测的对象、范围、内容等应根据一定时期广告监管工作形势及重点提出意见，依工作程序确定。一经确定，即属保密内容，任何人不得擅自透露。

2. 广告监测数据的取得

广告监测用原始资料是监测数据采集的基础，应当准确。监测原始资料由被监测单位提供的，应当有被监测单位经办人的签字。广告监测数据采集的原始资料可以委托广告监测中介机构提供，但对于监测涉及公告和通报的个案广告，应当留案备查。

3. 广告监测报告

广告监测应坚持监测报告制度，集中监测后应形成监测报告。广告日常监测可根据需要形成日报、周报、月报、季报或年报等监测报告。广告监测报告应当真实、客观地反映监测结果，对典型违法广告应当进行核实。

广告监督管理机关根据监测报告分别形成向上级机关和有关部门的《广告发布情况专报》、面向监管系统的《广告监测通报》、面向社会的《广告违法警示公告》。

《广告监测通报》应当包括监测对象的违法率、违法量、主要违法表现、发布违法广告较多的广告主、广告发布者及相关监管工作等。

广告监督管理机关应当定期向社会发布《广告违法警示公告》，公告主要违法表现和典型违法广告，提醒公众注意识别。

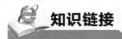 **知识链接**

广告监测报告

各地广告监督管理机关会定期在其官方网站发布广告监测报告，其内容主要包括：监测数据概述、广告监测情况（按照不同类别分析广告监测情况）、广告监测分析等。大家可以到各地广告监督管理机关官方网站获取最新的广告监测报告。

从2020年9月起,滁州市市场监督管理局推行广告监管执法工作月通报制度,对各县(市、区)广告监管执法工作进行督促检查,确保广告监管执法工作任务按时完成。各县(市、区)要根据年初省局工作部署和市局工作安排,制定工作目标,明确每个月的广告监管执法工作任务(案件数、罚没数)、时间节点和具体责任人。

在每个月底前,各县(市、区)要主动上报本月广告监管执法工作推进情况;每月末,广告科将根据督查清单所列工作任务和时间要求,对各县(市、区)上报的广告监管执法工作推进情况进行汇总,并将结果在全市范围内进行通报。年终,广告科将对全市广告监管执法工作完成情况进行总结分析。[①]

4. 监测问题的处理

广告监督管理机关对于监测发现的危害国家利益、社会稳定、经济秩序等重大违法广告,应及时向上级和有关部门专门报告。符合紧急预警机制要求的,应依规定启动紧急预警处理程序,对隐瞒不报的要依党纪政纪追究责任。

广告监督管理机关应当根据监测结果显示的广告市场动态,确定广告监管系统一定时期的监管重点,落实典型违法广告案件的查处及对违法广告主、广告经营者、广告发布者的整改。

广告监测应与企业信用体系制度相结合,发布违法广告是广告活动主体信用的重要内容。对于发布违法广告严重的广告活动主体应当给予一定的信用警示和惩戒。

广告监测中发现的违法或者涉嫌违法广告,根据管辖原则由各地依法调查处理。广告监督管理机关对于公告和通报涉及的违法广告,应当限期办理。

对违法率居高不下、违法情节恶劣、违法地域广、社会影响极坏的广告发布者和典型违法广告,应部署全国或地区统一查处。

广告监督管理机关应视监测情况,结合广告审查员制度,组织对有关的广告主、广告经营者、广告发布者进行广告法规培训。

【案例 5-2】

2020年2月5日,无锡市梁溪区市场监管局根据广告监测,发现在无锡市某公司利用微信公众号发布的消毒产品的广告中,宣称能有效灭杀 H7N9、SARS、埃博拉等病毒,多家官方单位指定用品等内容。经查,当事人行为涉嫌发布虚假广告,并涉嫌违反广告中不得使用国家机关名义进行宣传等规定,梁

---

① 《滁州市建立广告监管工作月通报制度》,发布时间:2019-09-09,09:01,信息来源:《滁州日报》,http://www.samr.gov.cn/ggjgs/sjdt/gzdt/201909/t20190910_306678.html.

溪区市场监管局对当事人的违法行为立案调查。①

【解析】

该公司的广告宣传违反了《广告法》第二十八条第二款规定,该消毒产品的性能、功能等信息与实际情况不符,对购买行为有实质性影响,构成虚假广告。同时该公司宣称多家官方单位指定用品等内容违反了《广告法》第九条第二款规定,广告不得使用或者变相使用国家机关、国家机关工作人员的名义或者形象。

5. 广告监测档案制度

广告监测工作应建立监测档案制度。监测应保留原始资料。

(三) 广告监测数据分析

广告监测数据分析是广告监测的重要工作,因为这是发现广告问题、研究原因并且提出监管、处理对策的基础工作。对于广告监测结果数据的分析,广告监管机关可以委托专业数据处理机构进行,但应签订书面协议,明确各方权利、义务,以有效防止数据流失和信息泄露,维护技术方知识产权。

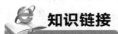 **知识链接**

北京市广告监测中心

北京市广告监测中心隶属于北京市工商行政管理局,是具体进行广告监测活动的主体,负责对全市广告市场进行监测。其日常工作可分为五部分,即日常广告监测、违法广告分派、媒体互动、数据统计分析和广告发布趋势预测。

1. 日常广告监测:负责对本市电视广告、广播广告、网络广告及主要报纸杂志广告的实时监测。

2. 违法广告分派:发现违法广告并将之分派至辖区分局,以便各主管分局及时对违法广告进行处理。

3. 媒体互动:与监测媒体保持实时联系,提示媒体广告发布存在的问题。

4. 数据统计分析:对全市监测数据、违法广告处理数据进行统计分析,并定期向监管系统内部和社会公布分析结果。

5. 广告发布趋势预测:对监测数据进行科学研究,为监管决策提供科学依据。

---

① 《江苏公布一批虚假宣传防疫功效广告案件》,发布时间:2020-03-01,08:19。信息来源:新华社,http://www.samr.gov.cn/ggjgs/sjdt/gzdt/202003/t20200304_312467.html。

第三节 广告语言文字的法律规定

一、广告语言文字管理概述

语言文字,是指普通话和规范汉字、国家批准通用的少数民族语言文字,以及在中华人民共和国境内使用的外国语言文字。对广告语言文字的管理也是广告行政管理的重要内容。

多数情况下,广告语言会是广告要重点突出的内容,广告有可能用一些比较特殊的语言来突出产品或服务的特点。基于上述目的,广告语言会出现在求新、求异上表现有余,而在规范、准确上表现不足的特点。

一方面可能对整个国家语言的规范产生冲击,另一方面也可能会对消费者认识广告所设计的产品或服务产生重要影响,同时也可能对市场竞争秩序产生影响。

如广告语言随意借用古诗和成语,久而久之会破坏语言的规范性,比如某品牌轿车的广告语"春眠不觉晓,处处车子跑"等改编古诗或者一些社会公众熟悉的成语的广告,这些改编对于语言文字和汉语文化都会产生冲击,尤其会对很多青少年的学习产生不利影响;含有"第一""最好""顶级"等夸大语言的广告则可能会对消费者的认知造成影响;而含有贬低他人内容的广告语则会构成不正当竞争,破坏市场竞争秩序等。

二、广告语言文字规定

(一)对广告语言文字的一般规定

1. 广告语言文字的用语和用字应当规范准确

广告使用的语言文字,用语应当清晰、准确,用字应当规范、标准。

2. 广告语言文字应当符合社会主义精神文明建设的要求

广告使用的语言文字应当符合社会主义精神文明建设的要求,不得含有不良文化内容。

3. 广告用语用字应当使用普通话和规范汉字

根据国家规定,广播电台、电视台可以使用方言播音的节目,其广告中可以使用方言;广播电台、电视台使用少数民族语言播音的节目,其广告应当使用少数民族语言文字。

在民族自治地方,广告用语用字参照《民族自治地方语言文字单行条例》执行。

4. 广告中数字、标点符号的用法和计量单位等应当符合国家规定

广告中数字、标点符号的用法和计量单位等,应当符合国家标准和有关规定。

(二) 对广告语言文字的禁止性规定

1. 广告中不得单独使用汉语拼音

广告中如需使用汉语拼音时,应当正确、规范,并与规范汉字同时使用。

2. 广告中不得单独使用外国语言文字

广告中如因特殊需要配合使用外国语言文字时,应当采用以普通话和规范汉字为主、外国语言文字为辅的形式,不得在同一广告语句中夹杂使用外国语言文字。广告中的外国语言文字所表达的意思,与中文意思不一致的,以中文意思为准。

3. 广告中使用的外国语言文字不适用上述规定的情况

(1) 商品、服务通用名称,已注册的商标,经国家有关部门认可的国际通用标志、专业技术标准等。

(2) 经国家有关部门批准,以外国语言文字为主的媒介中的广告所使用的外国语言文字。

4. 广告用语用字不得出现的情形

(1) 使用错别字。

(2) 违反国家法律、法规规定使用繁体字。

(3) 使用国家已废止的异体字和简化字。

(4) 使用国家已废止的印刷字形。

(5) 其他不规范使用的语言文字。

广告中出现的注册商标定型字、文物古迹中原有的文字以及经国家有关部门认可的企业字号用字等,不适用上述规定,但应当与原形一致,不得引起误导。

另外,根据《广告法》的规定,广告中不得使用国家级、最高级、最佳等用语,这也是对广告语言的规范。

【案例 5-3】

四川中航福隆节能环保有限公司在其官方网站上的广告宣传用语中使用了"极佳""最先进""最完美""绝对"等绝对化用语,其行为违反了《广告法》第九条(三)项的规定。①

【解析】

含有"第一""最好""顶级"等夸大语言的广告会对消费者的认知造成影响,《广告法》第九条第三款规定,广告不得使用"国家级""最高级""最佳"等用语。针对该公司上述行为,四川省成都市市场监督管理局依据《广告法》第五十七条

---

① 《四川省成都市市场监督管理局曝光一批违法广告典型案例》,发布时间:2020-07-14,09:49。信息来源:中国质量新闻网,http://www.samr.gov.cn/ggjgs/sjdt/gzdt/202007/t20200714_319624.html。

的规定,责令停止发布违法广告,罚款 1.5 万元。

（三）对广告语言文字的其他约束性规定

（1）广告中成语的使用必须符合国家有关规定,不得引起误导,对社会造成不良影响。

（2）广告中因创意等需要使用的手书体字、美术字、变体字、古文字,应当易于辨认,不得引起误导。

第四节　虚假广告的法律规制

一、虚假广告概述

（一）虚假广告的内涵

广告以虚假或者引人误解的内容欺骗、误导消费者的,构成虚假广告。

（二）虚假广告认定的具体情形

1. 推销的商品或者服务不存在的。

2. 推销的商品的性能、功能、产地、用途、质量、规格、成分、价格、生产者、有效期限、销售状况、曾获荣誉等信息,或者服务的内容、形式、质量、价格、销售状况、曾获荣誉等信息,以及与商品或者服务有关、能够影响购买行为的允诺等对合同订立有重大影响的信息,与实际情况不符的。

3. 使用虚构、伪造或者无法验证的科研成果、统计资料、调查成果、文摘、引用语等信息作证明材料的。

4. 虚构使用商品或者接受服务的效果的。

【案例 5-4】

上海诺与汽车科技有限公司为推广其车载净化器产品,在其微信公众号发布含有"疫情当前,给大家推荐一款防病毒车载净化器。有效成分二氧化氯,新型冠状病毒诊疗方案第五版在列,有效灭毒","灭细菌、防病毒"等内容的广告。

经查明,该产品中的二氧化氯消毒剂,不具有预防新型冠状病毒的功效。当事人通过故意曲解参考文献,使用无关检测报告等方式,使消费者误认为当事人销售的车载净化器具有预防新型冠状病毒的功效,与实际情况不符,违反《广告法》第二十八条第二款第(二)项的规定,构成虚假广告。[1]

---

[1] 《上海诺与汽车科技有限公司发布违法广告案 上海市市场监管局公布 2020 年第二批虚假违法广告典型案例》,发布时间:2020-06-14,13:25。信息来源:中国质量新闻网,http://www.samr.gov.cn/ggjgs/sjdt/gzdt/202006/t20200618_317111.html.

【解析】

这是一起典型的虚假广告案。该公司就商品的性能、功能、用途等信息与实际情况不符,对购买行为有实质性影响,违反了《广告法》第二十八条第二款规定,构成虚假广告。2020 年 5 月,上海市市场监管局执法总队作出行政处罚,责令停止发布违法广告,并处罚款 60 万元。

二、虚假广告的法律规制

我国在很多法律法规中都有针对虚假宣传和虚假广告的规定,如《广告法》《反不正当竞争法》《消费者权益保护法》等。

(一)《广告法》对虚假广告的法律规制

根据《广告法》的规定,广告应当真实、合法,符合社会主义精神文明建设的要求。广告不得含有虚假的内容,不得欺骗和误导消费者。

如果广告主、广告经营者、广告发布者违反《广告法》的规定,发布虚假广告,欺骗、误导消费者,使购买商品或者接受服务的消费者的合法权益受到损害的,由广告主依法承担民事责任;广告经营者、广告发布者明知或者应知广告虚假仍设计、制作、发布的,应当依法承担连带责任。广告经营者、广告发布者不能提供广告主的真实名称、地址的,应当承担全部民事责任。

广告代言人明知或者应知广告虚假仍在广告中对商品、服务作推荐、证明的,由市场监督管理部门没收违法所得,并处违法所得一倍以上二倍以下的罚款。

(二)《反不正当竞争法》对虚假广告的法律规制

《反不正当竞争法》第八条规定,经营者不得对其商品的性能、功能、质量、销售状况、用户评价、曾获荣誉等作虚假或者引人误解的商业宣传,欺骗、误导消费者。

《反不正当竞争法》第二十条规定,经营者不得通过组织虚假交易等方式,帮助其他经营者进行虚假或者引人误解的商业宣传。

经营者违反本法第八条规定对其商品作虚假或者引人误解的商业宣传,或者通过组织虚假交易等方式帮助其他经营者进行虚假或者引人误解的商业宣传的,由监督检查部门责令停止违法行为,处 20 万元以上 100 万元以下的罚款;情节严重的,处 100 万元以上 200 万元以下的罚款,可以吊销营业执照。

【案例 5-5】

吉林长春和美妇科医院在其医院门口发布含有"100％服务、100％价格放心、100％技术放心、100％手术放心;在和美不管做任何手术,一定是由'万例手术无事故'专家亲自手术,保障手术安全"等内容的户外广告;在医院内部公共区域发布含有"卫生部原副部长殷大奎致辞长春和美妇科医院；世界卫生组织临床推荐技术宫腔镜无痛探查术；吉林大学白求恩第一医院颁发的吉林省妇科肿瘤专科联盟"等内容的广告。

当事人实施混淆行为并进行虚假宣传，且广告内容与实际情况不符，违反了《广告法》第二十八条、《反不正当竞争法》第六条、第八条的规定。[①]

【解析】

《广告法》第二十八条规定，广告以虚假或者引人误解的内容欺骗、误导消费者的，构成虚假广告。《反不正当竞争法》第六条规定，经营者不得实施混淆行为，引人误认为是他人商品或者与他人存在特定联系；第八条规定，经营者不得对其商品的性能、功能、质量、销售状况、用户评价、曾获荣誉等作虚假或者引人误解的商业宣传，欺骗、误导消费者。

吉林长春和美妇科医院所做的广告宣传违反了上述法规，2019年4月，长春市市场监督管理局宽城分局依据《广告法》第五十五条、《反不正当竞争法》第十八条、第二十条等规定，对其作出行政处罚，责令当事人停止发布违法广告、虚假宣传以及实施混淆行为，处罚款30万元，并责令其在处罚决定送达的10日内办理注销登记。

（三）《消费者权益保护法》对虚假广告的法律规制

根据《消费者权益保护法》的规定，消费者享有知悉其购买、使用的商品或者接受的服务的真实情况的权利。经营者应当向消费者提供有关商品或者服务的真实信息，不得做引人误解的虚假宣传。

消费者因经营者利用虚假广告提供商品或者服务，其合法权益受到损害的，可以向经营者要求赔偿。广告的经营者发布虚假广告的，消费者可以请求行政主管部门予以惩处。广告的经营者不能提供经营者的真实名称、地址的，应当承担赔偿责任。

三、虚假广告的法律责任

在虚假广告中，广告主、广告经营者、广告发布者的法律责任包括三个方面。

（1）由广告行政管理机关处以的行政责任，包括罚款、没收违法所得等。

（2）对受其损害的消费者、其他经营者承担的民事责任，包括赔偿损失、消除影响等。

---

① 《吉林长春和美妇科医院发布违法广告案 国家市场监督管理总局公布2019年第四批虚假违法广告典型案件》，发布时间：2019-12-17，14：21。信息来源：市场监管总局，http://www.samr.gov.cn/ggjgs/sjdt/gzdt/201912/t20191217_309265.html。

（3）构成刑法上所规定的犯罪时的刑事责任，包括主刑和附加刑。

【案例 5-6】

吉林省万元磁化科技有限公司利用其微博账号，发布含有"对此次新型冠状病毒感染的肺炎具有明显防治作用"等内容的食品广告，借疫情宣传其公司产品磁化水等对新冠肺炎具有明显防治作用。当事人无法提供相关材料证明广告中推销的商品有防治新冠肺炎的功效，有关行为违反了《食品安全法》第七十三条和《广告法》第四条规定。①

【解析】

《食品安全法》第七十三条规定，食品广告的内容应当真实合法，不得含有虚假内容，不得涉及疾病预防、治疗功能。食品生产经营者对食品广告内容的真实性、合法性负责。《广告法》第四条规定，广告不得含有虚假或者引人误解的内容，不得欺骗、误导消费者。然而当事人的行为违反了上述法规的规定。吉林省市场监管厅责令其立即停止发布虚假广告，在相应范围内消除影响，并处罚款 20 万元。

思考与练习

一、简述题

1. 简述广告行政管理的必要性和意义。
2. 简述广告行政管理机关的职能。
3. 简述广告监测的意义。
4. 简述对广告语言文字的禁止性规定。
5. 简述《广告法》对虚假广告的法律规制。

二、案例题

基本案情：

四川绵阳市年青人眼镜有限公司钟鼓楼店发布含有"2 分钟看透健康，免费 AI 人工智能筛查，AI 精准识别准确率高达 97%，省去医院挂号和排队，全程只需 2 分钟，30 多种慢性病风险评估，预测糖尿病、高血压、动脉硬化等 30 种慢性病风险，约 2 分钟读取眼底照片，筛查判读准确率高达 97%。国家级验光技师、国家高级验光员"等内容的广告。

该广告宣传内容与实际不符、引用数据未表明出处、含有绝对化用语等内容。2019 年 4 月，绵阳市涪城区市场监督管理局作出行政处罚，责令停止发布

---

① 《多家企业借疫情宣传产品功效被查处》，发布时间：2020-04-07，10：35。信息来源：《工人日报》，http://www.samr.gov.cn/ggjgs/sjdt/gzdt/202004/t20200407_313911.html。

违法广告,并处罚款 10 万元。①

思考讨论题:

分析案例中存在哪些违法行为?找出对其处罚的法律依据危害性,认识广告监管和处罚的必要性和意义。

分析要点:

四川绵阳市年青人眼镜有限公司发布的广告违反了《广告法》第九条第一款第(三)项的规定,广告不得使用"国家级""最高级""最佳"等用语。

违反了《广告法》第十一条第二款规定,广告使用数据、统计资料、调查结果、文摘、引用语等引证内容的,应当真实、准确,并表明出处。引证内容有适用范围和有效期限的,应当明确表示。

违反了《广告法》第二十八条第一款、第二款第(三)项、第(五)项的规定,使用虚构、伪造或者无法验证的科研成果、统计资料、调查结果、文摘、引用语等信息作证明材料的;以虚假或者引人误解的内容欺骗、误导消费者的其他情形构成虚假广告。

市场监督管理部门依据《广告法》第五十五条第一款、第五十七条第(一)项、第五十九条第一款第(二)项等规定,对四川绵阳市年青人眼镜有限公司进行处罚。

《广告法》第五十五条第一款规定,违反本法规定,发布虚假广告的,由市场监督管理部门责令停止发布广告,责令广告主在相应范围内消除影响,处广告费用三倍以上五倍以下的罚款。

《广告法》第五十七条第(一)项规定,发布有本法第九条的禁止情形的广告的由市场监督管理部门责令停止发布广告,对广告主处二十万元以上一百万元以下的罚款,情节严重的,并可以吊销营业执照,由广告审查机关撤销广告审查批准文件、一年内不受理其广告审查申请;对广告经营者、广告发布者,由市场监督管理部门没收广告费用,处 20 万元以上 100 万元以下的罚款。

《广告法》第五十九条第一款第(二)项规定,广告引证内容违反本法第十一条规定的由市场监督管理部门责令停止发布广告,对广告主处 10 万元以下的罚款。

---

① 《四川绵阳市年青人眼镜有限公司钟鼓楼店发布违法广告案　国家市场监督管理总局公布 2019 年第四批虚假违法广告典型案件》,发布时间:2019-12-17,14:21。信息来源:市场监管总局,http://www.samr.gov.cn/ggjgs/sjdt/gzdt/201912/t20191217_309265.html。

本章导读

1. 了解户外广告的法律规定；
2. 掌握广播电视广告、电视直销广告的法律规定；
3. 掌握网络广告、手机广告、其他媒体广告的法律规定。

引例

广东尚驰睡眠科技有限公司通过户外广告和微信公众号发布含有"有效缓解睡眠烦恼、腰痛、肩颈痛、打呼噜、失眠，对肥胖、糖尿病、便秘、骨质疏松、高血压、慢性疲劳、关节炎、疼痛等病状有改善作用"等内容的床垫广告，涉及疾病治疗功能，易使推销的商品与药品、医疗器械相混淆，违反了《广告法》第十七条的规定。①

【解析】

广东尚驰睡眠科技有限公司发布的广告违反了《广告法》第十六条第一款的规定，医疗、药品、医疗器械广告不得含有表示功效内容。2019 年 8 月，佛山市顺德区市场监督管理局依据《广告法》第五十八条第一款第(二)项的规定，作出行政处罚，责令停止发布违法广告，并处罚款 19 万元。

第一节　户外广告的法律规定

一、户外广告概述

户外广告是指利用户外场所、空间、设施等发布的广告。它是一种以流动

---

① 《广东尚驰睡眠科技有限公司发布违法广告案 国家市场监督管理总局公布 2019 年第四批虚假违法广告典型案件》，发布时间：2019-12-17，14:21。信息来源：市场监管总局，http://www.samr.gov.cn/ggjgs/sjdt/gzdt/201912/t20191217_309265.html。

受众为传递目标的广告媒体,向行人、乘客和司机展示招牌内容。

户外广告分为平面和立体两大类。平面户外广告有路牌广告、招贴广告、壁墙广告、海报、条幅等。立体户外广告有霓虹灯、广告柱、广告塔、灯箱广告等。

户外广告具有信息传达到达率高、视觉冲击力强、传达信息的不间断性与持久性、价格低廉、成本效益高等优势。因此,户外广告发展非常迅速,灵活多样、形式新颖的户外广告已经成为我国广告业继电视、报纸之后的又一重要媒体。

 知识链接

早期户外媒体形式

户外广告是一种古老的传播方式,世界上最早的户外媒体是在我国内蒙古自治区阴山山脉发现的距今约一万多年前的阴山岩画,上面不但有各类动物、植物图形,而且还有告知性的诉求图画,比如像指路的路标、狩猎场地的提示、迁移牧场的告知等,这类岩画明显有着公益广告的性质。

国外最早的户外广告媒体出现在古埃及十二王朝时期,是许多的神庙前立着的方尖形的纪念碑。纪念碑上刻有复杂的象形文字来传播特定信息,因而被认为是最早的户外广告。公元前六世纪,古罗马建立奴隶制共和国,经济繁荣,广告活动增多,闹市和街区出现了招牌和壁报广告。

由于街道上四处都竖着杂乱不堪的招牌,政府就下令一律用墙壁做广告,临街的房屋都要留出一面墙壁来供张贴广告用。这些早期户外媒体形式在今天的户外广告中仍占有相当大的比例。[1]

二、户外广告的管理

《广告法》《广告管理条例》对户外广告的管理做出规定。

1. 户外广告的设置

《广告法》对户外广告的设置进行规范。《广告法》第四十一条规定,县级以上地方人民政府应当组织有关部门加强对利用户外场所、空间、设施等发布户外广告的监督管理,制定户外广告设置规划和安全要求。户外广告的管理办法,由地方性法规、地方政府规章规定。

《广告法》第四十二条规定,有下列情形之一的,不得设置户外广告:

(1) 利用交通安全设施、交通标志的;

---

① 崔银河:《广告媒体研究》,87～88页,北京,中国传媒大学出版社,2008。

（2）影响市政公共设施、交通安全设施、交通标志、消防设施、消防安全标志使用的；

（3）妨碍生产或者人民生活，损害市容市貌的；

（4）在国家机关、文物保护单位、风景名胜区等的建筑控制地带，或者县级以上地方人民政府禁止设置户外广告的区域设置的。

《广告管理条例》第十三条规定，户外广告的设置、张贴，由当地人民政府组织工商行政管理、城建、环保、公安等有关部门制订规划，工商行政管理机关负责监督实施。在政府机关和文物保护单位周围的建筑控制地带以及当地人民政府禁止设置、张贴广告的区域，不得设置、张贴广告。

【案例 6-1】

江苏淮安幸福医院未经审查即通过户外墙体、道路电线杆等多种载体发布医疗广告，广告中存在虚假内容，多处内容低俗、违背社会良好风尚，且使用专家、医生形象并进行宣传，违反了《广告法》第四条、第九条第（七）项、第十六条第一款第（四）项、第二十八条第一款和第二款第（二）项、第四十六条的规定。[①]

【解析】

江苏淮安幸福医院不仅未经审查在户外发布广告，还违反了《广告法》第四十六条规定，即：发布医疗、药品、医疗器械、农药、兽药和保健食品广告，以及法律、行政法规规定应当进行审查的其他广告，应当在发布前由有关部门（以下称广告审查机关）对广告内容进行审查；未经审查，不得发布。

该医院的广告内容违反了《广告法》第四条规定，广告不得含有虚假或者引人误解的内容，不得欺骗、误导消费者；违反了《广告法》第九条第七款，广告不得妨碍社会公共秩序或者违背社会良好风尚；违反了《广告法》第十六条规定，医疗、药品、医疗器械广告不得含有表示功效、安全性的断言或者保证；触犯了《广告法》第二十八条规定，商品或者服务不存在的以及功能信息与实际情况不符，构成虚假广告。

淮安市淮阴区市场监督管理局 2019 年 5 月，依据《广告法》第五十五条第一款、第五十七条第一款第（一）项、第五十八条第一款第（十四）项的规定，作出行政处罚，责令当事人停止发布违法广告，并处罚款 50 万元。

2. 户外广告的内容

户外广告内容必须符合《广告法》第二章关于广告内容准则的相关要求，市场监督管理机关可以进行事后的监督检查，对广告内容违法的，可以依法查处。

---

① 《江苏淮安幸福医院发布违法广告案 国家市场监督管理总局公布 2019 年第四批虚假违法广告典型案例》，发布时间：2019-12-17，14：21。信息来源：市场监管局，http://www.samr.gov.cn/ggjgs/sjdt/gzdt/201912/t20191217_309265.html.

《广告法》第二十二条强调,禁止在大众传播媒介或者公共场所、公共交通工具、户外发布烟草广告。

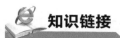 **知识链接**

户外广告的设置与管理问题

目前国内各大中小城市对户外广告的设置与管理规定较多,不仅要受到工商部门的监督管理,还要受到城市市容监察机关的监督。此外,户外广告还经常遇到广告设置地段或建筑物归属权与使用权、占有权之间的纠纷,这些问题在一定程度上限制了户外广告的发展。

第二节　广播电视广告的法律规定

一、广播电视广告的含义与特点

广播广告是利用声音广播的媒介来发布商品或服务信息的广告形式。它可以充分利用广播媒介时效性强、传播范围广、声情并茂、通俗易懂和形式多样的特点,实现快捷、广泛、通俗悦耳和灵活多样的信息传播。

电视广告是利用电视媒介发布商品或服务信息的广告形式。它是兼有视听效果并运用了语言、声音、文字、形象、动作、表演等综合手段进行传播的信息传播方式。

 **知识链接**

我国广播电视广告的发展

1979 年 3 月 15 日,中央电视台首次播出外商广告——西铁城手表。1979 年 4 月 15 日,广东电视台设立中国电视史上第一个广告节目。1979 年 12 月,中央电视台开辟"商业信息"节目,集中播放国内外广告。1979 年底,中央人民广播电台开始研究广告节目的问题。1980 年元旦,中央人民广播电台播出建台以来第一条商业广告。

二、广播电视广告内容的规定

(一)《广告法》的基本规定

广告应当真实、合法,符合社会主义精神文明建设的要求。不得含有虚假的内容,不得欺骗和误导消费者。广告内容应当有利于人民的身心健康,促进商品和服务质量的提高,保护消费者的合法权益,遵守社会公德和职业道德,维护国家的尊严和利益。

(二)《广播电视广告播出管理办法》的具体规定

1. 广播电视广告应当坚持正确导向,树立良好文化品位,与广播电视节目相和谐。

2. 广播电视广告禁止含有以下内容。

(1) 反对宪法确定的基本原则的;

(2) 危害国家统一、主权和领土完整,危害国家安全,或者损害国家荣誉和利益的;

(3) 煽动民族仇恨、民族歧视,侵害民族风俗习惯,伤害民族感情,破坏民族团结,违反宗教政策的;

(4) 扰乱社会秩序,破坏社会稳定的;

(5) 宣扬邪教、淫秽、赌博、暴力、迷信,危害社会公德或者民族优秀文化传统的;

(6) 侮辱、歧视或者诽谤他人,侵害他人合法权益的;

(7) 诱使未成年人产生不良行为或者不良价值观,危害其身心健康的;

(8) 使用绝对化语言,欺骗、误导公众,故意使用错别字或者篡改成语的;

(9) 商业广告中使用、变相使用中华人民共和国国旗、国徽、国歌,使用、变相使用国家领导人、领袖人物的名义、形象、声音、名言、字体或者国家机关和国家机关工作人员的名义、形象的;

(10) 药品、医疗器械、医疗和健康资讯类广告中含有宣传治愈率、有效率,或者以医生、专家、患者、公众人物等形象作疗效证明的;

(11) 法律、行政法规和国家有关规定禁止的其他内容。

3. 禁止播出下列广播电视广告。

(1) 以新闻报道形式发布的广告;

(2) 烟草制品广告;

(3) 处方药品广告;

(4) 治疗恶性肿瘤、肝病、性病或者提高性功能的药品、食品、医疗器械、医疗广告;

(5) 姓名解析、运程分析、缘分测试、交友聊天等声讯服务广告;

(6) 出现"母乳代用品"用语的乳制品广告;

(7) 法律、行政法规和国家有关规定禁止播出的其他广告。

4. 时政新闻类节(栏)目不得以企业或者产品名称等冠名。有关人物专访、企业专题报道等节目中不得含有地址和联系方式等内容。

　　5. 投资咨询、金融理财和连锁加盟等具有投资性质的广告,应当含有"投资有风险"等警示内容。

　　6. 除福利彩票、体育彩票等依法批准的广告外,不得播出其他具有博彩性质的广告。

【案例 6-2】

　　大连广播电视台传媒有限公司在大连广播电台新闻频道、财经频道发布的"参茸灵芝胶囊"药品广告中,含有"主持人王涵利用全国 13 家医院代表,刘霞、王敬业等 30 位患者的名义证明鹿血方(参茸灵芝胶囊)对治疗糖尿病、风湿骨病、冠心病"等疾病功效的保证内容,违反了《广告法》第十六条的规定。[①]

【解析】

　　大连广播电视台传媒有限公司发布的这一广告违反了《广告法》第十六条第一款、第四款规定,医疗、药品、医疗器械广告不得含有表示功效、安全性的断言或者保证;利用广告代言人作推荐、证明。2019 年 7 月,大连市市场监督管理局依据《广告法》第五十八条第三款的规定,作出行政处罚,责令停止发布违法广告,罚款 6.975 万元。

三、广播电视广告播放的规定

　　根据《广播电视广告播出管理办法》,播放机构在播放广告时应当遵守下列规定。

1. 广播电视广告播出活动应当坚持以人为本,遵循合法、真实、公平、诚实信用的原则

2. 广播电视广告播出应当合理编排

　　其中,商业广告应当控制总量、均衡配置。

3. 广播电视广告播出不得影响广播电视节目的完整性

　　除在节目自然段的间歇外,不得随意插播广告。在转播、传输广播电视节目时,必须保证被转播、传输节目的完整性。不得替换、遮盖所转播、传输节目中的广告;不得以游动字幕、叠加字幕、挂角广告等任何形式插播自行组织的广告。

4. 关于播出时长

　　(1)播出机构每套节目每小时商业广告播出时长不得超过 12 分钟。其中,

---

　　① 《大连广播电视台传媒有限公司发布违法药品广告案 辽宁省市场监管局公布食品、药品违法广告典型案件》,发布时间:2019-09-12,08:36。信息来源:东北新闻网,http://www.samr.gov.cn/ggjgs/sjdt/gzdt/201909/t20190912_306741.html。

广播电台在 11:00 至 13:00 之间、电视台在 19:00 至 21:00 之间,商业广告播出总时长不得超过 18 分钟。在执行转播、直播任务等特殊情况下,商业广告可以顺延播出。

(2) 播出机构每套节目每日公益广告播出时长不得少于商业广告时长的 3%。其中,广播电台在 11:00 至 13:00 之间、电视台在 19:00 至 21:00 之间,公益广告播出数量不得少于 4 条(次)。

(3) 播出电视剧时,不得在每集(以四十五分钟计)中间以任何形式插播广告。

5. 关于冠名标识

(1) 除电影、电视剧剧场或者节(栏)目冠名标识外,禁止播出任何形式的挂角广告。

(2) 电影、电视剧剧场或者节(栏)目冠名标识不得含有下列情形:

① 单独出现企业、产品名称,或者剧场、节(栏)目名称难以辨认的;

② 标识尺寸大于台标,或者企业、产品名称的字体尺寸大于剧场、节(栏)目名称的;

③ 翻滚变化,每次显示时长超过 5 分钟,或者每段冠名标识显示间隔少于 10 分钟的;

④ 出现经营服务范围、项目、功能、联系方式、形象代言人等文字、图像的。

(3) 电影、电视剧剧场或者节(栏)目不得以治疗皮肤病、癫痫、痔疮、脚气、妇科、生殖泌尿系统等疾病的药品或者医疗机构作冠名。

6. 关于播出内容的限制

(1) 播出商业广告应当尊重公众生活习惯。在 6:30 至 7:30、11:30 至 12:30 以及 18:30 至 20:00 的公众用餐时间,不得播出治疗皮肤病、痔疮、脚气、妇科、生殖泌尿系统等疾病的药品、医疗器械、医疗和妇女卫生用品广告。

(2) 播出机构应当严格控制酒类商业广告,不得在以未成年人为主要传播对象的频率、频道、节(栏)目中播出。广播电台每套节目每小时播出的烈性酒类商业广告,不得超过 2 条;电视台每套节目每日播出的烈性酒类商业广告不得超过 12 条,其中 19:00 至 21:00 之间不得超过 2 条。

(3) 在中小学生假期和未成年人相对集中的收听、收视时段,或者以未成年人为主要传播对象的频率、频道、节(栏)目中,不得播出不适宜未成年人收听、收视的商业广告。

(4) 播出电视商业广告时不得隐匿台标和频道标识。

(5) 经批准在境内落地的境外电视频道中播出的广告,其内容应当符合中国法律、法规和本办法的规定。

【案例 6-3】

上海却老斋生物科技有限公司在东方购物电视频道发布"鸿山飞凤牌破壁灵芝孢子粉"保健食品广告,含有"最近湖北这种传播性的疾病又出现了","口腔溃疡就是免疫力低下呀,后来就经常吃我们的破壁灵芝孢子粉,吃了以后真的感觉到好多了"等广告内容。

经查明,广告内容暗示其产品具有新型冠状病毒肺炎预防功能,并违法使用医疗用语,违反《广告法》第十八条的规定,构成保健食品广告宣传疾病治疗功能的违法行为。

【解析】

《广告法》第十八条规定,保健食品广告不得含有表示功效;涉及疾病预防、治疗功能;杨浦区市场监管局于 2020 年 4 月作出行政处罚,责令停止发布违法广告,并处罚款 6.75 万元。

四、广播电视广告监管制度

(一)监管机构

广播影视行政部门对广播电视广告播出活动实行属地管理、分级负责。国务院广播影视行政部门负责。全国广播电视广告播出活动的监督管理工作。县级以上地方人民政府广播影视行政部门负责本行政区域内广播电视广告播出活动的监督管理工作。

(二)监管职责

县级以上人民政府广播影视行政部门应当加强对本行政区域内广播电视广告播出活动的监督管理,建立、完善监督管理制度和技术手段。建立公众举报机制,公布举报电话,及时调查、处理并公布结果。在对违法行为进行行政处罚时,应将处理情况报上一级人民政府广播影视行政部门备案。

因公共利益需要等特殊情况,省、自治区、直辖市以上人民政府广播影视行政部门可以要求播出机构在指定时段播出特定的公益广告,或者作出暂停播出商业广告的决定。

(三)行业自律

(1)播出机构从事广告经营活动应当取得合法资质,非广告经营部门不得从事广播电视广告经营活动,记者不得借采访名义承揽广告业务。

(2)播出机构应当建立广告经营、审查、播出管理制度,负责对所播出的广告进行审查。

(3)播出机构应当加强对广告业务承接登记、审核等档案资料的保存和管理。

(4) 药品、医疗器械、医疗、食品、化妆品、农药、兽药、金融理财等须经有关行政部门审批的商业广告,播出机构在播出前应当严格审验其依法批准的文件、材料。不得播出未经审批、材料不全或者与审批通过的内容不一致的商业广告。

制作和播出药品、医疗器械、医疗和健康资讯类广告需要聘请医学专家作为嘉宾的,播出机构应当核验嘉宾的医师执业证书、工作证、职称证明等相关证明文件,并在广告中据实提示,不得聘请无有关专业资质的人员担当嘉宾。

(5) 国务院广播影视行政部门推动建立播出机构行业自律组织。该组织可以按照章程的规定,采取向社会公告、推荐和撤销"广播电视广告播出行业自律示范单位"等措施,加强行业自律。

五、广播电视广告的法律责任

(一) 行政责任

广播电视广告的行政责任主要集中于广告主、广告经营者、广告发布者违反行政法规而要承担的法律责任。常见的行政处罚有责令停止违法行为或者责令改正、警告、罚款、没收、吊销许可证等。

1. 非法从事广播电视广告的法律责任

《广告法》第六十条规定,违反本法第二十九条规定,广播电台、电视台、报刊出版单位未办理广告发布登记,擅自从事广告发布业务的,由市场监督管理部门责令改正,没收违法所得,违法所得一万元以上的,并处违法所得一倍以上三倍以下的罚款;违法所得不足一万元的,并处五千元以上三万元以下的罚款。

2. 内容违法的法律责任

《广告法》第六十八条规定,广播电台、电视台、报刊音像出版单位发布违法广告,或者以新闻报道形式变相发布广告,或者以介绍健康、养生知识等形式变相发布医疗、药品、医疗器械、保健食品广告,市场监督管理部门依照本法给予处罚的,应当通报新闻出版、广播电视主管部门以及其他有关部门。新闻出版、广播电视主管部门以及其他有关部门应当依法对负有责任的主管人员和直接责任人员给予处分;情节严重的,并可以暂停媒体的广告发布业务。

新闻出版、广播电视主管部门以及其他有关部门未依照前款规定对广播电台、电视台、报刊音像出版单位进行处理的,对负有责任的主管人员和直接责任人员,依法给予处分。

3.《广播电视广告播出管理办法》规定的行政责任

广播电视广告内容违反《广播电视广告播出管理办法》禁止性规定的,由县级以上人民政府广播影视行政部门责令停止违法行为或者责令改正,给予警告,可以并处三万元以下罚款;情节严重的,由原发证机关吊销《广播电视频道许可证》《广播电视播出机构许可证》。

广播电视广告播出行为违反《广播电视广告播出管理办法》禁止性规定的，由县级以上人民政府广播影视行政部门责令停止违法行为或者责令改正，给予警告，没收违法所得和从事违法活动的专用工具、设备，可以并处二万元以下罚款，吊销许可证。

【案例 6-4】

辽宁金丹药业有限公司在辽宁资讯广播 FM90.6 频率发布的"茸血补脑液"药品广告中，含有"茸血补脑液能做到行血不破，止血不淤，很适合脑病。既能活血，又能止血，防止高血压脑出血，让脑梗得到根治"等表示功效、安全性的断言和保证内容。此外，还存在由消费者介绍其使用参茸补脑液的结果：一月后血压正常、腿脚热乎等使用代言人作推荐、证明的内容，违反了《广告法》第十六条的规定。

【解析】

辽宁金丹药业有限公司发布的广告违反了《广告法》第十六条规定，医疗、药品、医疗器械广告不得表示功效、安全性的断言或者保证；不得利用广告代言人作推荐、证明。大连市市场监督管理局于 2019 年 7 月，依据《广告法》第五十八条的规定作出行政处罚，责令停止发布违法广告，罚款 0.6 万元。

（二）刑事责任

广告主、广告经营者、广告发布者利用广告对商品或者服务作虚假宣传的，或使用国家机关和国家机关工作人员的名义的，或伪造、变造或者转让广告审查决定文件的，构成犯罪的，依法追究刑事责任。

广播电视行政部门及其工作人员在广播电视管理工作中滥用职权、玩忽职守、徇私舞弊，构成犯罪的，依法追究刑事责任；尚不构成犯罪的，依法给予行政处分。

六、电视直销广告的规定

（一）电视直销广告的定义

电视直销广告是指电视台为客户专门设置的广告时间段，利用这个时间段专门为某一个厂家或企业介绍其生产或销售的产品。它对商品的特点和使用知识介绍得比较详细，播出时间较长，而且是定期定时播出，并且其推销的产品由于是通过热线电话购买的，所以价格比商场的零售价要低得多。

（二）电视直销广告的管理规定

国家广电总局于 2009 年发布了《关于加强电视购物短片广告和居家购物节目管理的通知》。

1. 对电视购物广告的具体要求

播出时间限制。根据《广播电视广告播出管理办法》,自2010年1月1日起,所有电视购物短片广告作为广告管理,计入广告播出总量。

播出频道限制。新闻、国际等专业频道和电视购物频道,不得播出电视购物短片广告。教育、少儿等专业频道不得播出不宜未成年人收看的电视购物短片广告。上星频道每天18点至24点的时段内,不得播出电视购物短片广告。

播出内容限制。电视购物短片广告和居家购物节目必须坚持正确导向,坚持良好文化品位。要如实介绍所售商品,标明商品销售企业名称,公布在一定期限内可"无条件退货"和"验货付款"的承诺。特殊类商品,还必须标明相关审批文号等信息。有投资风险或者可能产生副作用的商品,必须在广告或者节目中明确提示。

根据《广电总局关于加强电视购物短片广告和居家购物节目管理的通知》,购物短片广告和居家购物节目严禁出现以下内容:

(1) 内容虚假违法、格调庸俗低下;

(2) 夸大、夸张宣传,误导消费;

(3) 以公众人物、专家等名义作证明;

(4) 虚构断货、抢购、甩货等情形推销商品;

(5) 谎称商品通过认证、获得奖项或者荣誉称号等;

(6) 虚构或者伪造科研成果、统计资料等材料作证明;

(7) 法律、行政法规、规章禁止的其他内容。

严禁播出下列电视购物短片广告和居家购物节目:

(1) 含有违反本通知第四条规定内容的;

(2) 介绍药品、性保健品和丰胸、减肥产品的;

(3) 介绍无产品名称、无生产厂厂名和厂址的产品;

(4) 介绍帮助人体增高的器械或者内服产品的;

(5) 介绍植入人体式的或者需专业人士操作的各类医疗器械的;

(6) 出现人体性器官解剖图解、动画演示画面的;

(7) 法律、行政法规、规章禁止的其他广告和节目。

2. 对电视购物企业资质和条件的要求

根据上述《通知》,投放电视购物短片广告的企业应满足如下条件:

(1) 注册资本金不少于1000万元人民币;

(2) 具有固定经营场所;

(3) 具有不少于100个座席的呼叫系统、物流配送和结算系统;

(4) 具有规范的产品保修、退货、投诉处理等售后服务制度和相应机构、人员;

（5）合作前三年内无商业欺诈和虚假违法等不良记录。

被省级以上工商、卫生、药监等有关行政部门处理或者被司法部门追究刑事责任的电视购物企业，广播电视播出机构在5年内不得接受其投放的广告。

此外，2010年初广电总局还下发通知，不允许电视购物短片广告中出现主持人，并严格限制容易误导观众判断的"叫卖式"夸张配音。

【案例6-5】

上海长语贸易有限公司在东方购物电视频道发布"健美生维生素D维生素C咀嚼片"保健食品广告，含有"打赢这一仗！防病驱疫，提高免疫力是关键"，"如果你没有补充到充足的维C可能会出现一些问题，第一点就是免疫力，你会免疫力低下……对于感冒和流感高发的一些季节，特别是传染性质比较强的一些季节，尤其建议大家要去多吃一些维C了"等广告内容。

经查明，广告内容暗示该保健食品具有新型冠状病毒肺炎预防功能，涉及疾病预防、治疗功能，暗示该产品为保障健康所必需，违反《广告法》第十八条第一款第（一）、（二）、（三）项的规定。①

【解析】

上海长语贸易有限公司发布的广告违反了《广告法》第十八条规定，保健食品广告不得含有表示功效、安全性的断言或者保证；涉及疾病预防、治疗功能；声称或者暗示广告商品为保障健康所必需。杨浦区市场监管局于2020年4月作出行政处罚，责令停止发布违法广告，并处罚款3万元。

第三节　网络广告和其他新媒体广告的法律规定

一、新媒体广告概述

"新媒体"（new media）一词最早是1967年由美国人戈尔德马克提出来的。对于什么是新媒体，人们的理解并不一致，一般将新媒体界定为利用数字技术、网络技术，通过互联网、宽带局域网、无线通信网、卫星等渠道，以及电脑、手机、数字电视机等终端，向用户提供信息和娱乐服务的传播形态。

这是一个相对的概念，随着科技、生活的发展而不断变化。新媒体的出现使得广告形式发生了巨大的变化，新媒体广告载体风起云涌，正冲击和分流着传统的广告媒体市场。

---

① 《上海长语贸易有限公司发布违法广告案　上海市市场监管局公布2020年第二批虚假违法广告典型案例》，发布时间：2020-06-14，13：25。信息来源：中国质量新闻网，http://www.samr.gov.cn/ggjgs/sjdt/gzdt/202006/t20200618_317111.html.

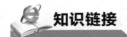

新媒体的定义

目前关于新媒体的定义，各说纷呈，莫衷一是。若干年前，联合国教科文组织关于新媒体有过"新媒体即网络媒体"的定义。美国俄裔新媒体艺术家列维·曼诺维奇认为，"新媒体将不再是任何一种特殊意义的媒体，而不过是一种与传统媒体形式没有相关的一组数字信息"。美国《连线》杂志认为新媒体是"所有人对所有人的传播。"

新传媒产业联盟秘书长王斌将其定义为："新媒体是以数字信息技术为基础，以互动传播为特点、具有创新形态的媒体。"BlogBus.com 副总裁兼首席运营官魏武挥从受众角度入手将新媒体定义为"受众可以广泛且深入参与（主要是通过数字化模式）的媒体形式。"

二、网络广告的法律规定

（一）网络广告的定义与特点

网络广告是指在互联网的站点上发布的以数字代码为载体的各种经营性广告。常见的形式有网幅广告、图标广告、文字广告、导航广告、电子邮件广告等多达上万种。

与广播电视、报纸等传统广告媒体相比，网络广告有以下几个特点：传播范围广，无时空限制；灵活的互动性和选择性；内容丰富、形象生动；易于实时修改；绝对价格低；传播的被动性等。[①]

（二）网络广告的相关法律规定

1.《广告法》的规定

利用互联网发布、发送广告，不得影响用户正常使用网络。在互联网页面以弹出等形式发布的广告，应当显著标明关闭标志，确保一键关闭。

公共场所的管理者或者电信业务经营者、互联网信息服务提供者对其明知或者应知的利用其场所或者信息传输、发布平台发送、发布违法广告的，应当予以制止。

2.《计算机信息网络国际联网安全保护管理办法》的有关规定

根据公安部《计算机信息网络国际联网安全保护管理办法》的有关规定，任何单位和个人不得利用国际联网制作、复制、查阅和传播下列信息：煽动抗拒、

---

① 王悦彤、李明合：《广告法规与管理》，124 页，开封，河南大学出版社，2011。

破坏宪法和法律、行政法规实施的;煽动颠覆国家政权,推翻社会主义制度的;煽动分裂国家、破坏国家统一的;煽动民族仇恨、民族歧视,破坏民族团结的;捏造或者歪曲事实,散布谣言,扰乱社会秩序的;宣扬封建迷信、淫秽、色情、赌博、暴力、凶杀、恐怖,教唆犯罪的;公然侮辱他人或者捏造事实诽谤他人的;损害国家机关信誉的;其他违反宪法和法律、行政法规的。

(三)网络广告违法行为以及处罚

1.网络虚假广告

网络虚假广告是指网络广告发布者以谋取非法利益为目的,以欺骗的方式进行的使广告受众产生错误认识的网络广告宣传。对于虚假广告发布者应当承担相应的法律责任。

2.网络广告不正当竞争行为

广告作为市场竞争的重要手段,有时候会被企业或个人用于不正当竞争,作为一种新兴的广告媒体形式,网络广告也被用于不正当竞争。比如,利用超链接技术进行不正当竞争,通过抄袭和剽窃他人网站内容进行不正当竞争,利用关键词技术进行不正当竞争。对于网络广告不正当竞争行为可以依据《广告法》《反不正当竞争法》进行处罚。

【案例 6-6】

诸暨市某电子技术有限公司受他人委托在其经营的微信公众号上发布题为《这些天,诸暨人都在家里吃这个!要火了》的软文广告,广告含有"新型冠状病疫情期间……燕窝能够提高人体免疫力,儿童使用燕窝也能增强体质、增加抵抗力,预防疾病的侵袭"等内容及销售方式。广告内容与事实不符。核算广告费用 1000元。当事人的行为违反了《广告法》第四条、第二十八条相关规定。①

【解析】

诸暨市某电子技术有限公司的行为违反了《广告法》第四条的规定,广告不得含有虚假或者引人误解的内容,不得欺骗、误导消费者;违反了《广告法》第二十八条的规定,商品的性能、功能等信息与实际情况不符,对购买行为有实质性影响的,构成虚假广告。诸暨市市场监管局于 2020 年 2 月 25 日,依据《广告法》第五十五条的相关规定,作出行政处罚,罚款 0.6 万元。

3.其他网络广告违法行为

(1)垃圾邮件

随着电子邮件的普及,不少经营者利用电子邮件来进行广告宣传,数量众

---

① 《诸暨市某电子技术有限公司发布普通食品虚假广告案 浙江省市场监管局公布第二批新冠肺炎疫情防控违法广告典型案例》,发布时间:2020-03-13,12:52。信息来源:中国质量新闻网,http://www.samr.gov.cn/zt/jjyq/bgt/202003/t20200313_312926.html。

多而没有价值的电子邮件就像垃圾一样大量出现在用户的电子邮箱中,俗称为"垃圾邮件"。互联网广泛采用匿名的邮件,使人们无法辨别信件的来源,不逐一阅读很难判定其包含的信息是否有价值,不能直接将垃圾邮件删除,从而大量地浪费了网络用户的时间和金钱。

信息产业部2006年发布的《互联网电子邮件服务管理办法》第13条规定,任何组织或者个人不得有下列发送或者委托发送互联网电子邮件的行为:

① 故意隐匿或者伪造互联网电子邮件信封信息;

② 未经互联网电子邮件接收者明确同意,向其发送包含商业广告内容的互联网电子邮件;

③ 发送包含商业广告内容的互联网电子邮件时,未在互联网电子邮件标题信息前部注明"广告"或者"AD"字样。

若违反该条规定,由信息产业部或者通信管理局依据职权责令改正,并处一万元以下的罚款;有违法所得的,并处三万元以下的罚款。

(2) 网络强迫广告与网络隐形广告

网络强迫广告是指当用户上网浏览某一网站或网页时就会出现一些强制性的插播广告,以全屏,半屏,或小窗口等形式出现,有些可以关闭,有些甚至无法关闭的广告。

网络隐形广告是以消费者不易识别的形式,宣传商品或服务,诱使消费者使之误认为是新闻或其他类型信息,从而增加可信度。

广告法对上述广告做了禁止性规定。

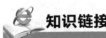 **知识链接**

网络广告的监管方式

国际上,对于网络广告的监管方式大体上呈现出两种截然不同的趋势:一种是以欧美国家代表的实行较为宽松自由的监管方式,另一种是以日韩国家代表的实行较为严格谨慎的监控方式。

美国一直实行相对宽松自由的监管方式,实行比较宽松的登记制度,并尽可能少设置新的独立行政机构,而是将原有政府管理部门的职能相对地作延伸来适应新情况,再积极利用各种自发的非政府组织、自律组织和企业等。

日本对于网络广告的监管充分表现在立法的完善上。比如对于网络广告这个媒介——互联网的管理除了依据刑法和民法之外,还制定了《个人信息保护法》《禁止非法读取信息法》和《电子契约法》等专门法规来处置网络违法行为。①

---

① http://zjdaily.zjol.com.cn/gb/node2/node802/node37145/node440231/node440241/userobject-15ai5646294.html.

思考与练习

一、简述题

1. 简述申请户外广告登记应当具备的条件。

2. 简述对购物短片广告和居家购物节目内容的禁止性规定。

3. 简述网络广告违法行为及其处罚。

二、案例题

基本案情：

丹东振兴区枫叶红健康服务中心在丹东广播电台节目 103.6 频道发布含有"灵芝破壁孢子粉的作用多,能安神益智、延缓衰老、抗癌、抗疲劳等"内容的保健食品广告,涉及疾病预防、治疗功能,违反了广告法的规定。2019 年 7 月,丹东市市场监督管理局对其作出责令停止发布违法广告,罚款 0.3 万元的行政处罚决定。①

思考讨论题：

丹东振兴区枫叶红健康服务中心违反了哪些法律规定?

市场监督管理局依据什么法律规定对其处罚?

分析要点：

丹东振兴区枫叶红健康服务中心这条广告违反了《广告法》第十七条的规定,除医疗、药品、医疗器械广告外,禁止其他任何广告涉及疾病治疗功能,并不得使用医疗用语或者易使推销的商品与药品、医疗器械相混淆的用语。

丹东市市场监督管理局依据《广告法》第五十八条第一款第(二)项的规定,对当事人进行处罚。《广告法》第五十八条第一款第(二)项的规定,违反本法第十七条规定,在广告中涉及疾病治疗功能,以及使用医疗用语或者易使推销的商品与药品、医疗器械相混淆的用语的,由市场监督管理部门责令停止发布广告,责令广告主在相应范围内消除影响,处广告费用一倍以上三倍以下的罚款。故,丹东市市场监督管理局作出行政处罚。

---

① 《丹东振兴区枫叶红健康服务中心发布违法广告案 辽宁省市场监管局公布食品、药品违法广告典型案件》,发布时间：2019-09-12,08：36。信息来源：东北新闻网,http://www.samr.gov.cn/ggjgs/sjdt/gzdt/201909/t20190912_306741.html.

第七章
广告与知识产权法律制度

 **本章导读**

1. 了解知识产权的概念、特征;
2. 掌握著作权法律制度的基本内容;
3. 掌握商标法律制度、专利法律制度的基本内容;
4. 了解知识产权制度在广告活动中的应用。

 引例

2019年7月4日,安徽省淮北市相山区市场监管局接到珠海天沐温泉旅游投资集团股份有限公司投诉,反映淮北市相山区天沐度假水汇馆在经营场所、宣传单、布草上擅自使用该公司注册的商标,并在互联网上宣传推广。执法人员立即开展调查,通过搜索引擎等进行检索并实施现场检查,发现当事人使用的商标文字图案,与投诉人注册的商标文字图案近似。①

【解析】

本案是一起突出使用企业字号、侵犯他人商标权的案件。当事人将与"天沐"近似的"天沐"文字或图案单独或者突出使用,当事人的行为违反《商标法》第五十七条第(二)项的规定,属于《商标法》意义上的商标使用方式,侵犯了他人注册商标专用权。相山区市场监管局依法责令当事人改正违法行为、清除近似文字图案,并给予罚款7万元的行政处罚。

---

① 《安徽省淮北市相山区市场监管局查处天沐度假水汇馆侵犯注册商标专用权案 2019年知识产权执法"铁拳"行动典型案例》,发布时间:2020-04-26,10:07。信息来源:《中国市场监管报》,http://www.cicn.com.cn/zggsb/2020-04/26/cms126439article.shtml.

第一节　知识产权法律制度概述

一、知识产权的概念和特征

（一）知识产权的概念

知识产权指人们对于自己的智力活动创造的成果和经营管理活动中的标记、信誉依法享有的权利。根据我国《民法典》的规定,知识产权属于民事权利,是基于创造性智力成果和工商业标记依法产生的权利的统称。

《民法典》第一百二十三条规定,知识产权是权利人依法就下列客体享有的专有的权利:(一)作品;(二)发明、实用新型、外观设计;(三)商标;(四)地理标志;(五)商业秘密;(六)集成电路布图设计;(七)植物新品种;(八)法律规定的其他客体。

（二）知识产权的特征

1. 无形性

知识产权的客体是智力成果,智力成果是一种没有形体的知识形态的产品。

2. 专有性

知识产权的专有性,是指知识产权所有人对其知识产权具有独占权。知识产权的专有性主要表现在两个方面:

第一,知识产权所有人独占地享有其权利,未经法律或者知识产权所有人许可,任何人不得擅自使用知识产权所有人的智力成果。

第二,同样的智力成果只能有一个成为知识产权保护的对象,不允许有两个或两个以上同一属性的知识产权同时并存。

3. 地域性

知识产权的地域性,是指知识产权只在授予其权利的国家或者确认其权利的国家产生,并且只能在该国范围内发生法律效力并受法律保护,其他国家对其没有必须给予法律保护的义务。

4. 时间性

知识产权的时间性,是指知识产权只在法律规定的期限内受到法律保护,一旦超过了法律规定的有效期限,这一权利就自行消灭,或者说知识产权就依法丧失。

二、知识产权的保护范围

知识产权的范围,有广义和狭义两种。

（一）广义知识产权的范围

对于广义的知识产权保护范围的界定，一般以世界知识产权保护组织的《世界知识产权组织公约》和世界贸易组织的《与贸易有关的知识产权协议》为依据确定。

根据上述两个公约的规定，广义的知识产权的范围包括。

（1）关于文学、艺术和科学作品的权利。主要指作者权，或称著作权、版权。

（2）关于表演艺术家的表演、录音和广播的权利。主要指邻接权，或与著作权相关的权利。

（3）关于人类在一切领域的发明的权利。主要指人们就专利发明、实用新型及非专利发明享有的权利。

（4）关于科学发现享有的权利。

（5）关于工业品外观设计的权利。

（6）关于商品商标、服务商标、商号及其他商业标记的权利。

（7）关于制止不正当竞争的权利。

（8）其他一切来自工业、科学及文学、艺术领域的智力创作活动所产生的权利。

（9）地理标志权。

（10）集成电路布图设计（拓扑图）权。

（11）未公开的信息专有权，主要是商业秘密权。

（二）狭义知识产权的范围

狭义的知识产权，是指传统意义上的知识产权。一般包括专利权、商标权和著作权，还包括与著作权相关的权利即邻接权。

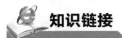 **知识链接**

与著作权有关的权益

我国《著作权法》除保护创作者的权利外，在第一条中还明确规定保护与著作权有关的权益。根据《著作权实施条例》第二十六条和第二十八条，与著作权有关的权益是指出版者对其出版的图书、报刊的版式、装帧设计享有的权利，表演者对其表演享有的权利，录音录像制作者对其制作的录音录像制品享有的权利，广播电台、电视台对其制作的广播电视节目享有的权利。

第二节 广告中的著作权保护

一、著作权的概念和特征

（一）著作权的概念

著作权，又称版权，是指作者或者其他著作权人依法对文学、艺术和科学作品所享有的各项专有权利的总称。它包括发表权、署名权、修改权、保护作品完整权等人身权利，还包括复制权、发行权、出租权、展览权、表演权、放映权、广播权、信息网络传播权、摄制权、改编权、翻译权、汇编权等财产权利。

（二）著作权的特征

著作权除具有知识产权的一般特征外，还具有自身的一些特征。

（1）著作权涉及的客体不仅包括文学艺术领域，还包括科学领域。而商标权和专利权的客体是主要涉及工业领域。

（2）著作权一般在创作完成时自动取得，而商标权和专利权通常要具备法定条件经申请程序取得。

（3）著作权的保护期限相对较长。我国《著作权法》规定，公民的作品，其发表权和著作财产权的保护期间为作者终生及死后五十年。

（三）著作权的取得

我国《著作权法》确定了著作权的自动取得原则。即作者在创作完成之后不需要履行任何手续即可以自动享有著作权。

二、著作权的主体

著作权的主体是指依法享有著作权人。根据我国《著作权法》第九条的规定，著作权人包括作者及其他依法享有著作权的公民、法人或者其他组织。

根据我国《著作权法实施条例》第三条的规定，著作权法所称创作，是指直接产生文学、艺术和科学作品的智力活动。为他人创作进行组织工作，提供咨询意见、物质条件，或者进行其他辅助工作，均不视为创作。此规定对于正确认定著作权的主体意义重大。

三、著作权的客体

著作权的客体是指可以获得著作权保护的作品。

（一）受著作权法保护的作品

根据《著作权法》及其实施条例的规定，可以获得著作权保护的作品主要包括：文字作品，口述作品，音乐、戏剧、曲艺、舞蹈、杂技艺术作品，美术、建筑作品、摄影作品，电影作品和以类似摄制电影的方法创作的作品，工程设计图、产品设计图、地图、示意图等图形作品和模型作品，计算机软件，法律、行政法规规定的其他作品。

（二）不受著作权法保护的作品

根据《著作权法》的规定，不受著作权法保护的作品是：依法禁止出版、传播的作品，法律、法规，国家机关的决议、决定、命令和其他具有立法、行政、司法性质的文件及其官方正式译文，时事新闻，历法、通用数表、通用表格和公式。

四、著作权人的权利及其限制

（一）著作权人的权利

著作权人的权利是指著作权主体对其作品依法享有的权利，包括人身性质的权利和财产性质的权利。

1. 著作权人身权

著作人身权，是指作者对其作品享有的各种与人身相联系而没有直接财产内容的权利。我国《著作权法》规定的著作人身权包括发表权、署名权、修改权和保护作品完整权。

2. 著作财产权

著作财产权，指著作权人自己使用或者授权他人以一定方式使用作品而获得物质利益的权利。根据《著作权法》的规定，著作财产权主要包括复制权、发行权、出租权、展览权、表演权、放映权、广播权、信息网络传播权、摄制权、改编权、翻译权、汇编权及应当由著作权人享有的其他权利。

（二）著作权的保护期限

根据《著作权法》的规定，作者的署名权、修改权、保护作品完整权不受保护期限的限制。除此之外，《著作权法》对不同的著作权规定了不同的保护期限。

（1）公民的作品，其发表权和著作财产权的保护期为作者终生及其死亡后五十年，截止于作者死亡后第五十年的 12 月 31 日；如果是合作作品，截止于最后死亡的作者死亡后第五十年的 12 月 31 日。

（2）法人或者其他组织的作品、著作权（署名权除外）由法人或者其他组织享有的职务作品的发表权和著作财产权的保护期为五十年，截止于作品首次发表后第五十年的 12 月 31 日，但作品自创作完成后五十年内未发表的，法律不再保护。

（3）出版者版式设计专有权的保护期为十年，截止于使用该版式设计的图书、期刊首次出版后第十年的 12 月 31 日。

（三）对著作权人的权利限制

对著作权人行使权利进行限制是为了使作品更大限度地为社会所用，从而推动文化、教育、科学事业的发展。根据《著作权法》的规定,对著作权人行使权利的限制,有"合理使用"和"法定许可使用"两种情况。

1. 社会公众对作品的合理使用

所谓"合理使用",是指使用人依照法律规定,不经著作权人同意而无偿使用其作品的行为。在下列情况下使用作品,可以不经著作权人许可,不向其支付报酬,但应当指明作者姓名、作品名称,并且不得侵犯著作权人依照本法享有的其他权利。

(1) 为个人学习、研究或者欣赏,使用他人已经发表的作品。

(2) 为介绍、评论某一作品或者说明某一问题,在作品中适当引用他人已经发表的作品。

(3) 为报道时事新闻,在报纸、期刊、广播电台、电视台等媒体中不可避免地再现或者引用已经发表的作品。

(4) 报纸、期刊、广播电台、电视台等媒体刊登或者播放其他报纸、期刊、广播电台、电视台等媒体已经发表的关于政治、经济、宗教问题的时事性文章,但作者声明不许刊登、播放的除外。

(5) 报纸、期刊、广播电台、电视台等媒体刊登或者播放在公众集会上发表的讲话,但作者声明不许刊登、播放的除外。

(6) 为学校课堂教学或者科学研究,翻译或者少量复制已经发表的作品,供教学或者科研人员使用,但不得出版发行。

(7) 国家机关为执行公务在合理范围内使用已经发表的作品。

(8) 图书馆、档案馆、纪念馆、博物馆、美术馆等为陈列或者保存版本的需要,复制本馆收藏的作品。

(9) 免费表演已经发表的作品,该表演未向公众收取费用,也未向表演者支付报酬。

(10) 对设置或者陈列在室外公共场所的艺术作品进行临摹、绘画、摄影、录像。

(11) 将中国公民、法人或者其他组织已经发表的以汉语言文字创作的作品翻译成少数民族语言文字作品在国内出版发行。

(12) 将已经发表的作品改成盲文出版。

前款规定适用于对出版者、表演者、录音录像制作者、广播电台、电视台的权利的限制。

2. 社会公众对作品的法定许可使用

所谓法定许可使用,是指使用人依照法律规定,可以不经著作权人同意,但须向其支付报酬而使用著作权人已经发表的作品。社会公众对作品的法定许可使用主要有以下几种情形。

（1）为实施九年制义务教育和国家教育规划而编写出版教科书，除作者事先声明不许使用的外，可以不经著作权人许可，在教科书中汇编已经发表的作品片段或者短小的文字作品、音乐作品或者单幅的美术作品、摄影作品，但应当按照规定支付报酬，指明作者姓名、作品名称，并且不得侵犯著作权人依照本法享有的其他权利。

该款规定也适用于对出版者、表演者、录音录像制作者、广播电台、电视台的权利的限制。

（2）广播电台、电视台播放他人已发表的作品，可以不经著作权人许可，但应当支付报酬。广播电台、电视台播放已经出版的录音制品，可以不经著作权人许可，但应当支付报酬。当事人另有约定的除外。

（3）作品刊登后，除著作权人声明不得转载、摘编的外，其他报刊可以转载或者作为文摘、资料刊登，但应当按照规定向著作权人支付报酬。

（4）录音制作者使用他人已经合法录制为录音制品的音乐作品制作录音制品，可以不经著作权人许可，但应当按照规定支付报酬；著作权人声明不许使用的不得使用。

五、广告中的著作权保护

（一）广告活动和著作权的关系

广告活动包括一系列的创作活动，从最初的广告市场调查，到后来的广告创意，再到后来的广告制作，都是相关人员进行相应智力创作的过程。

这一系列的创作活动一方面会产生很多的智力成果，获得著作权法的保护；另一方面也可能存在对他人智力成果的借鉴，构成对他人著作权的侵犯。所以，无论是自身创作产生的智力成果，还是对他人成果的借鉴，都把广告活动和著作权紧密地联系在一起。

（二）广告中的著作权

在广告活动中，产生的智力成果主要有下列几种。

1. 文字作品

在整个的广告活动中，很多环节可以产生文字作品。如调查方案、策划书、广告语言脚本等。这些文字作品如果符合《著作权法》的要求，就属于著作权的保护客体。另外，作品中的内容也可能会构成商业秘密，受相关法律的保护。

2. 音乐、戏剧、曲艺、舞蹈、杂技艺术作品

随着广告形式的多样化，广告对音乐、戏剧、曲艺、舞蹈以及杂技艺术的应用也越来越多，这就使得广告的创作过程同时兼具了这些艺术作品的创作过程。所产生的上述作品也属于著作权法的保护范畴。

3. 美术作品

在广告制作过程中,美术作品的应用随处可见,而且,一件广告作品往往是汇集了众多的美术作品或者说要经过大量的前期美术制作,会产生很多的美术类"副产品"。这些作品无论是否构成广告作品的一部分,都属于受《著作权法》保护的作品。

4. 摄影作品

摄影作品和美术作品类似,在广告的制作过程中,应用较多并且也会因广告的制作而产生很多。这些作品,属于受《著作权法》保护的作品。

5. 电影作品

电影作品、类似摄制电影的方法创作的作品,这类作品在电视投放广告中最为常见。这类作品属于受《著作权法》保护的作品。

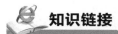 **知识链接**

受著作权法保护的广告作品应当具备的条件

属于文学、艺术和科学领域内的智力创作结果;必须具有独创性,即由创作者独立创作完成的;必须是具有某种具体形式的客观表现;能够被固定在载体上,并能被复制使用;必须不属于著作权法明确规定不予保护和不适用著作权法的范围内。

(三)广告活动中对他人著作权的侵害

1. 著作权侵权行为

(1)《著作权法》第四十七条列举的侵犯著作权的行为。

① 未经著作权人许可,发表其作品的。

② 未经合作作者许可,将与他人合作创作的作品当作自己单独创作的作品发表的。

③ 没有参加创作,为谋取个人名利,在他人作品上署名的。

④ 歪曲、篡改他人作品的。

⑤ 剽窃他人作品的。

⑥ 未经著作权人许可,以展览、摄制电影和以类似摄制电影的方法使用作品,或者以改编、翻译、注释等方式使用作品的,本法另有规定的除外。

⑦ 使用他人作品,应当支付报酬而未支付的。

⑧ 未经电影作品和以类似摄制电影的方法创作的作品、计算机软件、录音录像制品的著作权人或者与著作权有关的权利人许可,出租其作品或者录音录像制品的,本法另有规定的除外。

⑨ 未经出版者许可,使用其出版的图书、期刊的版式设计的。

⑩ 未经表演者许可,从现场直播或者公开传送其现场表演,或者录制其表演的。

⑪ 其他侵犯著作权以及与著作权有关的权益的行为。

(2)《著作权法》第四十八条列举的侵犯著作权的行为。

① 未经著作权人许可,复制、发行、表演、放映、广播、汇编、通过信息网络向公众传播其作品的,本法另有规定的除外。

② 出版他人享有专有出版权的图书的。

③ 未经表演者许可,复制、发行录有其表演的录音录像制品,或者通过信息网络向公众传播其表演的,本法另有规定的除外。

④ 未经录音录像制作者许可,复制、发行、通过信息网络向公众传播其制作的录音录像制品的,本法另有规定的除外。

⑤ 未经许可,播放或者复制广播、电视的,本法另有规定的除外。

⑥ 未经著作权人或者与著作权有关的权利人许可,故意避开或者破坏权利人为其作品、录音录像制品等采取的保护著作权或者与著作权有关的权利的技术措施的,法律、行政法规另有规定的除外。

⑦ 未经著作权人或者与著作权有关的权利人许可,故意删除或者改变作品、录音录像制品等的权利管理电子信息的,法律、行政法规另有规定的除外。

⑧ 制作、出售假冒他人署名的作品的。

2. 广告活动中常见的著作权侵权

在广告活动中,常见的侵权是因为借鉴而产生的,未经许可使用他人作品或者使用他人作品应当支付报酬而没有支付等,都可能发生著作权侵权。

(1)未经著作权人许可,在广告活动中使用其作品的

由于广告作品的产生会涉及各种著作权客体,如图片、照片、文字、音乐以及表演形象等,所以,在广告创作中对相关作品的借鉴和使用有时就在所难免。如果仅仅是借鉴,在他人成果的基础上产生了自己独创的成果,不会构成侵权;但是,如果要直接使用他人的作品就必须要征得许可,否则,就会构成侵权。

(2)使用他人作品,应当支付报酬而未支付的

使用他人作品,如果不属于合理使用的范畴,就必须支付报酬。如果未支付报酬,则侵犯了著作权人的著作财产权。

(3)歪曲、篡改他人作品的

无论是在利用他人成果的过程中,还是基于各种目的而故意歪曲、篡改他人作品的,都构成对著作权人保护作品完整权的侵害。

(4)未经表演者许可,在广告活动中使用其表演形象的

表演者就其表演形象享有著作邻接权,该权利受法律保护,未经许可,任何

人不得擅自使用。所以,如果未经表演者许可,在广告活动中使用其表演形象的,构成侵权。另外,在这类侵权中,往往还会存在对他人人身权,如肖像权的侵犯。

【案例 7-1】

"莫府贡酒"书法作品的著作权人——莫老爷公司认为,洞藏公司在其出品的酒瓶以及其店铺门头、宣传海报、店铺内展示柜墙壁上牌匾所使用的"莫府贡酒"字样与其作品相同,故以侵害作品著作权为由将洞藏公司诉至法院。

洞藏公司辩称其使用的作品与莫老爷公司的书法作品完全不同,且该作品取得著作权登记应受法律保护。

法院将莫老爷公司的"莫府贡酒"美术作品与被诉侵权作品进行比对,认为二者构成实质性相似。洞藏公司的作品虽然获得登记,但其登记及创作的时间均晚于莫老爷公司,故判定洞藏公司使用"莫府贡酒"的行为构成著作权侵权,应承担停止侵权、赔偿损失的责任。[①]

【解析】

在广告活动中擅自使用他人享有著作权的绘画、图片作品的,构成对他人著作权的侵犯,应当承担著作权侵权的法律责任。

3. 著作权侵权的法律责任

(1)民事责任

根据《著作权法》的规定,有著作权侵权行为的,应当承担停止侵害、消除影响、赔礼道歉、赔偿损失等民事责任。

知识链接

确定著作权侵权损害赔偿数额的方法

根据《著作权法》第四十九条的规定,赔偿损失时,赔偿额有三种计算方法:

一是按照权利人的实际损失给予赔偿,损失多少、赔多少;

二是按照侵权人的违法所得给予赔偿,这种计算方法适用于被侵权人的实际损失难以计算的情形;

三是由人民法院根据侵权行为的情节,判决给予 50 万元以下的赔偿,这一方式即所谓的法定赔偿制度,适用于权利人的实际损失和侵权人的违法所得不能确定的情形。

---

① 《使用相同字样构成著作权侵权——广西南丹莫老爷酒业有限公司与广西洞藏原浆贡酒酒业有限公司著作权侵权纠纷案　广西公布 2019 年知识产权十大典型案件》,发布时间:2020-04-23,10:28:51。信息来源:《南宁晚报》,http://www.ipraction.cn/article/gzdt/dxal/alqt/202004/309783.html.

（2）行政责任

行政责任主要是指著作权行政管理部门对侵权人依法作出的行政处罚。著作权行政管理部门对侵权行为人的处罚包括：责令停止侵权行为、没收违法所得、没收和销毁侵权复制品，并可以处罚款；情节严重的，还可以没收主要用于制作侵权复制品的材料、工具、设备等。

（3）刑事责任

如果侵权行为人的侵权行为构成犯罪的，还应当按照《刑法》的规定承担相应的刑事责任。

第三节　广告中的商标权保护

一、商标权概述

（一）商标权的概念

商标权，是指商标所有人对其商标的使用享有的支配权。商标权的客体以注册商标为主，同时包括未注册商标。商标权在权利内容上分为注册商标专用权和未注册商标的正当权益。注册商标专用权即通常意义上的商标权，包括专用权、禁止权、转让权、使用许可权等。

未注册商标的正当权益是指对抗不正当注册的权利和在先使用权。[①]

（二）商标权的保护期限

商标权的保护期限是指商标受法律保护的期限，即商标注册人享有商标专用权的期限。根据我国《商标法》的规定，注册商标的有效期为十年，自核准注册之日起计算。注册商标有效期满，需要继续使用的，应当在期满前六个月申请续展注册；在此期间未能提出申请的，可以给予六个月的宽展期。宽展期满仍未提出申请的，注销其注册商标。每次续展注册的有效期为十年。

二、商标权的主体

我国商标权的主体包括自然人、法人和其他组织。外国人也可以成为我国商标权的主体。

三、商标权的客体

商标权的客体是指商标权人权利义务指向的对象，即商标。在我国，商标权的客体是指经核准注册的注册商标。

---

① 吴汉东：《知识产权法》（第六版），294～295页，北京，中国政法大学出版社，2012。

1. 商标的构成要素

《商标法》规定,任何能够将自然人、法人或者其他组织的商品与他人的商品区别开的标志,包括文字、图形、字母、数字、三维标志、颜色组合和声音等,以及上述要素的组合,均可以作为商标申请注册。

 **知识链接**

音响商标与气味商标

音响商标,是以音符编成的一组音乐或以某种特殊声音作为商品或服务的标志的商标。如美国一家唱片公司使用 11 个音符编成一组乐曲,把它灌制在他们所出售的录音带的开头,作为识别其商品的标志。音响商标目前在我国新修订的《商标法》中已得到承认。

气味商标,就是以某种特殊气味作为区别不同商品和不同服务项目的商标。目前,这种商标只在个别国家被承认。

2. 禁止作为商标使用的文字和图形

(1)同中华人民共和国的国家名称、国旗、国徽、国歌、军旗、军徽、军歌、勋章等相同或者近似的,以及同中央国家机关的名称、标志、所在地特定地点的名称或者标志性建筑物的名称、图形相同的;

(2)同外国的国家名称、国旗、国徽、军旗等相同或者近似的,但经该国政府同意的除外;

(3)同政府间国际组织的名称、旗帜、徽记等相同或者近似的,但经该组织同意或者不易误导公众的除外;

(4)与表明实施控制、予以保证的官方标志、检验印记相同或者近似的,但经授权的除外;

(5)同"红十字""红新月"的名称、标志相同或者近似的;

(6)带有民族歧视性的;

(7)带有欺骗性,容易使公众对商品的质量等特点或者产地产生误认的;

(8)有害于社会主义道德风尚或者有其他不良影响的。

县级以上行政区划的地名或者公众知晓的外国地名,不得作为商标。但是,地名具有其他含义或者作为集体商标、证明商标组成部分的除外;已经注册的使用地名的商标继续有效。

3. 不得作为商标注册的标志

(1)仅有本商品的通用名称、图形、型号的;

(2)仅仅直接表示商品的质量、主要原料、功能、用途、重量、数量及其他特点的;

(3) 缺乏显著特征的。

前款所列标志经过使用取得显著特征,并便于识别的,可以作为商标注册。

四、注册商标权的内容及对未注册商标正当权益的保护

(一) 注册商标权的内容

注册商标权的内容,是指注册商标所有人对其注册商标所拥有的权利范围。根据我国《商标法》及相关法规的规定,商标权的内容主要包括以下六个方面:

1. 注册商标的专有使用权

专有使用权是指商标注册人对其注册商标所享有完全独占使用的权利。

2. 注册商标的续展权

注册商标的续展权是指商标权人在注册商标有效期届满前,向商标局申请并经批准,延续其注册商标期限的权利。

3. 注册商标禁止权

禁止权是指商标注册人所享有的禁止他人未经其许可使用与其注册商标相混同的商标的权利。

4. 注册商标使用许可权

许可使用权是指商标注册人享有的以一定的方式和条件许可他人使用其注册商标并获得收益的权利。

5. 注册商标转让权

转让权是指商标注册人所享有的将其注册商标所有权转让给他人的权利。

6. 注册商标"即发侵权"的申请制止权

"即发侵权"的申请制止权是指商标权人对于即将发生的商标侵权行为,请求人民法院予以制止的权利。

(二) 对未注册商标正当权益的保护

1. 禁止注册和使用

我国《商标法》第十三条规定,为相关公众所熟知的商标,持有人认为其权利受到侵害时,可以依照本法规定请求驰名商标保护。就相同或者类似商品申请注册的商标是复制、摹仿或者翻译他人未在中国注册的驰名商标,容易导致混淆的,不予注册并禁止使用。

就不相同或者不相类似商品申请注册的商标是复制、摹仿或者翻译他人已经在中国注册的驰名商标,误导公众,致使该驰名商标注册人的利益可能受到损害的,不予注册并禁止使用。

我国《商标法》第三十二条规定,申请商标注册不得损害他人现有的在先权利,也不得以不正当手段抢先注册他人已经使用并有一定影响的商标。

2. 先使用权

我国《商标法》第五十九条规定,商标注册人申请商标注册前,他人已经在同一种商品或者类似商品上先于商标注册人使用与注册商标相同或者近似并有一定影响的商标的,注册商标专用权人无权禁止该使用人在原使用范围内继续使用该商标,但可以要求其附加适当区别标识。

3. 我国《反不正当竞争法》对商标的保护

我国《反不正当竞争法》第六条规定,经营者不得实施擅自使用与他人有一定影响的商品名称、包装、装潢等相同或者近似的标识。

【案例 7-2】

北京金堤公司诉称,其成立于 2014 年 10 月,旗下拥有一款自主研发的商业安全工具——天眼查,可以查询商业主体、个人、商业关系等。该公司于 2014 年 11 月首创"查公司,查老板,查关系"这句广告语,随后在北京、上海、广州等全国各地城市,投入了近两亿资金,通过地铁广告、微信推送、影视植入等线上、线下方式,大范围地宣传和推广天眼查"查公司,查老板,查关系"的核心功能,这句广告语已与"天眼查"工具形成了特定的、固定的联系。

但后来该公司调查发现:苏州朗动公司在通过媒体发文、电梯间商业广告等途径为自己的产品做宣传时,采用了与"天眼查"整体相似的广告装潢设计,包括同样使用蓝色作为背景色、白色作为广告字体色,广告主画面都是一名自然人配以夸张、迷茫等表情,更重要的是将"查公司,查老板,查关系"这句广告语用在自己的广告宣传中,其给北京金堤公司造成了严重的经济损失。

就此北京金堤公司认为,苏州朗动直接使用原告巨资宣传投入和长时间使用的广告语,采用相似的广告宣传页面,在广告装潢上整体向其靠拢,本身就违背诚信原则和商业道德,也造成了相关消费者的误认与混淆,获得了本来不应该属于其的竞争优势,是不正当竞争行为。①

【解析】

苏州朗动公司的行为违反了《反不正当竞争法》第六条规定,经营者不得实施下列混淆行为,引人误认为是他人商品或者与他人存在特定联系:

(1)擅自使用与他人有一定影响的商品名称、包装、装潢等相同或者近似的标识;

(2)擅自使用他人有一定影响的企业名称(包括简称、字号等)、社会组织名称(包括简称等)、姓名(包括笔名、艺名、译名等);

(3)擅自使用他人有一定影响的域名主体部分、网站名称、网页等;

① 《"天眼查"诉"企查查"不正当竞争,要求其停止侵权并索赔五百余万》,发布时间:2019-07-22,08:34。信息来源:《北京晚报》,http://www.ipraction.cn/article/gzdt/dxal/alqt/202004/96233.html。

（4）其他足以引人误认为是他人商品或者与他人存在特定联系的混淆行为。故,应依法追究苏州朗动公司的法律责任。

五、广告中的商标权保护

（一）广告活动与商标权

根据《商标法》的规定,服务企业可以申请注册服务商标。广告企业作为一类经营主体可以成为服务商标的商标权人。在品牌竞争日趋激烈、品牌价值凸显出重要意义的今天,在广告活动中对自身商标权的管理和维护是广告企业必须认真考虑和对待的问题。广告企业自身商标的管理和保护问题,参照前面《商标法》的相关规定就可以,此处不再赘述。

除了自身的商标权外,广告活动作为一种商品宣传和品牌推广的手段,必然是要和众多的他人的品牌、商标紧密联系在一起。因此,广告作品还不得对他人的商标构成侵权。

（二）商标侵权行为

根据《商标法》第五十七条的规定,商标侵权行为的表现形式主要有以下几类。

1. 使用侵权

使用侵权,是指未经商标注册人的许可,在同一种商品或者类似商品上使用与其注册商标相同或者近似的商标的行为。这是实践中最常见的侵权行为。

2. 销售侵权

销售侵权是指销售侵犯注册商标专用权的商品的行为。

3. 标识侵权

标识侵权是指伪造、擅自制造他人注册商标标识或者销售伪造、擅自制造的注册商标标识的行为。

4. 反向假冒侵权

反向假冒侵权,是指未经商标注册人同意更换其注册商标并将该更换商标的商品又投入市场的行为。

5. 协助侵权

协助侵权,是指故意为侵犯他人商标专用权行为提供便利条件,帮助他人实施侵犯商标专用权的行为。

6. 其他侵权

《商标法》在列举商标侵权行为时,不可能穷尽商标侵权行为的所有表现形式。为了防止出现漏网之鱼,《商标法》第五十七条规定了一个兜底条款"其他给他人注册商标权造成损害的行为"。为了使这一条款具有可操作性,《商标法实施条例》以及《最高人民法院关于审理商标民事纠纷案件适用法律若干问题的解释》中对上述侵权行为作了进一步的明确。

（1）《商标法实施条例》规定，给他人的注册商标专用权造成损害的行为主要指以下几种行为。

① 在同一种或者类似商品上，将与他人注册商标相同或者近似的标志作为商品名称或者商品装潢使用，误导公众的行为。

② 为侵犯他人商标专用权提供仓储、运输、邮寄、印制、隐匿、经营场所、网络商品交易平台等的行为。

（2）最高人民法院《关于审理商标民事纠纷案件适用法律若干问题的解释》中规定，下列行为也属于侵犯他人商标专用权的行为。

① 将与他人注册商标相同或者近似的文字作为企业的字号在相同或者类似的商品上突出使用，容易使相关公众产生误认的。

② 复制、摹仿、翻译他人注册的驰名商标或其主要部分在不相同或者不相类似的商品上作为商标使用，误导公众，致使该驰名商标注册人的利益可能受到损害的。

③ 将与他人注册商标相同或者近似的文字注册为域名，并且通过该域名进行相关商品交易的电子商务，容易使相关公众产生误认的。

（三）广告活动中常见的商标侵权

广告活动中的商标侵权通常是结合侵权，即广告经营主体、发布主体和商标的侵权主体共同成为侵犯他人商标权的主体。

举例说，假如一家商品的生产企业属于商标的侵权主体，在相同或类似商品上使用了与他人商标相同或近似的商标，而广告企业和广告发布主体为其制作、发布了广告，则使得这种侵权的后果加重，因为，广告使社会公众的混淆加重。

另外，在广告活动中，还可能通过比较广告侵权。而且，比较广告，除了可能侵犯商标权、给他人品牌形象造成损害外，还可能构成违反《反不正当竞争法》规定的行为。

【案例 7-3】

2017 年 12 月，北京市工商局东城分局接到商标权利人苹果公司举报后，对北京直信立兴电子科技有限公司位于北京市东城区的经营场所进行检查。

经查：该公司未经商标权利人许可，在店外门头、指示牌，店内装潢、二维码、POS 机签购单上使用"苹果"文字及图形商标，将自身的维修服务与"苹果"注册商标进行关联，误导消费者。

该公司利用手机地图自设点位，将自身经营场所位置点设为唯一的"苹果官方授权服务中心"，即消费者通过手机地图搜索"苹果官方授权服务中心"，地图显示有且仅有该公司一个位置点,使消费者误认为该公司就是苹果公司官方授权维修店。经调查,该公司违法经营额共计 181 万元。[①]

【解析】

该公司的上述行为违反了《商标法》第五十七条第（二）项的规定,未经商标注册人的许可,在同一种商品上使用与其注册商标近似的商标,或者在类似商品上使用与其注册商标相同或者近似的商标,容易导致混淆的属侵犯注册商标专用权。

北京市工商局东城分局依据《商标法》第六十条第二款的规定,责令该公司停止侵权行为,并作出罚款 907 万余元的行政处罚决定。

（四）商标侵权行为的法律责任

1. 商标侵权的民事责任

根据《民法典》和《商标法》的规定,商标注册人的商标专用权受到侵害的,有权要求侵权人立即停止侵害、消除影响,并赔偿损失。

侵犯商标专用权的赔偿数额,按照权利人因被侵权所受到的实际损失确定;实际损失难以确定的,可以按照侵权人因侵权所获得的利益确定;权利人的损失或者侵权人获得的利益难以确定的,参照该商标许可使用费的倍数合理确定。对恶意侵犯商标专用权,情节严重的,可以在按照上述方法确定数额的一倍以上三倍以下确定赔偿数额。赔偿数额应当包括权利人为制止侵权行为所支付的合理开支。

权利人因被侵权所受到的实际损失、侵权人因侵权所获得的利益、注册商标许可使用费难以确定的,由人民法院根据侵权行为的情节判决给予五百万元以下的赔偿。

2. 商标侵权的行政责任

国家知识产权局商标局及市场监管机关是注册商标专用权的行政保护机关。行政保护机关在处理商标侵权纠纷时,认定侵权行为成立的,可以采取责令侵权人立即停止侵权行为,没收、销毁侵权商品和主要用于制造侵权商品、伪造注册商标标识的工具等保护和制裁措施。

对违法经营额五万元以上的,可以处违法经营额五倍以下的罚款,没有违法经营额或者违法经营额不足五万元的,可以处二十五万元以下的罚款。对五年内实施两次以上商标侵权行为或者有其他严重情节的,应当从重处罚。销售不知道是侵犯注册商标专用权的商品,能证明该商品是自己合法取得并说明提

---

① 《查处侵犯"苹果"服务商标专用权案 2018 年北京市工商局"打击侵犯商标专用权和制售假冒伪劣商品"十大案例》,发布时间:2018-11-14,16:25。信息来源:北京市工商行政管理局,http://sbj. cnipa.gov.cn/sbjg/201901/t20190114_280271.html.

供者的,由市场监管部门责令停止销售。

3. 商标侵权的刑事责任

我国《刑法》中规定了四类商标侵权的犯罪行为,并对其刑事责任做出了明确的规定。对于情节严重、构成犯罪的商标侵权行为应当依法追究刑事责任,通过给予行为人以严厉的刑事制裁来打击和预防商标侵权行为,保护注册商标专用权。

【案例 7-4】

2019 年 5 月 16 日,河南省新郑市市场监管局接到美国迪士尼企业公司(Disney Enterprises, Inc.)委托人投诉,反映新郑市 D 士尼蒙特梭利幼儿园未经迪士尼公司许可和授权,在其招牌及校车上使用"D 士尼"文字标识及"DISNEY"注册商标,侵犯迪士尼公司的注册商标专用权。

经查,当事人为便于招生,在其幼儿园门口悬挂"新郑 D 士尼蒙特梭利幼儿园 NEW ZHENG DISNEY MONTESSORI KINDERGARTEN"竖标牌,在教学楼外墙、门口消防箱、走廊、校车等处使用带有"D 士尼"的文字及"DISNEY"标识图案,并摆放"米奇老鼠""唐老鸭"卡通实物造型。调查中,当事人承诺清除涉案文字,停止使用"米奇老鼠""唐老鸭"卡通形象。[①]

【解析】

执法部门依据《商标法》第六十条和《反不正当竞争法》第十八条的规定,责令当事人立即改正违法行为,并处以罚款 15 万元。

《商标法》第六十条规定,侵犯注册商标专用权行为,工商行政管理部门处理时,认定侵权行为成立的,责令立即停止侵权行为,没收、销毁侵权商品和主要用于制造侵权商品、伪造注册商标标识的工具,违法经营额 5 万元以上的,可以处违法经营额五倍以下的罚款,没有违法经营额或者违法经营额不足 5 万元的,可以处 25 万元以下的罚款。

《反不正当竞争法》第十八条规定,经营者违反本法第六条规定实施混淆行为的,由监督检查部门责令停止违法行为,没收违法商品。违法经营额 5 万元以上的,可以并处违法经营额五倍以下的罚款;没有违法经营额或者违法经营额不足 5 万元的,可以并处 25 万元以下的罚款。情节严重的,吊销营业执照。

---

① 《河南省新郑市市场监管局查处 D 士尼蒙特梭利幼儿园侵犯"DISNEY"注册商标专用权案〈中国市场监管报〉2019 年知识产权执法"铁拳"行动典型案例》,发布时间:2020-04-26,10:07。信息来源:《中国市场监管报》,http://www.cicn.com.cn/zggsb/2020-04/26/cms126439article.shtml。

第四节　广告中的专利权保护

一、专利权的概念

专利权是指公民、法人或者其他组织依法对其获得专利的发明创造在一定期限内进行控制、利用并支配的专有权利。

二、专利权主体

专利权的主体是指依法获得专利权，并承担与此相应义务的自然人或其他社会组织。根据我国《专利法》的规定，下列主体可以成为专利权的主体。

1. 发明人或设计人

发明人或者设计人是指对发明创造的实质性特点作出了创造性贡献的人。其中发明人是指发明或者实用新型的完成人，设计人是指外观设计的完成人。值得注意的是，在发明创造过程中只是负责组织、管理工作或者仅为有关物质条件的获得提供方便的人，或仅提出所要解决的技术问题而没能为解决技术难题提出具体方案的人，或在发明创造过程中仅从事辅助性工作的人，都不应认定为发明人或设计人。

2. 共同发明人或者设计人

如果两个或两个以上的人对发明创造的实质性特点均做出了创造性贡献，即发明创造是由两个或两个以上的人共同完成的，则全体人员是该发明创造的共同发明人和设计人，他们可以共同成为专利权的主体。

3. 发明人或设计人的工作单位

发明人或设计人的职务发明创造专利权的主体是单位，对于从属发明创造专利权的归属采用的是法定和约定相结合的原则。

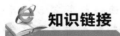 **知识链接**

职务发明创造

根据我国《专利法》和《专利法实施细则》的规定，下列发明创造属于职务发明创造：

（1）在本职工作中所做出的发明创造；

（2）履行本单位交付的本职工作以外的任务所做出的发明创造；

（3）退职、退休或调动工作后1年内做出的，与其在原单位承担的本职工作或者分配的任务有关的发明创造；

（4）主要利用单位的物质、技术条件完成的发明创造。

我国对于从属职务发明的专利申请权和专利权的归属，采用的是法定原则和约定原则相结合的体例，约定效力优于法定，即发明人或设计人与所在单位就从属发明专利申请权和专利权归属有约定的，从其约定，无约定的，前述权利归单位所有。

4. 合作或者委托完成的发明创造主体

合作或者委托完成的发明创造，是指两个以上的单位或者个人合作或者一个单位或者个人接受其他单位或者个人委托的研究、设计任务所完成的发明创造。

对于合作完成的发明创造，当事人对专利申请权和专利权的归属有明确约定的，按照约定办理；没有约定的，归合作各方共有。

对于委托完成的发明创造，当事人对专利申请权和专利权的归属有约定的，按照约定办理；没有约定的，归受托方享有。

5. 外国人

外国人是指具有外国国籍的自然人和依据外国法律成立并在外国登记注册的法人。对在中国有经常居所或者营业所的外国人，在中国申请专利权时享有与中国单位和个人完全相同的待遇，在中国没有经常居所或者营业所的外国人、外国企业或者外国其他组织在中国申请专利的，依照其所属国同中国签订的协议或者共同参加的国际条约，或者依照互惠原则，根据我国《专利法》办理。

三、专利权客体

专利权的客体是可以申请专利权、获得专利法保护的智力成果。根据我国《专利法》和相关国际公约的规定，专利权的客体主要包括：发明、实用新型、外观设计。

四、专利权人的权利及保护

（一）专利权人的权利

专利权人的权利是指专利权人对其发明创造依法享有的权利，是其在一定时间、一定范围内对获得专利权的发明创造所享有的专有权。专利权人的权利主要包括下列内容：

1. 独占实施权

独占实施权是指专利权人排他地利用和最终处分其专利权的权利。

2. 转让权

转让权是指专利权人将专利所有权转让给他人、由他人支付价款的权利。

3. 许可权

许可权是专利权人许可他人实施其专利、由他人支付专利使用费的权利。

4. 标记权

标记权即表明专利标记和专利号的权利。这是专利权人享有在其专利产品上或者该产品的包装、容器、说明书上、产品广告中标注专利标记和专利号的权利。

5. 保护请求权

专利权作为一种知识产权,受到国家法律的保护,如果专利权受到侵犯,专利权人有请求法律保护的权利,既可以请求管理专利工作的部门处理,也可以直接向人民法院起诉寻求司法救济。

6. 放弃专利权的权利

放弃专利权是专利权人对专利权行使的一种处分权,专利权人可以通过书面申请和不缴纳专利费的方式放弃其专利。

7. 署名权

署名权是指发明人或设计人有在专利文件中写明自己是发明人或设计人的权利。

(二)专利权的保护期限

各国对于专利的保护期限有不同规定。在我国,发明专利的期限为二十年,实用新型专利权和外观设计专利权的期限为十年,均自申请日起计算。

五、广告中的专利权保护

由于专利技术多数是直接应用于工业生产领域的,所以,在广告活动中较少涉及。但这并不是说在广告活动中不会出现《专利法》规定的侵权或违法行为,比如假冒专利的行为、使用他人专利号的行为等。

(一)专利侵权行为的概念

专利侵权行为是指在专利权有效期内,行为人未经许可,以营利为目的实施他人专利的行为[①]。

(二)专利侵权行为的种类

1. 制造专利产品的行为。

2. 故意使用发明或实用新型专利产品的行为。

3. 故意销售或许诺销售他人发明或实用新型专利产品的行为。

4. 使用专利方法以及使用、销售依照该方法直接获得产品的行为。

---

① 吴汉东:《知识产权法》(第六版),236 页,北京,中国政法大学出版社,2012。

5. 进口专利产品或进口依照专利方法直接获得产品的行为。

6. 假冒他人专利的行为。

（1）根据《专利法实施细则》第八十四条的规定，下列行为属于假冒专利行为。

① 在未被授予专利权的产品或者其包装上标注专利标识，专利权被宣告无效后或者终止后继续在产品或者其包装上标注专利标识，或者未经许可在产品或者产品包装上标注他人的专利号；

② 销售第（1）项所述产品；

③ 在产品说明书等材料中将未被授予专利权的技术或者设计称为专利技术或者专利设计，将专利申请称为专利，或者未经许可使用他人的专利号，使公众将所涉及的技术或者设计误认为是专利技术或者专利设计；

④ 伪造或者变造专利证书、专利文件或者专利申请文件；

⑤ 其他使公众混淆，将未被授予专利权的技术或者设计误认为是专利技术或者专利设计的行为。

【案例 7-5】

成都科瑞普医疗器械有限公司在其淘宝网店上发布含有"冰恒脉冲压力冷疗仪 FDA 认证专利产品""运动损伤康复慢性疼痛"等内容的广告，涉及专利产品，却未标明专利号和专利种类。其行为违反了《广告法》第十二条第一款的规定。①

【解析】

《广告法》第十二条第一款规定，广告中涉及专利产品或者专利方法的，应当标明专利号和专利种类。未取得专利权的，不得在广告中谎称取得专利权。当事人的行为违反了该条法律规定，四川省成都市市场监督管理局依据《广告法》第五十九条第一款的规定，罚款 1 万元。

（三）专利侵权行为的法律责任

1. 民事责任

专利侵权行为的民事责任是指行为人实施了专利侵权行为，依照《专利法》和相关民事法律法规所应当承担的法律责任。专利侵权的民事责任形式主要包括：停止侵权行为、赔偿损失、消除影响、赔礼道歉等。

2. 行政责任

根据我国《专利法》第五十七条的规定，未经专利权人许可，实施其专利，即

---

① 《成都科瑞普医疗器械有限公司违法广告案　四川省成都市市场监督管理局曝光一批违法广告典型案例》，发布时间：2020-07-14，09∶49。信息来源：中国质量新闻网，http://www.samr.gov.cn/ggjgs/sjdt/gzdt/202007/t20200714_319624.html。

侵犯其专利权,引起纠纷的,由当事人协商解决;不愿协商或者协商不成的,专利权人或者利害关系人可以向人民法院起诉,也可以请求管理专利工作的部门处理。

管理专利工作的部门处理时,认定侵权行为成立的,可以责令侵权人立即停止侵权行为,当事人不服的,可以自收到处理通知之日起十五日内依照《行政诉讼法》向人民法院起诉;侵权人期满不起诉又不停止侵权行为的,管理专利工作的部门可以申请人民法院强制执行。

进行处理的管理专利工作的部门应当事人的请求,可以就侵犯专利权的赔偿数额进行调解;调解不成的,当事人可以依照《民事诉讼法》向人民法院起诉。

根据我国《专利法》第五十八条规定,假冒他人专利的,除依法承担民事责任外,由管理专利工作的部门责令改正并予公告,没收违法所得,可以并处违法所得三倍以下的罚款,没有违法所得的,可以处五万元以下的罚款。

3. 刑事责任

根据我国《专利法》第六十三条的规定,假冒专利,构成犯罪的,依法追究刑事责任。我国《刑法》第二百一十六条规定,假冒他人专利,情节严重的,处三年以下有期徒刑或者拘役,并处或者单处罚金。

 思考与练习

一、简述题

1. 简述广告知识产权保护的必要性。

2. 简述著作权的客体。

3. 简述广告活动和著作权的关系。

4. 简述商标侵权行为的法律责任。

二、案例题

基本案情:

原告上海默邦公司是一家专业生产焊接防护设备的企业,在行业内具备一定知名度。廊坊莫特森公司与默邦公司生产同类产品,其使用默邦公司企业名称全称"上海默邦实业有限公司"及其字号"默邦"作为关键词在百度网中进行商业推广,并在搜索结果链接名称和描述中使用默邦公司企业名称进行宣传。

然而,在百度网中使用默邦公司全称进行搜索时,莫特森公司的关键词商业推广结果与默邦公司的百度加V信誉认证信息同时出现。上海默邦实业有限公司以不正当竞争为由将廊坊莫特森橡塑制品有限公司、北京百度网讯科技有限公司诉至法院。

原告默邦公司认为,百度公司未尽合理注意义务,应当承担连带责任,故请求判令莫特森公司及百度公司赔礼道歉,消除影响,赔偿经济损失 50 万元及合理费用 53770 元。[①]

思考讨论题:

1. 莫特森公司及百度公司构成不正当竞争的法律依据?

2. 百度公司作为提供关键词商业推广的网络服务提供者是否具有过错而应承担相应责任?

分析要点:

1. 莫特森公司及百度公司的行为违反了《不正当竞争法》第十二条规定,经营者利用网络从事生产经营活动,应当遵守本法的各项规定。经营者不得利用技术手段,通过影响用户选择或者其他方式,实施破坏其他经营者合法提供的网络产品或者服务正常运行的行为。莫特森公司及百度公司构成不正当竞争。

2. 百度公司是否存在过错而应承担责任?百度公司作为提供关键词商业推广的网络服务提供者具有过错而应承担相应责任。

首先,使用默邦公司全称在百度网中进行搜索时,莫特森公司的关键词商业推广结果和默邦公司的百度加 V 信誉结果同时出现,表明百度公司实际掌握默邦公司企业名称这一数据,且可对其在提供关键词百度商业推广与百度加 V 信誉服务时收集到的相关数据进行共享运用。

在此情形下,百度公司完全有能力将该企业名称全称加入到其关键词自动过滤库,从而避免与默邦公司无关的用户肆意使用其享有合法权益的企业名称全称,并作为关键词进行推广。

其次,百度公司作为专业的搜索引擎服务提供者,在提供付费关键词商业推广服务的同时提供付费百度加 V 信誉服务,理应预料到二者同时出现在同一页面中可能引发用户混淆的不当结果,从而应提高注意义务,为二者进行区分设置,但其并未作此区分,反而使得两种产品在用户使用同一关键词进行搜索时同时展示,增加了用户产生混淆的可能性。据此,对于该项行为,百度公司未尽到合理注意义务,应承担相应责任。

故请求判令莫特森公司及百度公司应赔礼道歉,消除影响,赔偿经济损失50 万元及合理费用 53770 元。

---

① 《未尽关键词合理审查义务,法院认定构成不正当竞争》,发布时间:2019-07-10,信息来源:北京市海淀区人民法院网,http://www.ipraction.cn/article/gzdt/dxal/alqt/202004/96259.html.

本章导读

1. 了解广告审查制度的概念和形式,理解广告审查制度的必要性;
2. 掌握广告行政审查的法律依据、内容和程序;
3. 掌握广告自律审查的基本方法和程序;
4. 了解广告审查员制度、广告档案管理制度。

 引例

　　吴京为中国知名导演、演员,其知名影视作品有《狼牙》《战狼》《战狼 2》等,其获得第 33 届大众电影百花奖最佳男主角提名,及第 20 届华鼎奖最佳编辑奖、最佳新锐导演奖,以及第 23 届华鼎奖最佳导演奖和最佳男主角奖,在行业和社会上具有相当的知名度。

　　2018 年 7 月,原告吴京发现,在昆明当地散发的刊物《云南男人》上刊印有吴京剧照形象,并配文"仅需 7 天,让你的前列腺重回年轻态,做床上最猛的战狼"用于男科疾病广告宣传。该刊物在封面、封底及页面刊登吴京剧照主要用于昆明某医院男科治疗的宣传。另在该刊物内有大量其他男性疾病广告,此外还有该医院的联系电话、QQ 咨询、官方网站、地址等,商业目的明显。

　　2019 年 8 月 23 日,该案开庭,原告吴京索赔 30.5 万元,并要求医院立即停止发放、回收销毁所有带有吴京肖像的《云南男人》刊物,在全国公开发行的报纸上公开赔礼道歉。被告医院一方没有到庭应诉。①

　　【解析】

　　原告吴京在演艺圈具有优异的表现和积极正面的形象,具有较高的商业代

---

　　① 《肖像被用于男科广告 吴京索赔 30 万》,发布时间:2019-08-27,09:55 信息来源:《人民法院报》,https://www.chinacourt.org/index.php/article/detail/2019/08/id/4405437.shtml.

言价值。被告医院未经许可,将吴京肖像用于宣传广告,商业目的明显,此举侵犯了吴京的肖像权。并且此种侵权行为极易误导读者,使大众认为吴京与医院存在合作关系,或吴京接受过类似的男科治疗,这都与事实不符。这种误导会使读者对吴京产生否定性评价,进而导致吴京的社会评价降低,严重侵害了其名誉权。

第一节　广告审查制度概述

一、广告审查制度的概念

广告审查制度,是指广告审查机关在广告交付设计、制作、代理和发布前,对广告主主体资格、广告内容及其表现形式和有关证明文件或材料的审查,并出具与审查结果和审查意见相应的证明文件的一种广告管理制度。广告审查制度是围绕广告审查的内容和环节而形成的一系列规定,是广告管理制度重要的组成部分。

广告审查的主体是法律、法规规定的国家有关行政主管部门、广告经营者和广告发布者;广告审查的客体是广告内容的合法性;广告审查的依据是《广告法》和其他广告管理法规规定的广告审查标准。

 **知识链接**

世界各国广告审查制度概况

广告是向公众传达商品信息或服务信息的最为重要的方式,如何保证信息的真实可靠,是每一个国家广告立法需要认真研究的问题。通常有三种途径可供选择:一是前置审查,二是事后惩罚,三是前置审查和事后惩罚相结合。

以美国为代表的许多国家倾向于建立事后严厉的惩罚机制,促使广告主和广告经营者、发布者主动谨慎地审查广告内容,防止广告内容违法。以加拿大、英国、法国、日本等国家为代表对全部或特定商品广告进行前置审查。

如在加拿大,儿童广告、妇女卫生用品广告、化妆品广告、食品广告、无酒精饮料广告在电视中发布,必须由加拿大广告标准委员会进行审查合格后才能播放。在法国,所有的广告都必须经过前置审查,否则不能发布。

对特殊商品广告的专门审查制度是国际社会通常的做法。虽然各国在审查范围、审查机构组织、审查程序等方面有所不同,但都把特殊商品广告的发布前审查作为广告管理的一项重要制度。各国重点审查的商品广告包括食品、药品、化妆品、香烟、杀虫剂、金融等广告。

在各国的广告审查制度中,审查机构是有区别的,大致可分为三种:

一是由政府有关部门审查。例如,加拿大法律规定,所有通过广播和电视媒介发布的药品广告必须送国民健康福利部药品局审查。

二是由半官方的广告审查机构审查。例如,法国广播电视广告审查机构是由政府和三家国营电视台、法国消费者协会、广告公司等单位集资组成的,是较典型的半官方广告审查机构。

三是由广告行业自律机构审查。例如,美国广告审查委员会、英国广告标准局等。有些国家是几种审查机构同时存在。

二、广告审查制度的基本形式

(一) 广告审查机关的事前审查

利用广播、电影、电视、报纸、期刊以及其他媒介发布药品、医疗器械、医疗广告、农药、兽药等商品、服务的广告和法律、法规、国务院决定规定应当进行审查的其他广告,必须在发布前依照有关法律、行政法规、国务院决定,由有关行政主管部门对广告内容进行审查;未经审查,不得发布。

广告审查机关,是指与以上规定中列举的待发布的特种广告的商品或服务有关的行政主管部门的简称。医疗广告审查的行政管理部门是卫生行政管理部门;药品广告、医疗器械广告审查的行政主管部门是食品药品监督管理部门;农药和兽药广告审查的行政主管部门是农业或农牧行政管理部门。这些部门熟悉该类商品或服务的专业技术,负责管理商品的生产、销售环节,因此由这些部门对商品或服务的广告进行发布前审查。

(二) 广告经营者、广告发布者的事前审查

广告经营者、广告发布者依据法律、行政法规查验有关证明文件,核实广告内容。对内容不实或证明文件不全的广告,广告经营者不得提供设计、制作、代理服务,广告发布者不得发布。广告经营者和广告发布者是广告活动中的两个主要行为主体,在广告内容的审查方面负有重要的责任和义务。

广告经营者、广告发布者对广告内容进行事前审查的范围较广,凡其承办或发布的广告,无论是特殊商品广告,还是非特殊的一般商品广告,均要进行事前审查。

【案例 8-1】

某市有线电视台广告部与该市美玲科技实业公司签订播出"美玲神奇靓肤露"化妆品广告合同,随后该市有线电视台从 10 月 29 日至 12 月 29 日在《电视导购》栏目中播出该化妆品广告,宣传该化妆品为"纯中药制作,对黄褐斑、老年斑有特效",收取广告费 1.5 万元。

该市有线电视台广告部工作人员在承接该化妆品广告时,只查看了广告主——美玲科技实业公司的《营业执照》,未按有关规定查验卫生行政部门核发的卫生许可证明及相关证明文件,就按照客户的要求发布了"美玲神奇靓肤露"化妆品广告,广告中宣传该产品对黄褐斑、老年斑有治疗效能。①

【解析】

有线电视台作为广告发布者,没有依法查验广告证明,核实广告内容,致使违法广告发布,在社会上造成不良影响,其行为违反《广告法》第三十四条规定:广告经营者、广告发布者依据法律、行政法规查验有关证明文件,核实广告内容。对内容不实或者证明文件不全的广告,广告经营者不得提供设计、制作、代理服务,广告发布者不得发布。

(三)广告监督管理机关在广告发布后的监测和检查

广告正式发布后,为确保广告发布质量、维护社会经济秩序,保护消费者的合法权益,广告监督管理机关对广告内容进行监测和检查。

一般来说,监测的广告媒体是固定的,连续进行的,监测的范围是所有的广告。而检查则是非固定的,根据情况和需要检查某种形式或某种内容的广告。

第二节　广告行政审查制度

对广告内容的有效审查是保证广告真实性和合法性的重要手段。我国实行行政管理机关的前置性审查和广告活动主体自我审查相结合的制度。

行政性审查是指由国家有关行政主管部门依法对药品等特殊商品的广告在发布前进行强制审查的制度,是行政机关的一种职责,其性质是行政机关依法行使行政职权。而广告活动主体的自我审查则是针对所有商品或服务的广告,是广告活动主体的一种义务,其性质是作为广告活动主体的广告经营者、广告发布者依法应当承担的查验有关证明文件、核实广告内容的义务。

一、广告行政审查的概念和特点

(一)广告行政审查的概念

广告行政审查就是在广告发布前,由行政主管机关对广告内容的真实性和合法性进行审查的措施。

---

① 《虚假广告案 华律网整理》,发布时间:2020-03-23,15:53。信息来源:华律网,https://www.66law.cn/laws/54903.aspx。

(二) 广告行政审查的特点

广告行政性审查具有两个特点。

1. 强制性

广告法律法规所规定的特殊商品广告在发布前必须接受有关行政主管机关的审查,未经审查不得发布,违者将受到法律的制裁。

2. 特定性

并不是所有的广告发布都需要接受广告行政性审查,只有药品、医疗器械等特定商品广告才需要接受行政性审查,其他类型商品或服务广告只需要进行自律审查。

二、广告行政审查的内容

广告审查机关应当根据《广告法》以及广告行政规章对广告内容进行审查,广告内容审查主要包括合法性审查、真实性审查以及科学性审查三个方面。

(一) 合法性审查

合法性审查就是要审查广告主是否合法以及广告内容是否合法。广告主合法性审查是审查其是否具有合法经营资质。广告内容合法性审查包括以下几个方面。

(1)《广告法》规定广告发布准则。这就需要审查广告内容是否符合法律法规规定,广告中有无广告管理法规规定禁止出现的内容。

(2)审查广告宣传的表现形式是否合法。如《广告法》规定,不得以新闻报道形式发布广告;国家市场监管总局规定,不得利用调查采访的形式发布广告。

(3)审查广告发布是否合法。审查广告发布媒体是否符合法律规定,发布方式是否符合法律法规的要求。如处方药广告只能在专业医药期刊杂志上发布。

(二) 真实性审查

真实是广告的生命所在,也是《广告法》的基本原则,因此,真实性审查必然是广告行政审查的重点。审查机关在对广告内容进行真实性审查时,着重审查以下几方面内容。

(1)广告所宣传的产品或服务是真实的、客观存在的;广告宣传的内容与商品或服务的实际状况完全符合;广告宣传的内容能够被科学的依据所证实。

(2)广告宣传的内容应当清楚明了,不能有歧义或者容易使消费者产生误解,以致误导消费。

(3)广告中使用艺术夸张应当恰当,不能超出限度,并能够被普通公众接受和识别。

（三）科学性审查

现代商品和服务很多是建立在科学技术的发展上，科学技术和科学理论的运用也经常是广告宣传的重要内容。对特定商品广告的科学性审查包括以下方面。

（1）广告中的专业理论、观点、断言等应当经过有资质机构的科学鉴定，或者是学术界的基本共识。不能以个别专家意见，或不具有资质的鉴定机构的结论作为广告宣传的依据。

（2）广告中使用的术语、产品成分名称，应当符合国家标准，不能为制造"卖点"随意更改专用术语等。

（3）广告内容涉及科学知识的应当清楚明白，不能使普通消费者由于缺少专门知识而产生误解或错觉。

三、广告行政审查的程序

广告审查的程序是指广告审查机关依照法律、行政法规对审查范围内的广告进行审查的办法、步骤和要求。广告审查程序一般包括受理申请、审查、做出审查决定等步骤。

（一）受理申请

这是广告审查程序的开始。

1. 广告主向广告审查机关申请广告审查

广告主利用任何媒介发布审查范围内的广告都必须向广告审查机关申请广告审查。属于审查范围的广告分为两个层次：第一个层次是《广告法》中直接规定的药品、医疗器械、医疗广告、农药和兽药广告等；第二个层次是法律、行政法规规定应当进行审查的其他广告，这一部分广告范围将根据客观需要，由国家法律、行政法规做出规定。

因此，目前我国广告审查机关对广告审查的范围，实际上是涉及有关人身安全、生产安全和市场经济秩序的特殊种商品广告，对于一般非特种商品广告不须强制审查。

2. 广告主向行政主管部门提出审查申请

广告主应当向与特殊商品有关的行政主管部门提出审查申请。如农药和兽药的行政主管部门是农业或农牧行政管理部门。

3. 广告主提交有关的证明材料

广告主在向广告审查机关提出广告审查申请的同时，应当提交有关的证明材料。广告证明材料是用来表明广告主的主体资格是否合法和广告内容是否真实、合法的文件、证件、资料等。它是广告审查机关审核、判定广告内容的依据。

广告主应该提交的广告证明材料包括：广告主的权限或资格证明，包括营业执照、生产经营许可证等；广告主经营的商品的质量合格的证明；其他需要提交的证明，如商标注册证、获奖证书、专利证书或专利使用许可合同等。

(二) 审查

这是广告审查机关履行职责、对广告主申请审查的广告内容及提交的证明文件的真实性、合法性和有效性进行全面审查的过程，这一环节直接关系到审查结果。

广告审查机关的审查顺序和内容如下。

1. 审查广告证明是否真实、合法和有效

广告审查机关就以下四个方面进行审查：广告证明的出具机关是否合法；广告证明是否真实、合法；广告证明和广告内容有无直接关系；广告证明的使用范围（如有效期限和地域，是否单项证明等）是否有效。

2. 依据广告证明审查广告主的主体资格和广告内容

主体资格的审查包含两个方面的内容：

一是广告主必须是经登记主管机关核准注册的社会经济组织；二是广告内容应当符合广告主的经营范围。

对广告内容的审查也包括两个方面的内容：

一是广告证明文件是否齐全；二是广告主要内容与广告证明是否相对应。

3. 依据国家法律法规、规章等审查广告内容

主要是审查广告内容是否真实合法，主要包括合法性审查、真实性审查以及科学性审查三个方面。

(三) 做出审查决定

广告审查机关根据广告法律法规做出审查决定。对于符合法律要求的准予发布，授予广告批准文号，批准文号有效期一般为一年；对于不符合法律规定的，予以驳回，按照法律的要求予以修改。广告审查机关应当通过政府网站及时向社会公布批准的广告。

(四) 进行复审

适用复审的情况有：第一，广告审查依据发生变化；第二，上级审查机关要求复查；第三，同级广告监督管理机关建议复查；第四，产品在使用中发生新问题等。

(五) 重新审查

当广告的批准文号有效期满或广告内容需要修改时，广告主体应当提出重新审查。

（六）撤销广告审查批准决定

当广告主体不再具有经营资质或广告宣传的商品发生问题时，广告审查机关应当撤销广告审查批准决定。

四、对特殊广告审查的法律规定

（一）药品、医疗器械、保健食品、特殊医学用途配方食品广告审查

为加强药品、医疗器械、保健食品和特殊医学用途配方食品广告监督管理，规范广告审查工作，维护广告市场秩序，保护消费者合法权益，国家市场监督管理总局于 2019 年 12 月 24 日发布了《药品、医疗器械、保健食品、特殊医学用途配方食品广告审查管理暂行办法》。药品、医疗器械、保健食品和特殊医学用途配方食品广告的审查适用该法。

该法规定，未经审查不得发布药品、医疗器械、保健食品和特殊医学用途配方食品广告。

1. 广告审查的机关

国家市场监督管理总局负责组织指导药品、医疗器械、保健食品和特殊医学用途配方食品广告审查工作。各省、自治区、直辖市市场监督管理部门、药品监督管理部门（以下称广告审查机关）负责药品、医疗器械、保健食品和特殊医学用途配方食品广告审查，依法可以委托其他行政机关具体实施广告审查。

2. 广告审查所需证明文件

药品、特殊医学用途配方食品广告审查申请应当依法向生产企业或者进口代理人等广告主所在地广告审查机关提出。

医疗器械、保健食品广告审查申请应当依法向生产企业或者进口代理人所在地广告审查机关提出。

申请药品、医疗器械、保健食品、特殊医学用途配方食品广告审查，应当依法提交《广告审查表》、与发布内容一致的广告样件，以及下列合法有效的材料：

（1）申请人的主体资格相关材料，或者合法有效的登记文件；

（2）产品注册证明文件或者备案凭证、注册或者备案的产品标签和说明书，以及生产许可文件；

（3）广告中涉及的知识产权相关有效证明材料。

经授权同意作为申请人的生产、经营企业，还应当提交合法的授权文件；委托代理人进行申请的，还应当提交委托书和代理人的主体资格相关材料。

3. 广告审查的程序

申请人可以到广告审查机关受理窗口提出申请，也可以通过信函、传真、电子邮件或者电子政务平台提交药品、医疗器械、保健食品和特殊医学用途配方食品广告申请。

广告审查机关收到申请人提交的申请后，应当在五个工作日内作出受理或者不予受理决定。申请材料齐全、符合法定形式的，应当予以受理，出具《广告审查受理通知书》。申请材料不齐全、不符合法定形式的，应当一次性告知申请人需要补正的全部内容。

广告审查机关应当对申请人提交的材料进行审查，自受理之日起十个工作日内完成审查工作。经审查，对符合法律、行政法规和本办法规定的广告，应当作出审查批准的决定，编发广告批准文号。

对不符合法律、行政法规和本办法规定的广告，应当作出不予批准的决定，送达申请人并说明理由，同时告知其享有依法申请行政复议或者提起行政诉讼的权利。

经审查批准的药品、医疗器械、保健食品和特殊医学用途配方食品广告，广告审查机关应当通过本部门网站以及其他方便公众查询的方式，在十个工作日内向社会公开。公开的信息应当包括广告批准文号、申请人名称、广告发布内容、广告批准文号有效期、广告类别、产品名称、产品注册证明文件或者备案凭证编号等内容。

药品、医疗器械、保健食品和特殊医学用途配方食品广告批准文号的有效期与产品注册证明文件、备案凭证或者生产许可文件最短的有效期一致。

产品注册证明文件、备案凭证或者生产许可文件未规定有效期的，广告批准文号有效期为两年。

4. 不得继续发布审查批准的广告的规定

申请人有下列情形的，不得继续发布审查批准的广告，并应当主动申请注销药品、医疗器械、保健食品和特殊医学用途配方食品广告批准文号：

（1）主体资格证照被吊销、撤销、注销的；

（2）产品注册证明文件、备案凭证或者生产许可文件被撤销、注销的；

（3）法律、行政法规规定应当注销的其他情形。

广告审查机关发现申请人有前款情形的，应当依法注销其药品、医疗器械、保健食品和特殊医学用途配方食品广告批准文号。

 **知识链接**

韩国药品广告审查

药品广告直接关系到消费者的生命和健康，药品的误用、滥用和副作用可能危及生命，因此药品广告成为各国控制最为严格的广告种类之一。在韩国，关于药品广告的法律规范散见于公正交易法、消费者保护法、卫生法、律师法、医师法和药剂师法等80多部法律、44个实施令和66个条例之中，直接、间接地约束规范着药品广告。

韩国从1989年开始实行"事前审查制度",即在药品广告发布前必须经过食品药品安全厅下辖的"医药品广告事前审议委员会"的审查许可。韩国保健福利部将虚假夸大的医药品广告视为严重的社会问题,对违法药品广告实行了严厉的行政制裁措施。

药品广告必须在内容和程序两方面完全符合法律规定。程序上,没有经过"事前审议"不能实施广告行为。韩国在药品广告审查内容方面的法律规范最为繁多,核心规定是禁止可能诱发误用和滥用的药品广告。

(二)农药广告审查

农药广告审查主要依据《广告法》和国家工商行政管理总局(已撤销)于2016年2月1日公布施行的《农药广告审查发布标准》。

《农药广告审查发布标准》规定,未经国家批准登记的农药不得发布广告。农药广告内容应当与《农药登记证》和《农药登记公告》的内容相符,不得任意扩大范围。

1. 农药广告内容的规定

农药广告不得含有下列内容:

(1)表示功效、安全性的断言或者保证;

(2)利用科研单位、学术机构、技术推广机构、行业协会或者专业人士、用户的名义或者形象作推荐、证明;

(3)说明有效率;

(4)违反安全使用规程的文字、语言或者画面;

(5)法律、行政法规规定禁止的其他内容。

2. 农药广告禁止性规定

农药广告不得贬低同类产品,不得与其他农药进行功效和安全性对比。农药广告中不得含有评比、排序、推荐、指定、选用、获奖等综合性评价内容。农药广告中不得使用直接或者暗示的方法,以及模棱两可、言过其实的用语,使人在产品的安全性、适用性或者政府批准等方面产生误解。

农药广告中不得滥用未经国家认可的研究成果或者不科学的词句、术语。农药广告中不得含有"无效退款""保险公司保险"等承诺。农药广告的批准文号应当列为广告内容同时发布。

【案例8-2】

河南鄢陵县芸乐收农业科技发展有限公司发布违法广告案,是国家市场监督总局曝光的2019年第一批典型虚假违法广告案件之一。

当事人通过宣传画报发布含有"万庄新肥、领导关怀"文字、党和国家领导人与企业代表合影等内容的广告。当事人利用国家机关工作人员的名义和形象进行商业宣传发布广告的行为,违反了《广告法》第九条的规定。2019 年 1 月,鄢陵县工商局作出行政处罚,责令停止发布违法广告,并处罚款 20 万元。[①]

【解析】

农药广告审查发布有着严格的特殊程序,同时也要符合《广告法》的规定。所以,发布农药广告也要依照《广告法》严格执行。

(三)保健品广告审查

随着我国社会发展和人民生活水平的提高,保健品的社会需求日益增加,保健品广告也随之繁荣,但其中违法的保健品广告占有较大比例。

2005 年 5 月,国家工商行政管理总局颁布了《保健食品广告审查暂行规定》,其主要内容包括:明确规定对保健食品广告的指导、监督、审查和监测的主管机关;发布保健食品广告申请人的主体资格及应提交的文件和资料;保健食品广告发布形式和内容;保健食品广告审查的具体工作和结果;对违反本规定的处理和建立违法保健食品广告公告制度。

1. 保健品广告的审查机关

国家食品药品监督管理局指导和监督保健食品广告审查工作。省、自治区、直辖市食品药品监督管理部门负责本辖区内保健食品广告的审查。县级食品药品监督管理部门应当对辖区内审查批准的保健食品广告发布情况进行监测。

国产保健食品广告的发布申请,应当向保健食品批准证明文件持有者所在地的省、自治区、直辖市食品药品监督管理部门提出。

进口保健食品广告的发布申请,应当由该产品境外生产企业驻中国境内办事机构或者该企业委托的代理机构向其所在地省、自治区、直辖市食品药品监督管理部门提出。

2. 保健品广告审查所需文件和证明文件

申请发布保健食品广告,应当提交以下文件和资料。

(1)《保健食品广告审查表》;与发布内容一致的样稿(样片、样带)和电子化文件。

(2)保健食品批准证明文件复印件。

(3)保健食品生产企业的《卫生许可证》复印件。

(4)申请人和广告代办人的《营业执照》或主体资格证明文件、身份证明文

---

① 《河南鄢陵县芸乐收农业科技发展有限公司发布违法广告案 国家市场监督管理总局公布 2019 年第一批典型虚假违法广告案件》,发布时间:2019-05-09,08:42。信息来源:市场监管总局网站,http://www.gov.cn/fuwu/2019-05/09/content_5389882.htm。

件复印件;如有委托关系,应提交相关的委托书原件。

(5)保健食品的质量标准、说明书、标签和实际使用的包装。

(6)保健食品广告出现商标、专利等内容的,必须提交相关证明文件的复印件。

(7)其他用以确认广告内容真实性的有关文件。

(8)宣称申请材料实质内容真实性的声明。

3. 保健品广告审查申请材料的受理

保健食品广告发布申请材料不齐全或者不符合法定要求的,省、自治区、直辖市食品药品监督管理部门应当当场或者在 5 个工作日内一次告知申请人需要补正的全部内容;逾期不告知的,自收到申请材料之日起即为受理。

国务院有关部门明令禁止生产、销售的保健食品,其广告申请不予受理。国务院有关部门清理整顿已经取消的保健功能,该功能的产品广告申请不予受理。

4. 保健品广告审查的决定

省、自治区、直辖市食品药品监督管理部门应当自受理之日起对申请人提交的申请材料以及广告内容进行审查,并在 20 个工作日内做出是否核发保健食品广告批准文号的决定。

对审查合格的保健食品广告申请,发给保健食品广告批准文号,同时将《保健食品广告审查表》抄送同级广告监督机关备案。对审查不合格的保健食品广告申请,应当将审查意见书面告知申请人,说明理由并告知其享有依法申请行政复议或者提起行政诉讼的权利。

省、自治区、直辖市食品药品监督管理部门应当将审查批准的《保健食品广告审查表》报国家食品药品监督管理局备案。国家食品药品监督管理局认为审查批准的保健食品广告与法定要求不符的,应当责令原审批地省、自治区、直辖市食品药品监督管理部门予以纠正。

5. 保健品广告的重新审查

保健食品广告批准文号有效期届满,申请人需要继续发布广告的,应当依照本规定向省、自治区、直辖市食品药品监督管理部门重新提出发布申请。

经审查批准的保健食品广告需要改变其内容的,应向原审批地省、自治区、直辖市食品药品监督管理部门申请重新审查。

保健食品的说明书、质量标准等广告审查依据发生变化的,广告主应当立即停止发布,并向原审批地省、自治区、直辖市食品药品监督管理部门申请重新审查。

6. 保健品广告审查的复审

经审查批准的保健食品广告,有下列情形之一的,原审批地省、自治区、直辖市食品药品监督管理部门应当调回复审,这些情形有如下几种。

(1) 国家食品药品监督管理局认为原审批地省、自治区、直辖市食品药品监督管理部门批准的保健食品广告内容不符合法定要求的。

(2) 广告监督管理机关建议进行复审的。

7. 保健品广告审查批准文号的撤销或收回

经审查批准的保健食品广告,有下列情形之一的,原审批地省、自治区、直辖市食品药品监督管理部门应当收回保健食品广告批准文号,这些情形有。

(1) 保健食品批准证明文件被撤销的。

(2) 保健食品被国家有关部门责令停止生产、销售的。

(3) 广告复审不合格的。

擅自变更或者篡改经审查批准的保健食品广告内容进行虚假宣传的,原审批地省、自治区、直辖市食品药品监督管理部门责令申请人改正,给予警告,情节严重的,收回该保健食品广告批准文号。

省、自治区、直辖市食品药品监督管理部门做出的撤销或者收回保健食品广告批准文号的决定,应当报送国家食品药品监督管理局并抄送同级广告监督管理机关备查,同时向社会公告处理决定。

【案例 8-3】

宁夏广播电视台发布违法保健品广告案,是国家市场监督总局曝光的 2019 年第一批典型虚假违法广告案件之一。

宁夏影视频道发布含有"专治男人肾虚的老方子,1400 年秘藏独家发行,30 天前列腺疾病统统不见","全国成功治愈不育症、前列腺疾病患者达 3000 多万人","中华补肾第一药、皇家太医院秘传 500 年"等内容的保健食品等广告,且未履行审核责任,违反了《广告法》第十六条、第十七条、第十八条和第三十四条的规定。

2019 年 2 月,宁夏市场监督管理厅作出行政处罚,责令停止发布违法广告,并处罚款 5 万元。[①]

【解析】

保健品审查发布有着严格的特殊程序,同时也要符合《广告法》的规定。宁夏广播电视台依照《广告法》本来应该严格执行审核责任,实际上把保健品和医疗功效混为一谈,误导了消费者,构成违法发布保健品广告。

---

① 《宁夏广播电视台发布违法广告案 国家市场监督管理总局公布 2019 年第一批典型虚假违法广告案件》,发布时间:2019-05-09,08:42。信息来源:市场监管总局网站,http://www.gov.cn/fuwu/2019-05/09/content_5389882.htm。

第三节 广告自律审查制度

一、广告自律审查概述

广告经营者、广告发布者应当建立、健全广告审查管理制度,配备熟悉广告法律、行政法规的广告审查人员。广告经营者、广告发布者接受他人委托设计、制作、发布广告,应当依法查验有关证明文件,核对广告内容。广告自律审查在广告监督管理中起到最为重要的作用。

(一)广告自律审查的概念

广告自律审查,是指广告经营者和发布者对其所设计、制作、代理或发布的广告作品的主体资格以及广告内容是否真实、合法、科学所作的审核活动。

(二)广告自律审查的特点

与行政性审查相比较,广告自律审查具有以下特点。

1. 全面性

行政性审查只是针对药品、医疗器械、医疗广告、农药、兽药等少部分商品广告。而绝大部分商品或服务的广告仍然需要广告活动主体进行自律审查。

2. 法定性

广告活动主体进行广告自律审查是必须履行的法定义务。正因为自律审查是法定义务,如果所发布的广告含有违法内容,相关主体就必须承担法定民事责任和行政责任。

3. 自律性

广告内容真实合法是法律的要求,也是广告行业基本的道德规范。每一个广告活动主体在追求营利的同时仍然担负着一定的社会责任,因此,每一个广告活动主体应当自觉地、主动地对每一个设计、制作、代理或发布的广告作品进行认真审查,保证其真实、合法。

【案例 8-4】

2018 年 10 月 3 日,在江西省上饶市某步行街上,出现一裸体女模特在帮房地产公司做营销。一位戴着面具的人体模特站在步行街中间的台上,上半身并未穿衣服,并且将"九州奥城三期"的字样喷涂在胸部,身上还画有房子户型图。旁边的红色广告牌上,则标有"奥城三期,十一大闪购"的字样。

该步行街上人来人往,还有几位行人举起手机拍摄这位"裸女"。该照片曝光后,舆论一片哗然,不少网友纷纷谴责这一低俗的营销活动,有网友认为,在步行街这一人来人往的地方进行这种低俗的宣传,非常不雅观。

据了解，市场监督管理局执法人员已于当日下午 3 时对该楼盘营销现场进行检查，要求立即停止不雅广告宣传行为，并当场向涉事房地产公司下达了责令改正通知书。10 月 5 日，区市管局已对该公司进行立案调查，依法依规严肃处理。①

【解析】

我国广告法规定，"广告内容应当有利于人民的身心健康"，"遵守社会公德和职业道德"，这个广告不但涉嫌色情而且内容低俗，尤其是对未成年人的道德观造成不良影响。"裸模卖房广告"引发社会各界批评。

有网络投票活动表明，绝大多数的网民认同市场监督管理部门的惩处表态，认为该广告违背了社会道德，应该被取缔，这无疑值得涉事媒体和企业认真反思。

二、广告自律审查的基本方法和程序

（一）广告自律审查的基本方法

1. 根据广告管理法规审查

广告管理法规对广告客户从事广告宣传活动应当遵守的行为规范做出了规定。广告经营者、广告发布者在承办广告时，应当依照广告管理法规确立的规范对广告内容及其表现形式逐项进行检查，发现有违法内容的，应当要求客户删除，广告客户拒绝删除的，做出不予承办的决定。

2. 依据证明文件审查

广告管理法规对广告客户委托广告经营者、广告发布者承办广告，应当提交和交验的证明文件做出了明确、具体的规定。广告经营者、广告发布者应当依据客户的证明文件对广告进行审查，检查广告内容是否与证明文件内容相符合，凡无合法证明、证明不齐以及证明文件不能证明广告内容真实合法的，做出不予承办的决定。

（二）广告自律审查的程序

广告经营者、广告发布者审查广告的程序分为四个阶段。

1. 承接登记

对委托办理广告业务的客户，首先将其基本情况（名称、地址、法定代表人姓名及职务、广告联系人姓名及职务等）和广告内容、提交和交验的广告证明记录在案。

---

① 《上饶步行街裸模打楼盘广告 官方：已立案调查》，发布时间：2018-10-06，11：56。信息来源：中国江西网，http://jxsr.jxnews.com.cn/system/2018/10/08/017154478.shtml。

2. 初审

广告审查员依据广告管理法规和客户提交和交验的证明文件对广告进行审查，做出审查是否合格的结论意见，并记录在案。

3. 复审

广告业务负责人对经过初审的广告，再次进行审查，最终做出审查是否合格，是否接受广告客户委托的广告业务的决定，并签署意见。

4. 建档

有关承接登记和审查过程的记录材料在决定承办或不予承办后，按照一定规则将上述材料归档，以备查验。

 知识链接

广告档案管理制度

广告档案管理制度是指广告经营者、广告发布者对广告主所提供的关于主体资格和广告内容的各种证明文件、材料以及在承办广告业务活动中涉及的承接登记、广告审查、广告设计制作、广告发布等情况的原始记录材料，进行整理、保存并建立业务档案，以备随时查验的制度。既是对广告经营者、广告发布者在广告活动中必须保存各种广告证明文件及材料的一项具体要求，也是广告自律审查制度的一部分。

广告审查员的一个重要任务就是负责收集、保管企业的广告业务档案。广告档案管理制度对规范广告活动，促进广告业的健康发展具有重要作用。

广告经营单位在广告活动中需要保存的档案是比较广泛的，涉及广告活动的各个环节和流程。具体有：广告主出具的各种证明文件；与广告主或被代理人签订的书面合同；广告内容的修改记录；广告客户的广告稿、资料、图片等；广告主对广告发布样稿的确认记录，广告审核意见，广告经营者发布广告的清样，如报刊广告的报刊、电视广告的录像带、广播广告的录音带、户外广告的照片等；广告客户、消费者对广告发布后的反映；广告经营者自己认为应当存档备查的证件。

根据《广告管理条例施行细则》的规定，广告业务档案保存的时间不得少于1年。

三、广告审查员制度

广告审查员制度，是指广告经营者和广告发布者设置专门人员负责查验广告主体资格以及审查广告内容真实性和合法性的措施。广告审查员制度是广告自律审查最为重要的形式。依据《关于广告审查员管理工作若干问题的指导意见(试行)》,广告审查员制度的主要内容包括以下方面。

(一)广告审查的范围

广告审查员审查广告的范围非常广泛,并不单纯是所有广告制成品的审查,还涉及广告设计、制作等很多环节的半制成品。广告审查范围具体包括广告创意稿、广告设计定稿及制作后的广告品、代理或者待发布的广告样件。

(二)审查广告的程序

广告审查员审查广告应当严格依据《广告法》以及相关法律法规的规定,审查工作具体按照以下程序进行。

1. 查验广告证明文件

查验各类广告证明文件的真实性、合法性、有效性,对证明文件不全的,提出补充收取证明文件的意见。

(1)查验广告客户的资质是否合法,是否具有合法的经营范围。

工商企业和个体工商户分别交验《企业法人营业执照》副本和《营业执照》。

① 专营广告业务的企业,发给《企业法人营业执照》。

② 兼营广告业务的事业单位,发给《广告经营许可证》。

③ 具备经营广告业务能力的个体工商户,发给《营业执照》。

④ 兼营广告业务的企业,应当办理经营范围变更登记。

(2)《广告管理条例》规定应当查验的与广告内容有关的证明文件。

《广告管理条例》第十一条规定,申请刊播、设置、张贴下列广告,应当提交有关证明。

① 标明质量标准的商品广告,应当提交省辖市以上标准化管理部门或者经计量认证合格的质量检验机构的证明。

② 标明获奖的商品广告,就当提交本届、本年度或者数届、数年度连续获奖的证书,并在广告中注明获奖级别和颁奖部门。

③ 标明优质产品称号的商品广告,应当提交专利证书。

④ 标明专利权的商品广告,应当提交专利证书。

⑤ 标明注册商标的商品广告,应当提交商标注册证。

⑥ 实施生产许可证的产品广告,应当提交生产许可证。

⑦ 文化、教育、卫生广告,应当提交上级行政主管部门的证明。

⑧ 其他各类广告,需要提交证明的,应当提交政府有关部门或得授权单位的证明。

2. 核实广告内容

核实广告内容的真实性、合法性、科学性。依据广告法以及相关法律法规的要求,审查广告内容是否符合实际,是否有违法内容,内容表述是否容易产生误导。检查广告是否符合社会主义精神文明建设的要求,是否有宣传封建、丑恶、淫秽、色情、暴力等不符合社会主义精神文明建设要求的内容。

3. 检查广告形式

检查广告形式是否符合有关规定。对广告的发布形式进行检查,是否有国家禁止发布的形式,如以发布新闻的形式发布广告等。

4. 审查广告效果

审查广告整体效果,确认其不致引起消费者的误解。结合广告文字以及画面等各种因素,进行审查,确保没有专业背景的普通消费者都能够正确理解广告内容。

5. 签署书面意见

签署对该广告同意、不同意或者要求修改的书面意见。根据广告审查的实际情况,排除其他各种意见的干扰,实事求是地签署广告审查的意见。

(三)违法广告的处置

对于经广告审查机关审查的广告中存在的违反广告管理法规的问题,广告审查员应当签署不同意代理、发布的书面意见,并及时向工商行政管理机关报告,也可以同时向该审查机关提出意见。

 思考与练习

一、简述题

1. 简述广告审查的主要作用。

2. 简述广告行政审查的特点。

3. 简述广告行政审查的内容。

4. 简述广告自律审查的程序。

二、案例题

基本案情:

为骗取客户押金,犯罪嫌疑人周某伙同刘某、李某经过预谋,共同出资成立一家电子科技有限公司。他们通过在电视媒体投放广告,吸引众多客户为其代工制作中性水笔芯,后以制作的笔芯不合格为由拒收客户的产品,以此骗取客户的钱财。该公司通过上述手段,骗取被害人王某、房某等近百人共计 120 余万元。

与上述案件同类型的诈骗案件近年来有增多的趋势。在此类诈骗案件中,犯罪嫌疑人屡屡能够得手的一大重要原因就是斥巨资投入宣传。此类诈骗一般都为异地控制作案,在网络、电视精彩节目中插播广告,播出率高。所以受害者遍及全国。不法分子利用受害者对异地环境陌生,难以核实其广告真实性等,实施连环或系列诈骗。[①]

思考讨论题:

结合案例事实,分析广告审查制度的作用。

分析要点:

广告审查的主要作用表现在:它是国家制定的广告发布标准得以顺利实施的基本条件,是广告业有序发展的重要保障。广告审查制度可以有效地净化广告市场环境,抑制不公平竞争,维护消费者的合法权益,最大限度地制止虚假广告的出现。

---

① 《网络诈骗团伙以支付高额手工费作为诱饵骗取押金》,发布时间:2019-08-17,05:31。信息来源:《法制日报》,http://www.chinanews.com/m/sh/2019/08-17/8929473.shtml。

第九章
广告行业自律

本章导读

1. 掌握广告行业自律的性质、特点、基本内容和措施;
2. 理解广告行业自律的原则和作用;
3. 了解我国广告行业自律组织的现状和基本情况;
4. 了解美国、英国、日本等国广告行业自律的成功做法。

引例

　　因认为"久久丫"商标被擅用,浙江顶誉食品有限公司分别将北京凯鑫悦来餐饮管理有限公司、北京雷泽吾熟食店、北京华江新业餐饮管理有限公司、隆尧县康庄路玲玲久久鸭食品门市、邯郸市永年区城区安伟鸭脖店,以及北京三快科技有限公司诉至法院,要求上述被告公司停止侵权、停止在提供服务或对外宣传时使用被诉商标、分别要求赔偿经济损失及合理开支 5 万元至 8 万元不等。

　　原告顶誉公司诉称,"久久丫"成立于 2002 年 10 月,是源自武汉的传统美食。截至 2008 年底,遍布全国 20 多个城市,门店数接近 1000 家。顶誉公司经受让享有"久久丫"系列注册商标的专有使用权,经过长期的经营与宣传,已经在酱卤类肉制品、卤制豆制品行业,具有一定知名度。

　　上述被告未经许可,擅自在店招、店内装潢、产品包装、宣传册等位置,突出使用与涉诉商标近似的标识,并以顶誉公司名义销售侵权产品,容易让消费者产生混淆。顶誉公司与上述被告之间从未建立任何合作关系,也从未授权其使用"久久丫"系列商标,前述行为构成商标侵权,损害了顶誉公司的合法权益。①

---

　　① 《"久久丫"商标被擅用 多家"久久鸭"被诉侵权》,发布时间:2020-05-11,08:25。信息来源:中国法院网,https://www.chinacourt.org/index.php/article/detail/2020/05/id/5199549.shtml.

【解析】

在广告活动中使用他人已经注册的商标,无论在事实上还是在法律上都构成了对他人注册商标专用权的侵犯,应当承担商标侵权的法律责任。广告行业应该加强自律。

第一节 广告行业自律概述

广告行业自律是目前世界上广告行业通行的一种行之有效的管理方式,并逐渐发展成为广告行业自我管理的一种制度。在很多国家,广告监管主要依靠广告行业组织进行和完成。

最早的行业自律管理机构是由广告主、广告公司和媒介组成的。早在 19 世纪 80 年代,被称为现代广告之父的约翰·鲍威尔斯曾呼吁美国广告界制止虚假广告,并提倡广告语言要真实可靠和简洁生动,这是最早来自广告业内的对广告自律的要求。1903 年,约翰·亚当斯·塞耶成为公开强烈反对欺骗性广告的第一个广告人。

广告强调真实与诚意,"真实之所以具有工具性价值,乃因为它们把握和传达了实际情况的本质。"真实的实际效用是因为它恰如其分地表达了我们需要应对的现实对象和事件属性(尤其包括因果的和潜在的力量)[①]。

两年后,一些广告经理组成美国广告联合俱乐部,并发起一场广告诚实化运动。同年,在广告联合俱乐部基础上成立了世界广告联合会,接受了"广告诚实化"的口号,在全美各地建立了管理广告的"警示委员会",负责审理广告弄虚作假事宜,并通过《印刷者油墨》杂志,发起一场宣告不诚实广告为犯罪行为的州立法宣传促进运动。

同年,制定了广告道德规范,确定对虚假和欺骗性的广告施加惩罚,并以立法形式加以巩固,即著名的《普令泰因克广告法案》。这一法规成为美国广告界最早的广告法律规范文件。最初在美国纽约州实行。1945 年,此法规修改后被美国 27 个州定为广告法,并被其他 17 个州部分采用。

20 世纪 50 年代,总部设在巴黎的国际商会所属的广告委员会,通过了《广告活动标准纲领》和《广告业务准则》,其宗旨是防止滥用广告,加强广告主对消费者的责任,规定了对消费者的伦理准则、广告主间的伦理准则和广告代理业及媒体业的伦理准则。

第二次世界大战以后,世界广告联合会正式更名为国际广告协会。20 世纪

---

① [美]哈里·G.法兰克福:《论真实》,孙涤等译,62 页,南京:译林出版社,2009。

60年代,国际广告协会发表了《广告自律白皮书》。它的发表,对世界广告业的发展影响巨大而深远,成为世界各国制定本国广告行业自律规则的主要参考文献。

在国际广告协会和国际商会所属广告委员会的共同倡导下,世界上许多国家都相应地建立起了广告行业自律组织及制定、出台了相应的适合本国国情的广告行业自律规则。此外,世界各国广告行业内的广告主、广告经营者和广告发布者还分别制定出各自十分具体且操作性极强的广告自律规则。这些规则的诞生,无疑为广告行业的正常运行和健康发展,提供了共同遵循的职业道德规范。

一、广告行业自律的性质与特点

(一)广告行业自律的性质

广告行业自律是广告发展到一定阶段的产物,它是广告业发展为独立经济行业后的必然结果。广告行业自律,又叫广告行业自我管理,是由广告主、广告经营者和广告发布者自发成立的民间性行业组织,通过自行制定的广告行业自律章程、规定、工作守则、职责公约和会员守则等,对自身从事的广告活动进行自我约束、自我限制、自我协调和自我管理,使自己的行为符合国家的法律、法规和职业道德、社会公德的要求。[①]

广告行业自律的主体是广告行业组织成员;广告行业自律的规则是广告行业组织自订的章程、规定和广告行业共同订立的公约、准则等。这些章程、规定、公约、准则构成了广告行业自律的体系;广告行业自律的监督执行机构是广告行业组织即广告协会。

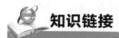 **知识链接**

广告自律规则体系

《中国广告行业自律规则》规定:广告自律规则体系包括广告行业自律规则、专项广告自律规则、地方广告自律规则,以及为实施自律规则而制定的相关办法。[②]

(二)广告行业自律的特点

广告行业自律主要通过建立、实施广告行业规范来实现,行业规范的贯彻落实主要依靠行业自律组织进行。综合世界各国广告行业自律组织的现状,广告行业规范作为广告活动主体遵循的规则和制度,主要体现了以下特点。

---

①　姜智彬、葛洪波主编:《广告学概论》,217页,上海,上海人民美术出版社,2012。
②　中国广告协会〔2008〕59号,第28条。

1. 自发性

广告行业自律是广告主、广告经营者、广告发布者及其行业组织的自愿行为和自主选择。与强调国家监管职能的政府管理不同,自律行为的产生、依据、实施和责任承担都具有自发性。

遵守行业规范,实行行业自律,是广告活动主体自愿的行为,不需要也没有任何组织和个人的强制,自律规范的维护主要依靠广告活动主体的内在信念和业界评价以及社会舆论监督。

2. 广泛性

无论是法律法规还是行政管理均有其无法干预的领域,特别是在市场经济必须充分尊重市场主体的自主性的条件下,政府管理滞后于广告市场现实,给广告活动领域留下大片空白,需要由自律体系加以补充。

广告行业自律调整的范围比法律、法规调整的范围更加广泛,更能及时反映形势变化,在广告活动的方方面面,发挥着约束、调整作用。

3. 灵活性

广告法律,法规的制定、修改和废止需要经过严格的法定程序,一经颁布实施,必须保持其相对稳定性,不得随意更改。而行业自律规则比法律的规定更加严格和具体,当市场形势发生变化,法律法规未能及时调整的时候,行业自律可以利用其灵活迅捷的优势及时做出反应。

4. 专业性

广告行业自律的规则是广告行业组织自订的章程、规定和广告行业共同订立的公约、准则等,这种自律体制更贴近现实需要,更容易被接受,具有更强的专业指向性,确保自律体系内的广告行业经济效益的实现和广告事业的健康发展。

5. 客观公正性、权威性

行业自律不是单纯的行业内部事务,尤其是广告行业,它是一个涉及面极广的行业,针对广告行为的规范管理可谓涉及方方面面的利益。所以,行业自律实际上是协调各方利益的过程。

不管是行业内部,还是行业外部,都希望管理主体能尽职尽责,保护自己的正当利益,而不是偏袒一方损害一方。这也是广告自律组织应尽量吸收独立的外部人士的根本原因,说到底就是为了确保自律主体的独立、客观、公正、权威性的体现。从而赢得社会信任。

 **知识链接**

广告行业自律与广告行政管理的关系

广告行业自律和政府对广告行业的管理都是对广告业实施调整,二者之间既有密切联系，又有根本的不同。广告管理的依据是广告法规，它主要从外在方面对广告管理者的职责行为进行了规定；广告自律的原则是广告道德，它主要从内在方面划定出广告行业的职业道德规范。

行业自律必须在法律、法规允许的范围内进行，违反法律的，将要被取消；行业自律的直接目的是维护广告行业在社会经济生活中的地位，维护同业者的合法权益；行业自律的形式和途径是建立自律规则和行业规范，调整的范围只限于自愿加入行业组织或规约者；行业自律的组织者是民间行业组织，它可以利用行规和舆论来制裁违约者。

政府管理是行政执法行为；其直接作用是建立与整个社会经济生活相协调的秩序，它更侧重于广告业对社会秩序所产生的影响；行政管理是通过立法和执法来实现的，以强制力为保障，违法者要承担法律责任，调整的范围是社会的全体公民或组织。

二、广告行业自律的内容和作用

（一）广告行业自律的内容

为促进全国广告行业的自我约束、自我完善，维护广告市场秩序，树立良好的行业风气，更好地发挥行业组织规范行为的作用，中国广告协会依据国家广告管理法律、法规，并借鉴国外广告行业的自律办法，制定了《中国广告行业自律规则》。规定广告主、广告经营者、广告发布者及其他参与广告活动的单位和个人，应当诚实守信，增强自律意识，遵守自律规则的要求，承担社会责任和社会义务。

1. 对广告内容的要求

（1）广告应当符合社会主义精神文明建设的需要，有利于维护社会公共秩序和树立良好社会风尚。

（2）禁止虚假和误导广告，也不应对商品或服务的属性作片面的宣传；不应将科学上尚未定论的观点、现象当作产品或服务的特点用于广告；以明显的艺术夸张手法作为表现形式，不足以造成公众误解的除外。

（3）法律法规禁止生产、销售的商品或提供的服务，以及禁止发布广告的商品或服务，不得广告。

（4）广告诉求和信息传递，应当充分尊重消费者的知情权和受众的认知能力，不得利用信息的不对称作引人误解的宣传。

（5）广告对商品或者服务的功效、性质和条件等内容有表示的，应当准确、客观，且能够被科学的方法所证实，不得有任何夸大；涉及商品的成分、含量及其他数据、统计资料的，应当提供有效的证明文件。

（6）广告应当尊重他人的知识产权，不抄袭他人专属的广告创意，未经许可不应在广告中使用他人受保护的各类作品。

(7) 广告应当尊重妇女和有利于儿童身心健康,并正确引导大众消费。不适合未成年人的商品和服务,不应使用未成年人的形象和名义制作广告。

(8) 广告应当尊重良好道德传统,弘扬健康民族文化,不应表现低俗、迷信和其他不良行为。

2. 对广告行为的要求

(1) 广告活动主体之间应通过公平的方式开展竞争,认真履行各项签订的广告合同,不得以商业贿赂、诋毁他人声誉和其他不正当手段达成交易,不得利用广告进行不正当的市场营销,或干扰、损害他人合法的广告活动。

(2) 广告主应当向广告经营者提供真实、可靠的商品或服务信息和齐备的证明材料,不得怂恿广告经营者设计、制作不实广告。

(3) 广告主应当尊重广告公司及其他广告服务机构的合法权益,支付相应的代理费或服务费,不得无偿占有其劳动成果。

采用比稿形式选择广告公司时,应向所有提供策划、创意等方案的公司支付相应的费用。

(4) 广告主和广告经营者不得以不正当的广告投放为手段干扰媒体节目、栏目等内容的安排。

(5) 广告经营者应通过提高服务质量争取客户,不得恶意竞争、扰乱市场秩序,代理费的收取不得低于服务的成本费用。

(6) 广告经营者和广告发布者应当认真履行广告的审查义务。对于各类广告证明,应查看原件,必要时还应与出证机构核实,切实把好广告制作、刊播的关口。

(7) 广告发布者不得强制搭售广告时间、版面或附加其他不合理的交易条件。

(8) 广告发布者公布的广告刊播价格和折扣条件应当统一、透明,在执行中一视同仁。

(9) 广告代言人从事广告活动,应当自尊、自重,并事先对代言内容的真实性、合法性作必要的了解,切实对消费者负责。

(10) 广告社会团体组织开展的各项活动,应当注重社会效果,积极、有益、公平、公正,不应以营利为目的。

3. 关于自律措施的规定

(1) 对于涉嫌违反法律、法规和行业自律规则的广告内容和行为,任何单位和个人都可以向中国广告协会及地方各级广告协会投诉和举报。

(2) 对于违反行业自律规则的相关责任者,经查证后,分别采取如下自律措施:自律劝诫;通报批评;取消协会颁发的荣誉称号;取消会员资格;降低或取消协会认定的中国广告业企业资质等级,报请政府有关部门处理。以上处理措施,可以单独适用,也可以合并适用。

（3）对于作出的自律处置有异议的,相关当事人可以向中国广告协会理事会提起申诉,由理事会作出最终自律处理决定。

（4）任何单位和个人均有权对协会实施行业自律的情况进行监督,对于违规行为有权向协会的上级主管部门举报。

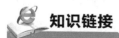 **知识链接**

国家、地区和国际组织的广告行业自律规则

世界上许多国家和地区的广告行业组织都制定了广告行业自律规则,约束广告业的经营行为。有些国家和地区虽然没有专门的广告法律、法规,但有明确的广告自律规则。

例如国际商会的《国际广告行为准则》,国际广告协会的《广告自律白皮书》,澳大利亚的《澳大利亚广告自律准则》,美国的《美国广告活动准则》,巴西的《巴西广告自律准则》,菲律宾的《菲律宾广告自律准则》,加拿大的《加拿大广告准则》等。广告行业组织通过行业自律规则对自己会员的商业行为进行规范,以维护行业形象和行业利益。

对广告营销采取严格监管态度,是发达国家通行做法,被视为对公众利益的有力保护。而在这些国家和地区里,企业在进行广告营销的时候必须特别小心,因为稍有不慎就会遭遇投诉、惩处。

以英国为例,成立于1962年的广告标准局(是英国广告业最重要的自律组织)每周都会接到大量投诉,该局会把所有投诉的处理结果公布在网站上。仅2011年,该局接到的投诉超过3.1万宗,涉及2.2万多条广告,而根据广告标准局当年年报,超过4500条广告被认为"不可接受",按要求进行了修改或撤销。

"广告标准局的任务是确保所有媒体上的所有广告都合法、得体、诚信、真实,有益于消费者、企业和社会。"其中,"得体"一词在英文中包含正派、体面、高雅、严肃等含义。

（二）广告行业自律的作用

我国《广告法》规定,广告行业组织依照法律、法规和章程的规定,制定行业规范,加强行业自律,促进行业发展,引导会员依法从事广告活动,推动广告行业诚信建设。

广告行业自律是在广告行业内建立起来的一种自我约束的道德伦理规范,因为这种自我约束是以遵守各种法律为中心而建立起来的自我限制。这种作

法既可以起到补充政府法规的指导作用,又表现了广告行业自觉尊重法规的意愿。因此,自我约束对推动广告事业的发展起着积极的作用。

1. 行业自律是避免广告纠纷,保障广告行业良性运作与发展的有效途径

广告行业自律要求广告经营者了解有关法律,增强法制观念,科学地运用竞争手段,杜绝不正当竞争行为。通过行业自律,使广告经营者自我管理、自我教育,手段更灵活,方式更多样。在广告行业自律体系中,广告行业组织发挥了重要的调节功能。从自律规则的制定、实施,到对违反规则的处置,甚至包括广告纠纷处理,广告行业组织都起到了非常重要的作用。

2. 行业自律是国家广告监督管理的重要补充

国家的监管与广告行业的自律作为控制广告合法发布的两大力量,在推动广告业健康发展的过程中都起着重要的作用。有效的国家监管机制和较为完备的广告行业自律体系都是推动经济发展所不可缺少的,过分强调任何一方面的作用都可能造成不良的结果。行业自律是国家广告监督管理的重要补充。

【案例9-1】

中国广告协会注意到有媒体报道和公众热议,周某因多次盗窃获刑,并在盗窃被抓获时称"不会去打工"而被网络关注,在释放时受到一些网红经纪公司迎接,有直播机构表示想与其签约。中国广告协会对某些网红经纪公司为"流量变现"而丧失道德底线、有悖社会主义价值观和良好风尚、损害社会化营销产业业态形象的行为表示反对。

对于犯法已经受到法律惩罚,重新回归社会,开始正常生活的人,社会应该给予接纳包容,但不应以错误的世界观、价值观为卖点,以此博眼球、引流量,实现所谓的商业变现。中国广告协会倡议行业各类主体在运营中自觉弘扬真善美,抵制假恶丑,反对庸俗、低俗、媚俗,积极传播正能量,体现社会责任。

以短视频和电商直播为代表的社会化营销已成为经济发展新业态,对促进消费扩容提质、形成强大国内市场起到了积极作用,但是在社会治理和规范发展方面也亟待加强。社会化营销业态要素很大程度上体现了广告活动特征,带有强烈的广告活动属性,中国广告协会作为全国性的广告行业组织,关注社会化营销业态的发展,专门成立了社会化营销分会,积极推进行业自律。

在倡导营销活动坚持正确导向,坚守道德底线的同时,中国广告协会将积极参与对社会化营销活动全方位的社会治理,探索全面有效自律机制,进一步提供自律公共服务和引导各类市场主体自治,出台行业自律准则、倡议,建立多维度指数的行业发展质量评估标准,抵制"刷单"、刷量、刷评价等任何形式的数据造假,对损害消费者权益、虚假夸大等行为进行公开点评,公布网红经纪公司及"网红"红黑榜单,促进社会化营销业态的健康发展,服务诚信社会和精神文明建设。①

【解析】

中广协通过对涉嫌违法违规广告的监测和审核,通过自律劝诫、公开点评工作机制,以点带面促进广告市场的守法经营,配合广告监管部门遏制虚假违法广告的发生,营造良好的广告市场环境。

3. 行业自律是促进广告市场规范化运作和广告事业健康发展的保障

广告行业自律是广告业发展到一定阶段的必然产物,广告对企业而言它的重要作用已被企业所认知和接受,企业为了争夺市场,在广告宣传上下足功夫和本钱,并由此引发各种广告大战,为了控制企业利用广告攻击其他企业及其产品,或有暗示性的诋毁,广告自律就起到了巨大的作用。

世界上广告业比较发达的国家都十分重视广告行业自律对于广告业发展的积极意义,行业自律逐步形成系统和规模,不断得到加强和完善。我国的广告管理法规在进一步完善和健全之中,在这种状况下,广告行业自律的作用显得更加重大。实行行业管理,加强广告法规的管理研究和确定行业自律准则,是我国社会主义市场经济发展的需要。

4. 行业自律是广告法律环境的组成部分

广告时刻影响着消费者的购买行为,这就必须保证广告信息的真实性。有些不法分子利用虚假广告招摇撞骗,贩卖假货,特别是一些关系到人身安全与健康的医药、食品、化妆品、家用电器,不实的广告宣传会使消费者上当受骗,危及人身财产安全。

为了规制这类行为,我国现已形成完整的广告法律环境。它包括政府行政机关对广告的监管、广告行业自律、消费者权益保护和广告监管法律、法规与行政规章四个方面。与法律法规的强制性和政府监管的权力性不同,广告行业组织是社团组织,自律的方式建立在自律规则的基础上,自律规则反映出广告行业自身的要求,更容易被广告活动主体所接受和遵守。作为广告法律环境的组成部分,行业自律组织在保护消费者权益领域,做出了非常大的贡献。

广告行业自律是广告行业的自我管理,也是广告监督管理工作的必要补充。行业自律对于树立广告行业正气、增强广告业的社会责任感、抵制不正当竞争、促进广告事业的健康发展均起到了重要的作用。

---

① 《中国广告协会关于加强社会化营销自律 促进健康发展的声明》,发布时间:2020-04-20,10:34。信息来源:中国广告协会网站,http://www.cnad.com/show/12/303635.html。

第二节　我国广告行业自律现状

　　我国是世界上为数不多的对广告活动单独立法实施监管的国家,这也标志着我国选择了与欧美及日本等广告业发达国家不同的广告监管模式。《广告法》对于我国广告业迅速发展,对于净化广告环境,维护消费者合法权益,促进广告业健康有序发展发挥了重要作用。

一、我国广告行业自律的历史发展

　　自 1994 年 12 月以来,中国广告协会先后颁布了《广告协会自律规则》《广告宣传精神文明自律规则》《广告行业公平竞争自律守则》《城市公共交通广告发布规范(试行)》等自律性文件,为维护广告行业秩序和促进发展起到了积极作用。中国广告协会制定的《广告行业自律规则》,对广告应当遵循的基本原则以及广告活动所应体现的道德水准,作出了相应的规定,但是在行业内一直没有得到认真的执行。

　　随着我国广告市场的日益活跃,原有自律规范已不适应新形势的要求,中国广告协会第五次会员代表大会审议通过了《中国广告行业自律规则》,并自 2008 年 1 月 12 日起施行。《中国广告行业自律规则》是广告行业自律的一个总纲性文件,起着最基础的规范作用。据此,中国广告协会进一步制定了《广告自律劝诚办法》《奶粉广告自律规则》《卫生巾广告自律规则》《广告自律劝诚办法》《自律公约》《倡议书》《广告主自律》。

　　《广告自律劝诚办法》从程序上对行业自律措施予以明确,通过自我约束,对广告活动主体进行行业内部的劝诚。《奶粉广告自律规则》《卫生巾广告自律规则》则旨在对某些类别广告中的倾向性问题作出规范,使自律的要求更有针对性、更加具体化和更具可操作性。

二、我国的广告行业组织

（一）中国广告协会

1. 中国广告协会的性质

　　中国广告协会创立于 1983 年 12 月 27 日,是国家工商行政管理总局(现国家市场监督管理总局)的直属事业单位,是中国广告界的行业组织,是经国家民政部登记注册的非营利性社团组织。协会由全国范围内具备一定资质条件的广告主、广告经营者、广告发布者、与广告业有关的企、事业单位、社团法人等自愿组成。协会代表中华人民共和国参加国际广协组织。

2. 中国广告协会的主要职能

在国家工商行政管理总局的领导下,承担着抓自律、促发展,指导、协调、服务、监督的基本职能。

3. 中国广告协会的主要任务

中国广告协会的主要任务包括制定行业自律规定,规范经营行为,开展争创文明先进单位活动,促进广告市场健康有序的发展;开展企业资质评审活动,扶植优势企业发展,促进产业结构的优化调整;抓好行业培训工作,确保从业人员的上岗资质,努力提高从业人员的业务素质;加强广告学术理论研究,积极开展中外广告学术理论交流,促进和引导中国广告思想理论的发展。

开展国际交流与合作,与世界各国广告协会建立联系,代表中国广告界参加世界广告组织和活动,组织中国广告界参加国际性的广告赛事;开展广告发布前咨询工作,为广告主、广告公司、媒介广告部提供法律援助;开发信息资源,建立信息网络,为行业提供信息服务;举办好中国广告节等会展活动,评选创意制作精良、广告效果好的优秀广告作品,推举新人,树立广告界的良好形象,促进广告业的发展。

积极参与广告业的立法立规工作,向政府有关部门反映会员单位的意见和要求,提出合理建议;办好现代广告杂志,及时传递行业管理信息,发布行业统计数据,促进广告思想理论的发展和经营秩序的规范。

(二)其他广告行业组织

1. 中国商务广告协会

中国商务广告协会,即原中国对外经济贸易广告协会。中国对外经济贸易广告协会是 1981 年 8 月 21 日经国务院批准,民政部核准成立的第一个全国性的中国广告业的行业组织。由全国对外经济贸易系统的专业广告公司和报刊出版社等兼营广告单位,以及专业进出口总公司和工贸进出口公司的广告部门联合组成。2005 年 9 月经民政部核批更名。

中国商务广告协会核心的工作是"团结内外贸领域的广告企业,促进广告业的交流和发展"。本土自主品牌建设,是商务部的重要战略任务。

2. 中国商务广告协会综合代理专业委员会

中国商务广告协会综合代理专业委员会,亦称中国 4A。2005 年 12 月在北京正式成立。这家由高端会员组成的同业组织的出现,预示着中国广告业向国际惯例的广告代理制迈进了一大步。

中国 4A 协会是综合性广告公司的高端联合体,是中国综合性广告公司以及相关研究机构组成的自律性、非营利性组织。中国 4A 广告代理商会员资格均经过中国商务广告协会严格评估、筛选,是国内最具实力、最专业、最优秀的综合性广告代理商。

3. 中国广告主协会

中国广告主协会，成立于 2005 年 11 月 27 日，是全国性协会，是我国在世界广告主联合会的唯一合法成员。中国广告主协会以"维权、自律、服务"为宗旨，是广告主之家，是广大广告主权益的维护和服务者。中国广告主协会自成立之日起，就以引领和推动广告主企业走向世界，构建和谐社会为己任。

4. 国际广告协会中国分会

国际广告协会中国分会设在中国广告协会。国际广告协会创立于 1938 年，总部设在美国纽约。国际广告协会是广告主、广告公司、媒体、学术机构以及营销传播界唯一的全球性广告组织，也是全世界唯一在 96 个国家和地区拥有会员、涉及品牌创建和营销传播领域的全球性行业协会。国际广告协会的会员遍及世界 96 个国家和地区。

国际广告协会的使命是：宣传广告为推动经济健康发展和促进社会开放的重要作用和意义；保护和促进商业言论自由和消费者自由选择的权利；鼓励广告自律的广泛实施和认可；通过对未来广告营销传播行业从业人员的教育和培训，引领行业向高水准方向发展；组织论坛，探讨不断出现的广告营销传播业的专业问题以及这些问题在飞速变化的世界环境中所引发的结果。

国际广告协会中国分会是 1987 年 5 月在北京正式成立的。这标志着中国的广告界与国际广告组织正式建立了联系；意味着中国的广告业开始向国际广告业靠拢与接轨。

5. 亚洲广告协会联盟中国国家委员会

亚洲广告协会联盟简称亚广联，成立于 1978 年，是由亚洲地区的广告协会、与广告有关的贸易协会和国际广告协会在亚洲各国、各地区的分会等联合组成的洲际广告行业组织，每两年召开一次广告会议。它是一个松散型的组织。

我国于 1987 年 6 月 15 日以"亚洲广告协会联盟中国国家委员会（AFAA）"的名义加入亚广联。亚洲广告协会联盟中国国家委员会与国际广告协会中国分会是同时成立的。"亚广联"没有个人会员，全是以"国家委员会"作为其会员主体。

三、我国广告行业自律的发展和完善

（一）明确广告行业组织的法律地位

综观欧美等广告行业发展迅速的国家和地区，广告行业组织具有举足轻重的地位。由于这些国家都有明确的法规认定行业自律组织作为专业裁定机构，有明确的法律条款支持行业自律组织，按照相关的法律程序解决行业问题，因此，这些行业组织在规范市场秩序作用，不仅发挥着其他政府机构不可替代的权威作用，而且能够高效、快捷地处理、解决行业问题、受到了社会各界的普遍信任。

广告行业组织通过法律赋予的法律职能,有效地解决了广告传播行业的高速发展、瞬息万变的信息时代所面临的一系列社会问题,通过行业组织随时协调和裁定行业发展中存在的一系列新矛盾、新情况,广告产业在不断进行自我校正,自我规范的过程中实现了高速、健康发展。

欧美发达国家行业组织和行业自律方面的成功经验,可以为我们所借鉴。为了强化广告行业自律的力度,必须确立广告协会和广告行业自律的法律地位,迫切需要把行业自律纳入法制化、规范化的轨道,实现广告行业依法自律。

也就是说应在《广告法》或有关法规中增加行业自律的条文,以法律形式确定广告协会的地位和作用,即从法律地位上正式认可中国广告协会的行业权威性以及行业代表性,在法律条款中明确中国广告协会依据行业自律准则进行相关广告投诉处理程序和广告争议的处理程序,确保在依法实施自律程序等方面,体现行业组织应有的公平性、公正性和透明度。

(二)完善广告行业自律规则,突出其行业管理职能

广告行业自律,就是广告业的自我教育、自我约束、自我规范,是广告业发展到一定阶段的产物,也是广告业发展成熟的表现。广告行业自律规则,是广告法制体系的重要组成部分,是行业法制化的必要手段,也是广告业健康发展的基础保证。

随着广告业的发展,无论是社会还是广告业自身都要求广告业自觉遵守国家有关法律、法规,遵守社会准则和职业道德。加强行业自律对社会而言能树立行业形象,维护行业声誉;对行业而言,可以创造良好的公平竞争环境,维护广告市场秩序,促进广告业健康发展。

各级广告协会应当担负起对广告活动主体的自我约束、自我管理的任务,以加强行业自律来治理违法广告行为。从建立正常的广告活动秩序出发,制定广告业的职业道德和从业准则,明确在行业内对违反这些行为规范的会员,由协会给予相应处分,直至取消其会员资格,在行业内形成对广告违法活动的强大压力。

广告行业组织的地位和作用,能否得到重视,能否得到充分地体现,在很大的程度上,取决于该组织所制定的广告行业自律规则的内容是否客观、科学,是否适应广告行业的发展,以及与权利保护的要求是否协调。而广告行业自律规则的内容,能否得到全面、细致地贯彻执行,关键看广告行业组织能否发挥应有的作用。这两个方面是相辅相成的,绝对不可孤立任何一方。

只有建立行业的自律机制,才能有效地发挥行业组织的作用,才能更好地解决当前广告业存在的许多矛盾和问题,才能有效控制失信行为,建立良好的广告经营市场秩序,更好地发挥广告业在国民经济中的作用,使广告行业自律

的建设与广告事业的发展成为互动的良性循环。

(三)促使广告活动主体遵守自律规范

中国广告业能否实现持续健康发展,广告诚信体系能否成功构建,广告活动主体起着重要作用。

首先,广告主要从企业自身与行业发展的长远利益出发,坚持诚实守信原则,严格控制好广告的流程,在真实前提下对广告进行合理创意,防止夸大性、欺骗性、误导性广告的出现。并对广告的播出进行有效监察,防止广告失信行为出现。

其次,广告经营者要具备诚信意识,遵守职业道德,提高广告运作流程的规范化程度。通过建立起一整套完善的审核制度,对企业的资质与信誉、商品的质量与功效等进行严格的审核,力求广告的真实。

广告经营者在广告发布过程中,应当努力做到在广告活动中不得进行任何形式的不正当竞争,损害其他广告活动主体的权益,扰乱广告市场秩序的行为;广告主自行或者委托他人设计、制作、发布广告,所推销的商品或提供的服务应当符合广告主的经营范围,并在国家许可的范围内进行;广告主、广告经营者在广告活动中应当具有并提供真实、合法、有效的相关证明文件。广告发布者还必须依照有关规定,建立健全广告经营管理制度等。

(四)发挥各级广告协会的职能作用

我国广告业应从自身做起,改革协会机制,拓展服务领域,充分发挥"指导、协调、服务、监督"的职能作用。广告协会要加强对行业经营行为及行业管理深层次问题的研讨,着手建立行业自律约束机制和解决行业自律的手段,使行业自律日趋成熟。

广告协会在协助政府进行行业管理的同时,发挥广告行业知识密集、技术密集、人才密集的优势,积极开展各项活动,努力为会员单位办实事、办好事,增加行业的向心力、凝聚力,使行业自律成为各个会员的自觉行动。广告业要持续健康的发展,必须不断提高广告从业人员素质,广告行业组织通过组织培训、交流、舆论监督等多种方式达到自我净化的目的。

第三节　国外广告行业自律体系

世界各国的广告管理不外乎政府管理和行业自律两种。政府管理通过一系列的法规法令来实现,一般对广告内容的真实性、广告播放时间、特殊类型广告等有较详细的规定。由于各个国家经济基础、法律制度、社会习俗等差别很大,因此政府广告管理在具体内容和方法上有些差别。行业自律是通过广告业的各种行业协会制定一系列规则，由其成员企业共同遵守，以建立有序、健康的市场秩序，从而寻求整个广告行业的持续发展。

政府管理具有强制性，而行业自律则可以通过各方协商来解决，营造双赢局面。因此，目前国外广告业管理在整体上的趋向是行业自律逐渐加强，以此来避免政府的过多管理。在欧美和日本等广告发达国家行业自律协会和规则非常多，通过加强行业自律管理可以有效地化解广告行业与政府之间的矛盾和各种社会压力。

 **知识链接**

国外广告自律管理文化特点

综观欧美等广告行业发展迅速的国家和地区，他们的行业组织通过法律赋予的法律职能，有效地解决了广告传播行业的高速发展、瞬息万变的信息时代所面临的一系列社会问题，通过行业组织随时协调和裁定行业发展中存在的一系列新矛盾新情况，广告产业在不断进行自我校正，自我规范的过程中实现了高速、健康发展。

广告业发达国家长期致力于广告自律设计与实践，形成了显著的广告自律管理文化特点：

（1）广告自律规范相对健全；

（2）广告自律规范具有高度的权威性；

（3）广告自律规范表现出较高的自觉性与主动性；

（4）广告自律规范措辞严谨，细节丰富，具有可操作性。[1]

自律是一种自尊、自重、自爱、自省，也是一种建立在高标准、严要求基础上的自我约束。时至今日，广告行业自律已经证明了它在促进广告业的健康发展上具有无可替代的作用。我们以美国、日本广告行业自律为例进行阐述。

一、美国广告行业自律体系

美国广告业的行业管理组织十分健全，自我管理很完善，很有成效，受到广告界自身、消费者和政府的欢迎。美国行业组织的自律，成为广告管理的重要组成部分。

在美国，日常生活中的广告纠纷和矛盾，首先是通过广告自律体系自行化解的。美国的广告自律体系是一个纵横交错的网状结构。其纵向有全国性广告业自律机构和地方广告业自律机构；横向有行业协会自律机构和广告主自律

---

[1]　何修猛：《现代广告学》，334～335页，上海，复旦大学出版社，2008。

机构。美国行业自律体系比较健全,政府通过行业组织审查广告、处理纠纷,收到了良好的效果。

(一) 美国广告行业的自律机构

1. 全国广告业自律机构

美国的全国性广告业自律机构是广告审查理事会,于 1971 年由美国营业质量促进委员会、美国广告业联合会、美国广告公司协会和全国广告主协会共同筹办。其宗旨是:促进真实、准确、健康的广告的发展,增强广告界的社会责任感和道德感。其下设两个广告管理部门:一个是全国广告部(NAD),另一个是全国广告审查委员会(NARB)。

NAD 是由广告领域的专业人员组成的一个专职机构,它负责监视、监听各种全国性的广告,同时受理来自消费者、品牌竞争者和商业改善局等单位的申诉等。NAD 接到一宗投诉后,它会要求广告主证明广告中的主张。如果证明不够充分,它将要求广告主改变或撤回其广告。当不能找到一个满意的解决方案时,NAD 将把这个案件交给全国广告审查委员会。例如,美国的戴尔电脑公司曾发出一封电子邮件给全国广告部。

戴尔公司认为,竞争对手苹果公司在其广告中称该公司的 PowerMacC5 型电脑是"世界上最快、功能最强的个人计算机"的说法有不准确的地方,希望全国广告部进行调查。几个月后,该部做出决定,认为苹果公司提供的证据无法完全支持它的广告,因此建议该公司修改自己的广告。

NARB 是一个 50 人的管理机构,代表着全国的广告主、广告公司和其他相关专业领域。全国广告审查委员会主要是在全国广告部调解无效的情况下,负责仲裁经过全国广告部调查和调解上诉的案件。当广告主上诉到全国广告审查委员会时,它将面对一个五人陪审团:三名广告主,一名广告公司人员和一名公众代表。

陪审团会审查该投诉并举行听证会,让广告主申辩。如果在这一程序后,仲裁仍未被接受,则 NARB 就会公开它对广告主和此案的判定,并将案子移交有关政府机构——联邦贸易委员会(FTC)。

2. 地方广告业自律机构

美国商务信誉联盟(简称 BBB)成立于 1916 年,是美国最大的商业管理组织,为各地公司提供有关广告法律方面的咨询。它是由大约 250 家广告主、广告公司和媒体组成的机构。各地的 BBB 的主要职责与全国广告审查理事会的职责类似,也是负责监察广告、受理消费者和企业的申诉。如果经调查后,确认广告存在问题,则通知广告主更正。如调解无效,再移交政府管理机构处理。

如果遭遇了不公平的待遇,可以向 BBB 投诉,BBB 会协助调解顾客与商家间经正常途径而不能解决的投诉。如果谈判失败,BBB 可为双方安排仲裁服务。如果商家对投诉不加理会，BBB并没有权力命令去合作，即BBB没有法律意义上的强制效力，但它会将不理会顾客投诉的商家名字公布出去，使大众有所警惕。而且BBB很多时候得到传媒的合作，对不负责任商家的广告拒绝刊登或广播，直到情况有所改善。

3. 行业自律委员会

在美国，广告活动的主体（包括广告主、广告经营者、广告发布者三方）都建立了自己的协会。一般来说，每个广告主、广告公司和媒介团体至少是一个行业协会的会员。协会会员必须遵守协会的规定。

例如美国广告联合会在章程中明确规定："广告在美国经济制度和生活方式中承担着双重的责任，既要为多数人的利益服务，又要尊重少数人的权利。因此，本协会禁止会员制作不公正的、影响社会风尚的广告。对违反章程的会员，协会有权采取处罚的措施，直至取消会员的资格。"

（1）美国广告公司协会

成立于1917年的美国广告公司联合会（简称4A协会），是全美国最有权威的广告组织。该协会有630个成员单位，他们是全国11000家广告公司中的佼佼者。协会成员承担着全美70％～80％的广告业务量，占领着广告公司经营的主渠道。协会总部设在纽约，并在全国四个区域设置了28个分支委员会和750个不同层次的管理机构。

（2）美国广告主协会

美国全国广告主协会是一个独特的组织。它的成员是美国最大的广告企业，他们每年的广告费支出占据全美广告费用的80％。广告主协会代表广告主的利益。协会为广告主提供广告信息、进行广告业务培训、介绍推荐各类审查机构。除此之外，还代表联邦政府做公益广告；代表演艺人做广告并开展国际广告业务。

协会下设16个委员会，全年组织各类会议30次。协会有自己的杂志，每年发行50本关于广告方面的新书，是广告主的良好顾问。

（3）美国广告媒体协会

广告发布者的协会设置较多，有"全美独立电视广告制作人协会""全美印刷媒体广告协会"等。这些协会成员既是竞争对手又是联盟成员，协会各自代表着本协会成员的利益，并疏通与广告主和广告经营者的关系，从而使广告界三方的机制得以正常运转。

（二）美国广告行业的自律内容

美国的大众传播媒体率先提出了对广告进行自律的观念。美国的传播媒体在广告自律中具有特殊地位，它们可以拒绝刊播一些被认为不适宜刊播的广告，而无须说明理由。

广告媒体的协会组织,行业自律更为严格。美国广播事业协会 1975 年制定的《美国电视广播规范》,是美国广告行业自律的样板。其除了对一些电视广告播映的基本标准做出规定外,另外还订立了 6 项准则,规范的内容非常具体,包括禁止香烟广告、带迷信色彩的广告,不得用虚构的人物呼吁消费者购买商品,以及禁止医师、牙医、护士、药剂师为药品、治疗方法作广告,医药广告中不得使用"安全可靠""无副作用"等夸大医疗效用的词语等规定。

虚假广告、不实广告、不公平广告,是监管重点。美国《纽约时报》的《广告规约》规定,凡是"有欺诈嫌疑的广告","投机事业,商品无价值作欺诈不实或夸大宣传的广告","内容空泛,足以使人误会的广告","攻击他人之广告","包治百病的药品广告","淫猥、粗俗、邪恶、憎恶或侮辱人格的广告",等等,一概拒绝刊登。该报欢迎读者检举,共同保持广告的净化。

除了媒体行业的自律规范,美国的广告公司也成立了多种行业协会组织,制定会员行为规范,对会员广告进行审查。

美国广告行业自律守则十分完备,国会和政府制定的法律、法规没有具体涉及的部分,行业自律守则作了更为具体的规定,对行业管理起到很好的规范作用。通过广告行业的自律,不仅提高了广告的信誉、维护了消费者的利益,也有力地促进了广告行业的健康发展。

二、日本广告行业自律体系

日本政府对广告管理并没有投入太多人力和经费,主要依靠行业自律管理。广告业内自发组织很多与广告有关的团体协会,由这些协会具体行使各种管理和调控的职能。

协会采用会员制,会员参与制定行业规范,参加行业内的各种培训。协会裁判行业内的各种争端,尽力使行业内的各种问题在协会得到解决,以避免政府部门的行政干预或法律裁决。日本广告业的自律是比较完整和严密的,日本广告业自律是在遵守各项法律基础上的自我限制,对推动日本广告业的健康快速发展起到了重要作用。

(一)日本广告的自律机构

1. 全日本广告联盟(简称 JAF)

日本全国性的广告自律机构,1953 年成立,全国共有 37 个地区的广告协会为其会员,是由广告主、广告媒体、广告公司组成的全日本最大的综合广告组织。该联盟制定的《全日本广告业协会广告伦理纲领》是广告界必须遵守的最高准则,要求广告重视品格,必须为建设光明、健康的生活作出贡献,不能使用暧昧语言。

该联盟通过广告方面相关法规的研究与广告信息资料的收集,通过各种研讨会、讲演会等形式,推动广告业健康发展。

2. 日本广告业协会(简称 JAAA)

日本广告业协会成立于 1950 年,目前成员有 151 个广告公司,会员的总广告费占日本总广告费 3/4 以上。其主要职能是提高广告业运营效率的调查和研究,推进广告交易方法的现代化,开展广告伦理的推广活动,主持广告新技术的调查研究,与广告协会有关的各种团体进行合作和沟通,收集和广告有关的各种相关信息等。

除了执行广告协会的一般职能外,日本广告业协会还有一个重要的职能就是帮助民众更好地理解广告。

3. 日本广告主协会(简称 JAA)

日本的广告主协会于 1957 年成立。该协会一方面代表日本的广告主来协调与媒体和广告公司及其他相关组织的利益关系,另一方面也对行业内部的各种行为进行规范和监管。

该协会目前有 300 家广告主会员,并积极开展以下工作:承担与广告主活动相关的调查、研究和信息发布工作;倡导更进一步提升广告主的伦理道德规范;倡导广告业的公平竞争;倡导高质,高效的广告主商业活动;制定学习和研讨会计划以提升广告业水平和各广告主公司员工的广告意识;组织广告受众互动活动及开展问答竞赛,目的是通过这种活动推动广告受众对广告业认识的提高。

(二) 日本广告的自律内容

日本广告的自律性规定早在 20 世纪初的时候就出现了,当时是以报社为先导,拒绝不道德广告,包括破坏风俗广告和诈骗性广告;到 20 世纪 20 年代,日本主要报社和杂志社都设立了自律性标准。

第二次世界大战后,由于很多管理法规被废除,广告表现也自由了很多,但同时也带来了一些社会问题。在这种情况下,"日本广告会"(东京广告协会前身,1947 年 2 月 17 日成立)率先进行广告自律活动,到 1950 年 3 月,日本广告净化委员会成立,同年 4 月拟订了《广告净化纲要》,该纲要以"广告道德"为基础,强调广告必须真实,不能有诽谤的内容,回避过高评价自己,制止虚假和夸大的广告;同时强调广告要承担社会责任。

1953 年 10 月,全日本广告联盟成立,该联盟对广告自律化做了大量工作。1954 年制定了《广告伦理纲要》,1975 年联盟对《广告伦理纲要》进行全面修改,最后命名为《全日本广告联盟广告伦理纲要》,是日本广告界必须遵守的最高准则。其体系构成可分为四个部分:广告业界共同的伦理纲领;有关媒介的伦理纲领和广告刊登标准;有关广告业界的伦理纲领和规则;广告主同行业之间的自主限制。

制定"自律规则纲要"等在日本各行业是很流行的做法。广告业自律规则是该团体成员单位互相约定共同遵守的一系列原则,因为没有法律效力,所以不涉及处罚内容,而且没有强制约束力。但日本商业社会很重视行业内部的信用问题,因此,行业规定对成员单位有一定的约束力。这些规定在强调遵守法律的基础上,涉及道德领域,并考虑到各行业的特殊性,它们与法律相互作用,交错构成一个自律规则系统,对规范和服务日本广告业起着重要的作用。

三、英国广告自律组织①

（一）英国广告自律机构

在英国,广告按自律范围可分为三大类:一是印刷广告(一般统称为非广播电视广告),二是电视广告,三是广播广告。对其实施自律监管的组织分别为以下三个:

一是广告实践委员会(CAP/BCAP),负责对印刷广告实施全面监管,对广播和电视广告实施部分监管;

二是电视广告审批中心,负责对电视广告实施发布前的脚本咨询和成品审批;

三是广播广告审批中心(RACC),负责对广播广告实施发布前的脚本咨询和成品审批。

1. 广告实践委员会（CAP/BCAP）

广告实践委员会(CAP/BCAP)随着广播电视广告监管职能的增加,实际上已不再是传统意义上的 CAP 了。今天的广告实践委员会由两个委员会构成,即主管印刷等非广播电视广告事务的 CAP 和主管广播电视广告事务的BCAP。虽然两个委员会在主管业务上泾渭分明,但广告实践委员会(CAP/BCAP)的日常领导机构却是一个统一的组织体系。

2. 关于非广电广告实践委员会（CAP）

非广播电视广告实践委员会(CAP)成立于 1961 年,当初主要是为了规范印刷广告,避免使用政府那种耗时的法律手段处理行业纠纷。CAP 负责制定和修改广告主必须遵守的《英国广告、促销和直销准则》。这个准则主要是预防和处理广告的误导性、伤害、冒犯以及品位和得体性等问题,涉及电影、录像、文字新闻、杂志、招贴、传真、邮件、推销等所有非广播电视类传媒的广告。

3. 关于广播电视广告实践委员会（BCAP）

依照 2003 年出台的《传播法》,英国政府成立了通信管理办公室,负责管理所有电波传播活动,包括通讯服务以及广播电视广告传播等。印刷广告领域的

---

① 李明合、史建:《国外广告自律研究》,第三章:英国广告自律与英国广告标准局(ASA),郑州,河南人民出版社,2010。

自律成功使通信管理办公室决定把广播和电视广告的监管职能授权给广告标准局（ASA），ASA 则设立广电广告实践委员会（BCAP），与原 CAP 共同管理广电广告。

BCAP 主要负责制定和修改广播和电视广告的自律准则。在 2009 年之前，关于广播和电视广告的准则主要有《广播广告标准条例》《电视广告标准条例》和《电视广告的排期管理》等。在 2009 年的条例修订审议中，BCAP 将有关广电广告的四个现行条例合并为一个，以方便行业遵守并避免混乱。

4. 广告标准局（ASA）

英国广告标准局是英国广告行业的专职性自律组织，成立于 1962 年，既独立于政府也独立于广告行业，本质上是一个跨行业的第三方行业自律组织。作为非法律授权成立的民间独立机构，ASA 没有法律解释权和执行权。

虽然 ASA 在英国有着很高的知名度和威望，但它并不是消费者保护组织，而是一个基于广告行业自我管理和调停广告业与消费者以及社会对立和矛盾的非政府组织。ASA 主要负责受理来自社会公众的投诉，而来自竞争者的投诉则由广告实践委员会（CAP/BCAP）处理。

这种分工是确保 ASA 能集中精力处理好消费者投诉的必要措施。ASA 对于来自消费者的投诉有着明确的受理范围，且在其官网上给予明确说明，这对帮助消费者的有效求助起到了很好的指导作用。

（二）英国广告自律内容

英国四大广告自律机构，按照其自身管辖范围履行着自己的职责。大体包括以下几个方面：

（1）制定和修改广告行为准则；

（2）咨询和审查服务；

（3）提供行业培训；

（4）受理并处置投诉案件，对违反规定者采取制裁措施；

（5）开展前置性监督；

（6）督促相关裁决执行等。

作为英国广告自律的"立法"活动，是其最主要的自律内容。包含两大部分：

一是基本准则，比如要求广告必须负责任、不能误导、冒犯等。

二是具体准则，主要涉及儿童、酒精广告、赌博、机动车、健康以及金融等产品广告。为保证自律准则的适时性，各大自律机构经常对准则进行修订。

例如广告实践委员会最近一次的修订是在 2009 年 3 月底。这次修订力求反映和回应社会变化，并保留了确保自律成功的一些核心原则，如广告不得误导，避免带来严重的或大范围的冒犯或伤害，尤其是对儿童和敏感人群，广告应该体现出针对社会和消费者的责任感。尤其重要的是,这次修订专门引入一条基本原则,即"广告必须具有社会责任感",这个原则为广告标准局(ASA)更好地规范不负责任的广告时提供了自由掌握的空间。

 思考与练习

一、简述题

1. 简述广告行业自律的特点与作用。

2. 简述广告协会的职能。

3. 简述我国广告行业自律的发展和完善。

二、案例题

基本案情：

2019 年 7 月,闪送科技在推出周杰伦代言时也在大力推广该品牌调整后的主打业务广告——"一对一急送"。然而,在官方微博于 7 月 25 日官宣"周杰伦代言闪送"后不到一个月,这条代言广告就陷入了侵权纠纷。8 月 23 日,花木兰影视公司诉闪送科技一案法院已正式立案。

花木兰影视公司在起诉时称,2019 年 6 月,花木兰影视公司应闪送科技的委托,负责拍摄、制作闪送科技周杰伦代言的广告影片及 1 组明星海报。双方通过微信多次协商,确定了正式合同文本,其按照闪送科技的要求在合同正本盖章,并将合同正本及发票邮寄给被告。

在双方磋商期间,花木兰影视公司征得被告同意,制作完成了案涉项目并取得了著作权。花木兰影视公司将平面方案和视频的脚本方案等材料交给闪送科技之后,被告知双方不再合作。在之后商谈违约之事,花木兰影视公司称其再三告知闪送科技不得使用其享有著作权的作品,被告的高级管理人员张某明确知晓,但未予理会。

花木兰影视公司认为,被告在未获得其授权的情况下,参照其设计方案进行了拍摄,并将拍摄完成的作品在公共场合进行投放宣传,被告的行为构成侵权。据此,花木兰影视公司请求法院判令被告停止侵权,将案涉侵权作品销毁,停止投放宣传;判令被告赔偿损失 260 万元;判令被告赔偿原告因维权产生的律师费 26 万元。[①]

思考讨论题：

结合本案,阐述中国广告协会如何营造良好的广告市场环境。

---

① 《闪送被花木兰影视起诉侵权：索赔 260 万,停播周杰伦代言相关广告》,发布时间：2019-09-30, 08:15。信息来源：艾媒网,https://www.iimedia.cn/c1040/66225.html。

分析要点：

花木兰影视公司对"周杰伦代言闪送"平面方案和视频的脚本方案享有著作权，闪送科技未经许可在广告活动中使用的行为构成侵权。中国广告协会应当联合广告主、广告经营者和广告发布者开展多方位的广告自律活动，较好履行自律职能。

继续对涉嫌违法违规广告加大监测和自律力度，完善自律劝诫、公开点评工作机制，不断促进广告市场的守法经营，配合广告监管部门遏制虚假违法广告的发生，营造良好的广告市场环境，为促进我国广告业又好又快地发展贡献力量。

 **本章导读**

1. 掌握广告社会监督的概念和特点；
2. 掌握广告受众社会监督权的内容；
3. 了解广告受众社会监督的途径；
4. 了解掌握消费者组织广告社会监督的特点、任务和实施；
5. 了解新闻舆论监督的概念、特点，掌握新闻舆论监督的形式。

 引例

杭州亚组委近日在知识产权宣传活动周启动仪式上正式发布亚运会知识产权保护有关公告，以此宣誓权利、警示违法、引导公众。

2018 年 8 月和 2019 年 12 月，杭州亚运会会徽"潮涌"和主题口号"心心相融，@未来"相继发布。2020 年 4 月 3 日，组合名为"江南忆"的亚运会吉祥物"琮琮、莲莲、宸宸"通过双城对话、全网联动的创新形式线上发布。

目前，杭州亚组委已对亚运会会徽、口号、名称、吉祥物等知识产权申请特殊标志登记、著作权登记等保护，并对亚运会官网域名及近似域名进行了注册。日前，国家知识产权局也已经正式对"2022 年第 19 届亚运会"等 12 件特殊标志登记申请予以核准公告。

自会徽发布以来，杭州亚组委已成功处置多起侵犯亚运会知识产权的行为。如杭州亚组委发现杭州某购物中心的内部墙体宣传未经授权使用杭州亚运会会徽，并伴有"醉美杭州，激情亚运"字样，涉嫌侵犯杭州亚组委相关知识产权。杭州亚组委明确要求该购物中心立即停止侵权、消除影响，并就如何依法使用杭州亚运会标识进行了宣传。

该购物中心负责人诚恳道歉并虚心接受批评教育，立即组织人员拆除了不当使用的杭州亚运会标识,并保证以后一定加强对亚运会知识产权的学习,不再发生类似情况。①

【解析】

杭州亚运会知识产权是指亚奥理事会、杭州亚组委所享有的与杭州亚运会有关的商标、特殊标志、专利、商业秘密、作品和其他创作成果等的专有权利。使用相关知识产权,需经杭州亚组委授权许可,并应遵守相应的技术规范。凡是未经许可,为商业目的使用杭州亚组委的商标、特殊标志、享有著作权的作品等知识产权的,都属于侵权行为。

此外,一些借助宣传手法进行商业宣传,使公众误以为该商业经营者与杭州亚运会存在直接或间接关系的做法属于隐性市场行为,也侵犯了杭州亚运会知识产权。

第一节　广告社会监督概述

一、广告监督管理

（一）广告监督管理的概念

广告监督管理是指对广告行业、广告经营行为和广告内容,由国家行政机关以法律法规为依据实施的监督管理、由广告行业组织进行的自我管理和由社会相关主体所施行的社会监督的总和,即由国家、社会和广告行业协会对广告活动实施的协调、控制、监督和处罚活动的总和。

 **知识链接**

广告监督管理的法律体系

广告监督管理法律体系是调整广告主、广告经营者、广告发布者共同参与的广告活动的有关法律、行政法规、行政规章、地方性法规和其他规范性文件的总称。广告监督管理法律体系是庞大的、复杂的而又相对独立的经济法律体系,其组成部分具体如下:

广告监督管理的法律包括专门的法律和相关的法律,前者即《广告法》,后者是广告作为一般意义上的经济活动和传播行为,同样也受到刑法、民法的有关规定及国家某些经济、社会管理法律法规的约束和规范,如《反不正当竞争

---

① 《杭州亚组委发布第 19 届亚运会知识产权保护公告》,发布时间:2020-04-21,21:53。信息来源:中国新闻网,http://www.chinanews.com/sh/2020/04-21/9163847.shtml.

法》《著作权法》《专利法》《消费者权益保护法》《食品安全法》《药品管理法》等。

广告监督管理的法规是《广告管理条例》等。

广告监督管理的规章有《广告发布登记管理规定》，以及由国家市场监督管理局和其他有关广告监督管理机关单独或共同制定的行政规章等。

地方性法规如《浙江省广告管理条例》，其他规范性文件如北京、上海等省市制定的一些特定广告活动或商品服务广告予以规范的行政规定。

（二）广告监督管理的内容

1. 广告行政监督管理

广告行政监督管理是指由政府行政管理机关，即市场监督管理部门以及卫生行政管理部门、药品监督管理部门、新闻出版部门、广播电影电视部门、农业行政管理部门、教育行政管理部门等部门，对广告活动所实施的监督、审查、管理、处罚等依法履行其行政职责的行政行为。

2. 司法行政机关的法律服务和法律保障

司法行政机关担负着法律服务和法律保障等职能，努力维护社会主义市场经济的法律秩序和社会秩序，为构建社会主义和谐社会发挥着强有力的法制作用。法律服务是指由司法行政机关监督管理的法律服务机构、基层法律工作组织和法律服务工作者，对企事业单位、社会组织和个人提供的法律咨询、法律代理和法律援助等方面的法律服务行为。

法律保障是指司法行政机关通过民事司法和刑事司法程序对广告违法者施以民事责任或刑事责任的制裁，法律保障一般是广告监督管理的最后一道防线。

3. 广告行业自律

广告行业自律作为广告行业的自我管理，是由广告主、广告经营者和广告发布者自发成立的民间性行业团体组织，通过协商自行制定组织章程、公约和会员守则等，对广告活动进行自我约束、自我监督和自我管理，对违约者实施内部惩罚，使之符合国家的法律法规和职业道德、社会公德的要求。

4. 广告社会监督

广告社会监督体现了人民群众参与广告事务管理的权利和机会，体现了社会公众的愿望和意志，可以让广告活动更好地为社会主义经济建设服务。广告社会监督的范围比较广泛，包括消费者、消费者组织和社会各界以及新闻媒体对广告活动的监督、举报、批评和建议。广告社会监督的主体以消费者组织和新闻媒介为主，以消费者和社会公众为辅，广告社会监督的客体是广告活动以及参与广告活动的单位和个人。

广告社会监督是规范广告经营、保证广告市场健康有序发展的必要手段，是对广告法律监督管理、行政监督管理和行业自律的必要补充。广告社会监督发动广大民众的力量,督促企业自觉履行广告的社会责任、遵纪守法和重视广告宣传的社会效果,是加强广告监督管理的有效方法。正是由于有了广大消费者监督参与,政府对广告管理才更加富有层次,广告的行政监督管理才更加有效、更加有力。

广告的法律监督管理、行政监督管理、司法行政法律服务与法律保障、行业自律、社会监督共同构成了广告监督管理体系,这些监督管理手段要综合运用,才能有效遏制广告欺诈行为,减少虚假违法广告的发生。

二、广告社会监督的概念和特点

（一）广告社会监督的概念

广告社会监督,是指由广大民众通过某些社会组织、社会团体、舆论机关、各种群众自治组织或者公民自行进行的监督。它包括消费者协会的投诉处理、新闻媒介对不正当广告的披露、消费者的呼声、社会公众的谴责等。

（二）广告社会监督的特点

与政府管理、司法监督和行业自律相比,广告社会监督管理具有其自身的特点。

1. 社会监督的合法性

在《宪法》《消费者权益保护法》《产品质量法》等法律、法规中,对公民和社会组织的社会监督权都作了相关规定,广告社会监督于法有据,有利于实现法的价值。广告社会监督通过监督欺诈性广告等不法、不道德广告,其目的在于促进广告事业的健康发展,保护消费者的合法权益。

2. 社会监督主体的广泛性

广告社会监督的主体是整个社会公众,每一个社会公众及社会组织都可以对广告行使监督权,这些社会监督组织代表的也是广大民众的利益和呼声,从而形成了一个庞大的监督阵容。任何一则广告信息一旦经过媒体发布出来,就会被置于广大消费者的监督之下,对广告的真实性与合法性给予监督,他们的监督行为影响着广告行业的发展。

3. 社会监督方式的多样性

依据判断一则广告是道德缺失还是违法以及违法程度的不同,行政管理、司法监督、行业自律可以采取法律规定或协商约定的相应措施予以处理,而广告社会监督的方式并不是由法律明文规定的,是根据党和政府所倡导的、民众自发选择的监督方式如当面批评、书面建议、新闻媒介曝光、向有关机关举报等。

民众可以自行选择以某种方式监督,或者自发组织起来抵制欺诈性或低俗广告,也可以向消费者组织和社会团体来反映广告违法行为,由它们选择以何种方式实施监督职能。

4. 社会监督对象的全面性

由监督主体的广泛性，体现出参与广告社会监督的阵容庞大，各行各业的从业者同时也是消费者，他们具有不同的专业知识和技能，分别对不同形式的虚假广告、欺诈广告、低俗广告具备识别能力，这样所有的广告行为均处于社会公众的监督之下。

这种全民参与的社会监督，有力地弥补了行政监督管理力量的不足，全面地监督违法失德广告行为，促进广告行业的发展。

三、广告社会监督的意义和主要监督力量

（一）广告社会监督的意义

在我国，广告社会监督具有很强的现实意义。

1. 广告社会监督是广告法律监督体系的重要补充

无论是法律法规、规章还是规范性文件，均是立法机关严格依照法定程序制定并认可的，存在一定的滞后性。广告社会监督可以解决法律法规不完善或法律法规滞后于现实的问题，通过消费者组织或新闻媒体对违法失德广告行为的曝光，形成强大的舆论压力，促使违法失德广告的有关主体改正自己的不法广告行为。

2. 广告社会监督是广告行政监督管理的启动者之一

作为广告监督管理覆盖面最广的群众性网络，广告社会监督可以解决行政监督管理触及不到的地方，许多广告违法行为都是首先由消费者、消费者组织和新闻媒体发现，然后通过社会舆论监督，最后经由广告行政监督管理机关予以处理的。

3. 广告社会监督是广告行政监督管理的辅助力量

改革开放 40 多年，中国广告业从 1 亿多元营业额发展到 1700 亿的产业规模，各种类型的广告公司总数超过十万，每天均有大量不同形式的广告展现在社会公众面前，与此相对应的是我国广告行政监督管理的力量严重不足，无法主动全面监管广告违法行为，大多数违法广告是由消费者投诉举报到广告行政管理机关才得以处理的。

广告社会监督作为群众性自发参与的活动，有助于解决我们国家大、广告多、行政监督管理无法监管到每一个广告的问题。

（二）广告社会监督力量

社会各界对广告市场的社会监督主要包括。

1. 社会公众对虚假违法广告的投诉举报

社会公众是虚假违法广告的直接利害关系人，消费者有权对虚假违法广告

向广告监督管理机关或者消费者组织投诉举报。

2. 社会组织对虚假违法广告的社会监督

社会组织对广告的社会监督,具有专业性和组织性的特点,是最重要的广告社会监督力量。中国的消费者协会是保护消费合法权益的全国性社会团体,在维护广告市场秩序方面具有重要作用。该组织通过对商品和服务进行社会监督,受理并调解处理消费者对虚假违法广告的投诉,保护消费者的合法权益,引导广告消费者合理、科学地消费。

3. 新闻媒体对虚假违法广告的舆论监督

新闻媒体在公开揭露、批评虚假违法广告及低俗广告,引导消费者增强自我保护意识,提高维护自身合法权益的能力等方面,具有重要而不可替代的作用。

例如"三株口服液"广告夸大功效、无中生有、诋毁对手,虽经广东省卫生厅吊销了广告批准文号,并没引起社会的关注,但新闻媒体一则"八瓶三株口服液喝死一条老汉"的司法案件报道,却成了压倒三株公司的最后一根稻草。

第二节 广告受众的社会监督

一、广告受众社会监督权的内容

(一)广告受众的监督、检举和控告权

任何单位或者个人有权向市场监督管理部门和有关主管部门投诉、举报广告违法行为。市场监督管理部门应当向社会公开受理投诉、举报的电话、信箱或者电子邮件地址,接到投诉、举报应当依法作出处理,并将处理结果及时告知投诉、举报人。

【案例 10-1】

2020 年上海江城皮肤病医院有限公司违法广告案。上海江城皮肤病医院有限公司在第三方医美 APP 宣传其医疗美容服务时,使用 4 名女性患者治疗前后的面部对比图片,经查实,图中 4 名女性并非实际消费当事人,图片系该公司自行从网上下载并编辑使用,构成虚假广告;该公司宣称"激光祛斑三大优势科学安全、安全可靠、三效合一",构成违法对医疗服务进行安全性保证。

上述行为违反了《广告法》第二十八条第二款第(四)项:虚构使用商品或者接受服务的效果;以及第十六条第一款第(一)项:医疗、药品、医疗器械广告不得含有表示功效、安全性的断言或者保证;目前市场监管部门已责令该公司停

止发布违法广告,并处罚款 25 万元。[①]

【解析】

遏制虚假广告,保障消费者的消费安全,市场监督管理部门首先要完善监管制度,加大对市场企业的监管力度。另外,广大消费者也应该养成维权的意识,坚决捍卫自己的合法权益。

(二)广告受众对国家机关及其工作人员的监督权

广告受众有权对国家机关及其工作人员在保护消费者权益工作中的违法失职行为进行监督。国家有关部门担负着保护消费者权益的任务,为了促使国家机关及其工作人员积极履行职责,广告受众有必要对其工作情况进行监督,如发现国家工作人员包庇、纵容广告主、广告经营者、广告发布者损害消费者利益,国家机关及其工作人员与广告主、广告经营者、广告发布者合作发布虚假欺诈低俗广告,国家机关及其工作人员对广告市场管理的不作为等,均有权检举和控告。

(三)广告受众对保护消费者权益工作提出批评、建议权

广告受众有权对消费者保护工作中存在的问题,提出批评、建议,以促进保护消费者法律制度的完善和消费者保护工作的改善。

二、广告受众社会监督的重要性和必要性

(一)重要性

广告主做广告的目的是通过向广告受众传递商品和服务信息,使潜在的购买欲望转化为现实的购买行为,只有在广告受众感觉到广告真实可靠,其合法权益能受到有效保护的前提下,广告受众才会产生购买欲望。

广告受众社会监督,有利于快速及时发现虚假欺诈广告,提醒广大消费者规避消费风险,促使广告主、广告经营者、广告发布者自觉维护消费者利益,实现广告传递商品和服务信息的目的,广告事业才能兴旺发达。

(二)必要性

广告受众社会监督能促进消费者增强自我保护意识,提高对虚假违法广告的辨别能力,使得广告受众能自觉抵制虚假违法广告的诱惑,并且积极投诉、举报,协助广告监督管理机关查找线索和证据,以维护全体消费者的合法权益,从而在一定程度上维护了社会主义市场经济秩序。

---

① 《上海市监局披露违法广告案例:三家医美机构上榜 上海市市场监管局 2020 年第一批虚假违法广告典型案例》,发布时间:2020-03-19,09:00。信息来源:新华网,http://www.xinhuanet.com/fashion/2020-03/19/c_1125728280.htm。

三、广告受众社会监督的实施

（一）广告受众社会监督的实现措施

1. 提高消费者和广告受众素质

消费者和广告受众是广告社会监督的主体，他们的监督能力直接决定了社会监督效果的实现，但目前我国广告受众的整体素质还有待提高，他们一方面缺乏对产品质量的认知、对广告行为的判断以及法律等相关专业知识，另一方面对于广告侵权行为，特别是尚未造成实际侵害的违法行为缺乏辨别能力和维权意识。因此，提高广告受众的社会监督意识和能力，是实现广告受众社会监督的首要问题。

【案例 10-2】

"柳州螺蛳粉"作为中国著名地方美食，2018 年 7 月，"柳州螺蛳粉"获得了地理标志证明商标，柳州市螺蛳粉协会 43 家企业经授权后可使用。柳州已有 20 家螺蛳粉生产企业有出口资质，销往美国、南非、越南等数十个国家。

随着其国际市场的开拓，在海外遭受商标侵权的情况也时有发生。2019 年 4 月，在美国等地，广西螺霸王食品有限公司就发现注册商标"螺霸王"被不法商家侵权。海外侵权对企业发展造成了很大影响。①

【解析】

此种侵权行为的发生，实际上是知识产权地域性的体现。要想避免此类侵权，我国企业在走出国门时，就应该对自己的商标保护作出一定的预判，例如，既要考虑公司的名称能否用做商标、域名注册，也要考虑包括公司名称在内的图形、字母、数字、三维标志和颜色组合，以及上述要素的组合能否申请到外观设计专利等，提前注册或者通过代理人完成交易，就可避免自己的知识产权受到侵犯。

2. 营造广告受众社会监督的环境

（1）有关国家机关应当切实履行广告监督管理职责，并且要为广告受众社会监督权的实现提供必要的条件。

（2）各级消费者协会积极主动开展工作，受理广告受众的投诉并予以帮助解决争议，对于涉及面广、情节严重、久拖不决的投诉，可以支持广告受众起诉。

（3）广告主、广告经营者、广告发布者应当自觉接受广告受众的监督，充分尊重广告受众的监督权利。

---

① 《卖得太火，一品牌螺蛳粉在国外被侵权！"柳州螺蛳粉"正申请注册国际商标》，发布时间：2019-06-06，08：00。信息来源：《南国今报》，https://dy.163.com/article/EHPVNC1C0530U7LS.html.

3. 广告受众将社会监督作为一种义务

广告受众的社会监督权既是广告受众的一项自我保护的基本权利，同时又是一种义务，广告受众在社会生活和消费活动中，应当加强维护自身合法权益的意识，主动自觉地对损害消费者利益的行为给予揭露、批判，甚至诉诸法律。

（二）广告受众社会监督的途径

1. 与广告主、广告经营者、广告发布者协商和解

当广告受众和广告主、广告经营者、广告发布者因商品广告或者服务广告发生争议时，协商和解应作为首选方式，特别是因误解产生的争议，通过解释、谦让及其他补救措施，便可化解矛盾，平息争议。

协商和解必须建立在自愿平等的基础上，协商和解的内容必须合法。重大纠纷，双方立场对立严重，要求相距甚远的，可寻求其他解决方式。

2. 请求消费者协会调解

消费者协会是依法成立的对商品和服务进行社会监督的保护消费者合法权益的社会团体，其职能之一就是对广告受众投诉事项进行调查、调解。消费者协会受理广告受众投诉，调解广告受众和广告主、广告经营者、广告发布者之间的争议时，应依照法律、行政法规和公认的商业道德调解，并由双方自愿接受和执行，消费者协会的调解不得妨碍广告受众行使诉权。

3. 向有关广告行政管理部门申诉

政府有关广告行政管理部门依法具有规范广告主、广告经营者、广告发布者的经营行为，维护消费者合法权益和市场经济秩序的职能。消费者权益争议涉及的领域很广，当合法权益受到侵害时，广告受众可根据具体情况，向市场监督管理部门、卫生行政管理部门、药品监督管理部门、新闻出版部门、广播电影电视部门、农业行政管理部门、教育行政管理部门等有关行政职能部门提出申诉，求得行政救济。

4. 提请仲裁机构仲裁

广告受众与广告主、广告经营者、广告发布者通过仲裁解决消费者权益争议的前提条件，是双方在发生争议后订立书面仲裁协议，自愿将双方的争议提交第三方裁决以解决纠纷。仲裁裁决自做出之日起即发生法律效力，仲裁裁决非因法定事由并经法定程序不能撤销。

5. 向人民法院提起诉讼

在广告受众的合法权益受到损害时，广告受众可直接向人民法院起诉。司法审判具有权威性、强制性，是解决消费者争议的最后手段，广告受众为求公正解决争议，可依法行使诉权。

第三节　消费者组织的监督管理

一、消费者组织概述

（一）消费者组织的概念和特征

消费者组织的概念，学术界存在不同的观点，对于消费者组织的范围界定有争论。按我国《消费者权益保护法》的规定，消费者组织是依法成立的对商品和服务进行社会监督的保护消费者合法权益的社会团体。消费者组织以对商品和服务进行社会监督为己任，以切实维护消费者的合法权益为宗旨。

《消费者权益保护法》第三十六条规定，消费者协会和其他消费者组织是依法成立的对商品和服务进行社会监督的保护消费者合法权益的社会组织。

消费者组织具有如下特征。

1. 消费者组织是非营利性组织

根据消费者组织的任务和相关法律规定，消费者组织是社会团体，消费者组织不得从事营利性经营。

2. 消费者组织以保护消费者利益为宗旨

消费者组织成立的目的就是保护消费者利益，这一宗旨将消费者组织与其他社会团体区别开来。

3. 消费者组织是法人组织

依我国相关法律规定，消费者组织是社会团体，按《社会团体登记管理条例》第三条第二款规定："社会团体应当具备法人条件。"既然消费者组织是社会团体，那么就应在法律上成为具有法人资格的社会团体。

 知识链接

国际消费者联盟组织

国际消费者联盟组织（International Organization of Consumers Unions，缩写 IOCU，简称 Consumers International，缩写 CI），1960 年由美国、英国、澳大利亚、比利时和荷兰五个国家的消费者组织发起成立，是一个独立的、非盈利的、非政治性的组织。

国际消费者联盟组织原总部设在荷兰海牙，现已迁至英国伦敦，亚太地区分部设在马来西亚的槟榔屿。现有 72 个国家和地区的近 200 个消费者组织加入，中国消费者协会在 1987 年被接纳为该组织的正式成员。

（二）我国各级消费者协会的职能

1. 向消费者提供消费信息和咨询服务

消费者协会应当通过设立咨询电话、咨询窗口、举办宣传专栏、讲座、培训班、展览、社会咨询等各种形式，经常性地向广大消费者提供信息。

2. 参与有关行政部门对商品和服务的监督、检查

消费者协会除依照法律和章程的规定对经营者的商品和服务进行社会监督外，还可以参与有关行政管理部门对与消费者利益密切相关的商品和服务的监督、检查活动。

3. 向有关行政部门反映、查询并提出建议

消费者协会在日常工作中，发现经营者侵害消费者权益的行为，应当提出并予以制止，自己不能解决的，及时向有关行政部门反映、查询，提出建议。参与制定有关消费者权益的法律、法规、规章和强制性标准。

4. 受理消费者的投诉并调查调解

消费者协会受理消费者的投诉，属于消费者协会管辖范围的要及时调查、调解，不属于其管辖范围或处理不了的，要告知消费者寻求其他机关救济的途径。

5. 申请鉴定部门鉴定

投诉事项涉及商品和服务质量问题的，消费者协会可以提请鉴定部门鉴定，鉴定部门应当告知鉴定结论。

6. 支持受损害的消费者提起诉讼

消费者协会作为保护消费者合法权益的社会团体，在消费者权益受到侵害时，首先应当依自己的职责及时处理，自己不能解决的，可以告知消费者向人民法院起诉，并为其诉讼提供支持和帮助。

7. 公开揭露、批评损害消费者合法权益的行为

对损害消费者合法权益的行为，消费者协会应当通过大众传播媒介予以揭露、批评。

（三）消费者组织的权利限制

《消费者权益保护法》第三十八条规定："消费者组织不得从事商品经营和营利性服务，不得以收取费用或者其他牟取利益的方式向消费者推荐商品和服务。"

这一规定是根据消费者组织的性质、宗旨而对其提出的特殊要求，是消费者组织独立、公正地履行维护消费者职能的重要保证。消费者组织在依法履行保护消费者的法定职责时，必须履行法定的不作为义务，这些不作为义务是法律对消费者组织的权利限制。

二、消费者组织广告社会监督的实施

（一）消费警示发布

1. 消费警示来源

（1）消费者投诉。

（2）社会征集。

（3）新闻传媒的报道线索。

（4）各级消费者协会所提供的信息。

（5）政府主管部门、科技界、司法界、行业协会等与消费领域有关的社会各界提供的信息。

2. 消费警示内容

（1）就已经或可能对消费者人身、财产、精神造成侵害的带有普遍性和苗头性的产品和服务问题提出警示。

【案例 10-3】

2020 年 6 月北京市新增多例本土新冠肺炎确诊病例，且溯源调查显示与市场和生鲜食品有关联。2020 年 6 月 18 日，安徽省消费者保护委员会发布消费提醒，消费者在不放松个人防护的同时，要多关注食品安全方面的一些情况，谨慎购买来源不明的生鲜食品。

社区团购食品一定要能溯源。食品购买是社区团购的重要内容，不仅有新鲜蔬果、生鲜水产、禽类肉蛋，还有酸奶、面包、卤菜等加工食品。食品来源也不一而足，有正规厂家、商家产品，也有所谓原产地直采、农户直销、手工制作的食品。这其中如何保障食品品质是关键，消费者不能仅仅图方便，而要选择能够保证溯源和安全的食品。

安徽省消保委提醒消费者，摊贩饮食要看资质。刚刚施行的《安徽省食品安全条例》要求建立食品小作坊、小餐饮、食品摊贩监管制度，实行食品小作坊登记制度和小餐饮、食品摊贩备案制度。即使是小的食品作坊和摊贩也有小作坊登记证、小餐饮信息公示卡、食品摊贩信息公示卡，卡上将载明经营者的姓名、食品品种。

购买散装食品要看标注。《安徽省食品安全条例》明确规定，散装食品销售也应在摆放食品的位置、容器、外包装上有标签，标注食品的名称、生产日期或者生产批号、保质期以及食品生产经营者的名称、地址、联系方式等，并且清楚明显，容易辨识。销售直接入口的散装食品，应当符合食品安全要求，采取防尘防蝇防鼠防虫、设置隔离设施、提供专门取用工具等措施，防止污染。

外卖餐食要看包装。消费者在通过网络购买食品时，一定要选择外包装和运输条件符合食品安全要求的。同时，外卖还应有随餐小票或者清单，要标注食用时间提示和经营者名称、地址、联系方式,以及网络平台名称、订单编号等信息。①

【解析】

消费者协会是依法成立的对商品和服务进行社会监督的保护消费者合法权益的社会团体,对商品和服务进行社会监督是消费者协会的重要任务。消费者协会通过发布消费警示这一社会监督形式,提醒广告受众小心消费陷阱,养成理性的消费习惯,不盲目跟风消费。

(2)就已经或即将上市的具有高新技术含量的商品或新的服务形式,由于消费者对此不能充分了解而可能造成的错误诱导、盲目消费或损害提出警示。

(3)就一些带有普遍性的可能误导消费的消费观念、消费行为提出警示。

(4)就一般消费者由于无法确切掌握或知悉的法律法规、技术标准、专业知识等可能受到的损害提出警示。

(5)就消费者由于自我保护意识薄弱而可能造成的其他损害提出警示。

(二)参与对商品和服务广告宣传的监督、检查

消费者协会参与有关行政部门对商品和服务的监督、检查,这就将社会监督机制引入到行政监督之中,有利于消费者协会借助行政力量开展工作,使这种监督更具有权威性。消费者协会对广告市场的监督、检查,防止和追究不法分子利用广告欺骗社会公众的行为,从而正确发挥广告的促进生产、扩大渠道、方便人民生活、指导消费的作用。

(三)受理广告受众的投诉并采取相应的措施

1. 受理

(1)广告受众投诉要有文字材料或投诉人签字盖章的详细口述笔录,文字材料或口述笔录要有以下内容。

① 投诉方及被投诉方基本情况。

② 损害事实发生的过程及与经营者交涉的情况。

③ 有关证据。

④ 明确、具体的维权主张。

(2)对广告受众的投诉首先要审查投诉方与被投诉方的主体资格及投诉内容。

(3)消费者协会一般应在收到广告受众投诉材料之日起二十个工作日之内告知广告受众处理意见;特殊情况,在二十个工作日内通知广告受众并征得同意可延长至三个月。

---

① 《安徽省消保委提醒:谨慎购买来源不明生鲜食品》,发布时间:2020-06-19,08:36,信息来源:《安徽日报》,http://www.ah.xinhuanet.com/2020-06/19/c_1126133860.htm.

（4）对于其他单位转来的消费者投诉，凡投诉人没有要求向消费者协会投诉的，可不受理，不答复投诉人。

2. 调查

（1）对已受理的投诉，消费者协会工作人员要认真阅读、研究有关资料，充分听取争议双方的陈述，严格审查相关证据，并对争议事实进行调查、核实，准确定性。

（2）调查可以采取电话、函件、现场勘察、当面询问等方式进行。

（3）消费者协会认为有必要时，可向投诉方、被投诉方及投诉事项涉及人员发出《调查/调解通知书》。

（4）必要时，消费者协会可就投诉事项向有关行政部门进行查询。

（5）解决争议过程中，经与争议双方协商，消费者协会可就投诉事项涉及的商品和服务质量问题，委托或指定检测、鉴定部门，检测、鉴定部门应当出具书面报告。

3. 调解

（1）消费者协会主持下的调解，应以双方自愿为基础。调解可以采取信函转办等简便方式处理。争议一方提出或消费者协会认为有必要组织公开调解的，应征得争议各方同意。

（2）消费者协会主持调解的人员最少应当为二人，必要时应作笔录。

（3）消费者协会组织调解一般应自《调查/调解通知书》送达争议双方之日起二十个工作日内进行。

（4）通过调解达成协议的，应当由消费者协会工作人员填写《消费争议调解协议书》。如有必要，调解主持人可督促争议各方及时履约。

（5）对涉及面广、情节严重、久拖不决的投诉，消费者协会可在调查核实后采取下列措施。

① 向有关行政部门反映，要求依法查处。

② 通过大众传播媒介予以揭露、批评。

③ 发布消费警示。

④ 支持广告受众起诉。

（四）支持受损害的广告受众提起诉讼

《消费者权益保护法》赋予了消费者协会支持受损害的消费者提起诉讼这项职能，为消费者协会支持受损害的广告受众提起诉讼提供了法律依据，有利于弥补消费者协会调解手段的不足，有利于重大、疑难广告受众权益争议案件的最终解决，有利于促进社会监督与司法监督的相互配合，鼓励广告受众运用司法手段保护自己的权益。

消费者协会支持广告受众提起诉讼应具备的条件是。

（1）支持起诉的广告受众必须是为生活消费需要购买、使用商品或者接受服务的消费者。

（2）必须是广告受众要求消费者协会对其起诉予以支持的。

（3）损害广告受众的事实清楚、涉及面广、情节严重，经调解得不到解决，广告主、广告经营者、广告发布者按国家法律法规应承担法律责任的。

（4）通过其他途径如行政申诉途径得不到解决。鼓励广告受众采取其他途径解决争议，是由于通过诉讼途径成本较高，且耗时较长，程序也较为复杂。

第四节　新闻媒体的舆论监督

一、新闻舆论监督概述

（一）新闻舆论监督的概念

全世界的新闻媒体每天都在不断地进行新闻舆论监督，但称呼并不一致。西方新闻界叫"调查性报道"，中国过去常称为"批评报道"。新闻舆论监督是广大人民群众通过新闻媒介，对社会权力、公共政策、社会事态中的不良行为和丑恶现象进行披露、建议、批评的监督活动，是新闻媒介的一项基本功能。

新闻舆论通过新闻追踪、报道和曝光等方式，揭露违法广告的内幕和真相，使违法者不仅不能实现预期非法目的，还要遭受公众谴责的不利后果。

（二）新闻舆论监督的内涵

（1）新闻舆论监督的主体是社会公众，新闻媒介只是人民的口舌，是舆论监督的有效工具。

（2）新闻舆论监督的实施主体是媒体和媒体工作人员，新闻媒介作为"社会公器"代表和反映大多数社会成员的意志和主张。

（3）新闻舆论监督的客体是国家机关和国家工作人员，涉及公共利益的组织和个人，以及社会权力、公共政策、社会事态中的不良行为和丑恶现象。

（三）新闻舆论监督的法律依据

新闻舆论监督权来自于《宪法》规定的我国公民所享有的知情权、言论自由权和批评权，《消费者权益保护法》第六条明确规定了大众传播媒介对损害消费者合法权益的行为进行舆论监督。

二、新闻舆论监督的特点和作用

（一）新闻舆论监督的特点

1. 公开性

新闻舆论监督是通过新闻媒介来进行的，而新闻媒介是面向全社会的。通过新闻媒介的公开报道和评论，表达公众意愿，反映与公众利益相关的社会问题，引起公众的广泛关注和社会参与，舆论监督可以最大限度地调动社会的正义和良知，与一切侵害广告受众合法权益的行为做斗争。

2. 广泛性

新闻舆论监督运用舆论的力量并借助新闻媒介进行，因此它在监督的主体上、对象上以及效果上，都具有广泛性。这样，新闻舆论监督实际上是一种全社会性的监督，它可以借助社会公众的力量，产生广泛而深刻的影响。

3. 及时性

新闻舆论监督通过新闻媒介进行，能够迅速反映和形成强大的舆论。对于所监督的侵害广告受众合法权益的事件，舆论监督既可以与其他监督力量相比提前介入，又可以进行追踪报道和连续报道，施加及时有效的影响。这样，新闻舆论监督既可以防微杜渐于前，又可通过对虚假违法广告的及时曝光，提醒广大消费者规避消费风险。

4. 间接性

新闻舆论监督本身并不具有强制力，它的监督效应体现在通过新闻曝光后营造一种舆论环境，对监督对象形成舆论压力，促使其加强自律或者推动社会进行他律，从而约束监督对象的行为。

（二）新闻舆论监督对保护广告受众合法权益的作用

1. 宣传作用

新闻舆论宣传国家有关消费方面的方针政策和法律法规，宣传消费者享有的权利，宣传消费科学知识，对消费者进行教育和引导。

2. 反映消费者意见和要求

通过新闻舆论，反映广大消费者的呼声、意见和要求，揭露批评各种损害消费者合法权益的行为，使领导机关和有关方面了解群众的痛苦，促使问题得到解决。

3. 社会监督

通过新闻舆论，对商品和服务进行社会监督，促使企业方面努力提高商品和服务质量，从而促进社会主义市场经济的发展。

4. 唤起社会支持

通过新闻舆论，宣传做好保护消费者权益工作的重要意义，唤起全社会都来关心、重视、支持保护消费者权益的工作。

三、新闻媒体对广告舆论监督的实施

（一）新闻媒体对广告舆论监督的途径

1. 促使监督客体自律

新闻舆论监督蕴藏着一种导向力量，矫正被监督对象的价值观念，并使监督客体实现主体的自戒自律。

2. 与国家行政监督、法律监督联动

新闻舆论监督通过与行政监督、法律监督的结合与联动,增强舆论监督的威严和法律监督的强制力,制约侵害广告受众合法权益的行为。如果没有权威的行政力量作为背景,没有行政监督和法律监督后续制裁,新闻舆论监督的作用就无法很好地实现。

(二) 新闻媒体对广告舆论监督的形式

1. 消息

消息是关于人和事物情况的报道。新闻舆论监督的消息必须具备报道事件的完整性,要求内容新鲜、出手要快、事实准确、简明扼要、篇幅要短。对于不能全面展开报道的事件,可采取其他形式后续报道。

例如 2008 年 1 月中央电视台关于"绿谷灵芝宝"违法广告的新闻舆论监督,就先后采取了《新闻联播》的消息和《每周质量报告》的记者调查这两种报道形式。

2. 通讯

通讯,是运用叙述、描写、抒情、议论等多种手法,具体、生动、形象地反映新闻事件或典型人物的一种新闻报道形式。它是记叙文的一种,是报纸、广播电台、通讯社常用的文体。

通讯的特点是严格的真实性、报道的客观性、较强的时间性、描写的形象性。新闻舆论监督的通讯以事件通讯和工作通讯最为常见,如《石家庄日报》2010 年 9 月 26 日发布的《裕华东路毛家饭店竟用领袖形象做广告》报道就是事件通讯,石家庄毛家饭店状告石家庄日报社侵犯名誉权案,法院终于做出判决:《石家庄日报》记者采写的文章及反映的问题基本属实,未构成对原告名誉的侵害。

3. 调查报告

新闻舆论监督的调查报告是针对某一新闻事件或社会问题、工作问题,进行调查研究,把事情真相通过广播、电视、报刊向受众"报告"的报道形式。调查报告具有全面、深刻的特点,这种形式在新闻舆论监督中普遍采用。

4. 新闻评论

新闻评论是对某一新闻事件或问题的分析、论述和说理,直接表明新闻媒体的主张,是一种讲道理的报道形式。新闻评论的形式有社论、编辑部文章、评论、本报评论员文章、短评、编后、编者按、思想评论、专栏评论、新闻述评、论文、漫谈、专论、杂感等。

如在《中国广告》杂志 2020 年第 5/6 期刊登的 5G 时代电视广告的变革之道专栏评论、《中国消费者》杂志 2018 年第 3 期发表的《新零售崛起,红人装展现"不一样的买＋秀"》就是新闻评论。

5. 记者来信、记者调查

记者来信、记者调查等都是记者以第一人称写的报道,常用来作为新闻舆论监督的报道形式。第一人称的叙述方式便于记者直接出面介绍事实、提出问题、发表评论,以及援引其他人的观点,它为记者表达广告受众的愿望和呼声提供了有力手段。

6. 广告受众来信、来电

广告受众的来信、来电也是新闻舆论监督常用的形式之一,以第一人称叙述,在采用广告受众的来信、来电前,新闻媒体要尽可能进一步核实事实,以免被极个别广告受众的不良动机所利用。

7. 其他形式

现在我国正在使用的新闻报道形式有六十多种,这些报道形式大多适用于新闻舆论监督,除上述六种主要的新闻舆论监督形式外,常用的还有对比报道、客观报道、曝光台、新闻调查、新闻照片和新闻漫画等。

 思考与练习

一、简述题

1. 简述广告社会监督的概念和主要监督力量。

2. 简述广告受众社会监督权的内容。

3. 简述消费者组织广告社会监督的实施。

4. 新闻媒体对广告舆论监督的形式。

二、案例题

基本案情:

受新冠病毒肺炎疫情的影响,许多大中小学校持续采用线上方式开展教学。由于线上教学需要孩子长时间使用手机、电脑等电子产品,对孩子的视力产生较大负担,一些商家遂开始通过广告炒作电子产品的"蓝光危害",宣传推销能"预防近视、保护视力"的防蓝光眼镜、防蓝光贴膜等产品。

据了解,通常所称的蓝光是指波长范围在 400～500 纳米的可见光。蓝光广泛存在于自然界中,不仅是电子屏幕,太阳光、许多 LED 灯具等同样也有蓝光。那么,蓝光是否对视力有害?"防蓝光产品"是否具有预防近视的功效?如何科学选择电子产品?在使用电子产品过程中有哪些注意事项?中国消费者协会就此梳理了有关专家观点和消协组织比较试验结果,希望能给消费者理性认知蓝光、合理选择电子产品和有效预防近视提供指导。

中国消费者协会提醒儿童青少年及家长,不必过分担忧蓝光对眼睛的危害,不要盲目迷信防蓝光产品广告中宣称的近视防护效果,要选择适当的电子产品。同时,家长要多关注孩子的用眼卫生,合理用眼,保护视力。[①]

思考讨论题:

消费者协会如何能更好地履行广告社会监督职责?

分析要点:

消费者协会广告社会监督的任务就是对广告进行全方位的监督,保护广告受众接受真实广告信息的权利。各级消费者协会通过发布消费警示这一社会监督形式,提醒广告受众小心消费陷阱,披露欺诈虚假广告,同时向有关行政管理机关传递违法广告的警示信息,引起广告行政监督管理机关采取相应措施。

---

① 《中消协提醒:防蓝光≠防近视,合理用眼和选对产品才重要》,发布时间:2020-07-13,09:33 信息来源:中国消费者协会网,http://www.cca.org.cn/jmxf/detail/29676.html.

第十一章
广告法律责任

本章导读

1. 了解广告法律责任和广告违法行为的概念、特征、构成要件和种类;
2. 掌握广告行政责任的概念、种类、处罚原则、形式及违法广告的行政处罚;
3. 掌握广告民事责任的概念、特征、法定情形和形式,刑事责任的概念和类型;
4. 了解广告行政复议的概念、申请范围、条件、申请的受理、审理和裁决;
5. 了解广告行政诉讼的概念、特征、范围、条件、审理和判决;
6. 了解广告行政复议与广告行政诉讼的关系。

引例

2019 年 9 月,长治市市场监督管理局执法人员发现当事人利用户外场地发布"生殖整形"医疗路牌广告,广告中含有"青少年生殖整形援助大行动 长治泌尿专科医院""长治圣爱妇产医院 专业妇科 产科典范"等内容,经调查发现,该医疗广告未经广告审查。当事人非法发布广告行为,违反了《广告法》的有关规定。

2019 年 11 月,长治市市场监督管理局对该起"生殖整形"医疗户外违法广告案作出行政处罚,责令停止发布违法广告,消除影响,并处罚没款 3 万元。[①]

【解析】

当事人未经广告审查擅自发布户外医疗广告,依法应予处罚。市场监管部

---

① 《山西市场监管:一批典型违法广告案例公布 山西省市场监督管理局公布十起典型违法广告案例》,发布时间:2019-11-21,06:56。信息来源:《山西日报》,http://sx.people.com.cn/n2/2019/1121/c189130-33561291.html。

门坚持正确的广告导向,始终将人民群众身体健康和财产安全作为广告监管的首要目标,不断加大广告监管力度,强化广告执法办案,提升虚假违法广告惩治力度,规范广告发布行为,保护消费者合法权益,不断净化广告市场环境。

第一节　广告法律责任概述

一、广告法律责任

(一)广告法律责任的概念

广告法律责任是指广告活动主体违反广告法律、法规的规定,实施广告违法行为造成损害,应当承担的法律后果。广告活动主体不履行法定义务,违反广告法律、法规规定,必须承担相应的法律责任,才能确保广告法律、法规的贯彻执行。

《广告法》第五章"法律责任"及《广告管理条例》涉及四个方面的内容。

(1)广告主、广告经营者和广告发布者在广告活动中实施违法行为应当承担的法律责任。

(2)广告监督管理机关和广告审查机关的工作人员违反广告法律、法规应当承担的法律责任。

(3)广告主、广告经营者和广告发布者违反《广告法》而造成侵权结果应当承担的法律责任。

(4)广告行政复议制度和广告行政诉讼制度。

(二)广告法律责任的特征

1. 广告法律责任的承担是广告活动主体不履行法定义务的必然结果

广告法律、法规对广告活动主体的行为做出了规定,广告活动主体只有按照广告法律、法规的规定实施自己的行为,才是真正承担了法定义务,才能保证整个广告秩序的稳定发展。所以,承担广告法律责任是广告活动主体不履行法定义务的必然结果。

2. 广告法律责任的依据是法律、法规的具体规定

广告法律、法规及相关法律、法规对广告违法行为应当承担的法律责任都作了相应的规定,违反这些规定,必然要受到法律的追究,广告法律责任是由法律、法规预先设定和明文规定的具体规定。

3. 广告法律责任的履行有国家强制力作保证

根据广告法律法规的规定,当事人不履行行政处罚决定,逾期又不申请复议也不向人民法院起诉的,作出行政处罚的行政监督管理机关可以申请人民法院强制执行。这说明,广告法律法规赋予当事人选择行政复议和行政诉讼的权利的同时,也规定了行政监督管理机关可以用国家强制力迫使不履行广告法律责任的当事人履行法律责任。

（三）广告法律责任的构成要件

（1）存在广告违法行为,即广告主、广告经营者和广告发布者有违反我国广告法律、行政法规的行为。

（2）存在因广告违法行为造成的损害事实。

（3）广告违法行为与损害事实之间有因果关系,即损害事实是由广告违法行为直接造成的。

（4）广告违法行为人在主观上有过错,即广告主、广告经营者或广告发布者在主观上存在故意或者过失。

以上四个条件,必须同时具备,才能依法追究广告违法行为人的法律责任。

（四）广告法律责任的种类

不同的广告违法行为,性质和情节不同,侵犯的社会关系不同,对社会的危害后果不同,承担的法律责任也不同。针对不同的广告违法行为,我国的广告法律、法规将广告法律责任分为三类:广告行政责任、广告民事责任和广告刑事责任。

二、广告违法行为

（一）广告违法行为的概念

广告违法行为是指广告主、广告经营者和广告发布者在设计、制作和发布广告过程中,以及广告监督管理机关和广告审查机关的工作人员在监督审查广告过程中,违反广告法律、法规规定,应当受到法律制裁的行为。

（二）广告违法行为的特征

1. 广告违法行为具有社会危害性

广告违法行为是对广告法律、法规规范的广告秩序的侵犯,对社会产生了危害,必须受到法律制裁。

2. 广告违法行为的行为人主观上有过错

广告违法行为人的主观过错包括故意和过失两种。故意是广告主、广告经营者和广告发布者有意识地实施广告违法行为,即明知自己的行为会产生危害社会的结果,并且希望或者放任这种结果的发生。

过失是广告主、广告经营者和广告发布者不了解,也没有意识到自己行为的违法性,以致出现了广告违法行为,或者虽然预见到自己的行为可能导致危害社会的结果,但轻信可以避免,因而实施了危害行为,产生了危害结果。

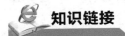

判断行为人主观上是否有过错的依据

1. 行为人应当掌握的广告法律、法规及相关法律、法规的程度。不论是广告主还是广告经营者,在进行广告宣传和广告经营时,首先应当熟悉和掌握广告法律、法规及相关的法律、法规。如果知法犯法,或者应当熟悉和掌握的法律、法规不熟悉或没有掌握,实施广告违法行为的,应当承担法律责任。

2. 行为人应当掌握的专业知识、技能和智力水平。凡行为人凭借其应当具备的专业知识、技能和智力水平,足以保证正确进行广告宣传和广告经营活动,但却故意或者由于过失,实施广告违法行为的,应当承担法律责任。

3. 广告经营者收取和查验广告证明的情况。凡是广告法律、法规规定应当收取和查验广告证明的,广告经营者没有按照规定收取和查验,或者收取和查验的证明不齐全,应当承担法律责任。

3. 广告违法行为违反广告法律、法规

广告活动主体实施违法行为是构成广告违法的前提条件,是认定广告违法的客观依据。只有广告违法的动机,没有实际的广告违法行为,或者虽有违法行为,但不是违反广告法律、法规,都不构成广告违法行为。

4. 广告违法行为应当受到处罚

广告违法是前因,处罚是后果。有些广告违法行为在某些情况下可以免予处罚,但免予处罚并不改变违法行为的违法性质。

(三) 广告违法行为的构成要件

1. 广告违法行为的主体是广告活动的参与者

广告违法行为的主体是从事广告活动的广告主、广告经营者和广告发布者,以及广告监督管理机关和广告审查机关的工作人员。

2. 广告违法行为人在主观上有过错

仅在客观上造成损害,而无主观上的过错,不构成广告违法行为。

3. 广告违法行为侵害的客体是广告法律、法规保护的广告秩序

广告法律、法规保护的广告秩序包括广告管理秩序、广告宣传秩序和广告经营秩序三个方面,广告违法行为就是对广告秩序的严重侵害。

4. 广告违法行为在客观方面表现为实施了广告违法行为

广告违法行为在客观方面表现为违反广告法律、法规的违法行为,如虚假广告、违禁广告和广告经营中的不正当竞争行为等。

广告违法行为必须同时具备以上四个要件,否则不能成立。

（四）广告违法行为的表现形式

（1）发布虚假广告，欺骗和误导消费者。

（2）在广告活动中，进行不正当竞争。

（3）广告内容违反广告法律、法规禁止的情形。

（4）广告表述内容不清楚，使用资料不真实、不准确。

（5）广告有贬低他人生产经营的商品或者提供服务的内容。

（6）以新闻报道形式发布广告。

（7）广告侵犯他人专利权和注册商标专用权。

（8）利用广播、电影、电视、报纸、期刊发布烟草广告，以及在各类等候室、影剧院、会议厅堂、体育比赛场馆等公共场所设置烟草广告。

（9）广告主提供虚假证明。

（10）伪造、变造或者转让广告审查决定文件。

（11）广告法律、法规规定应当在广告发布前由广告审查机关审查而未经审查的广告。

（12）未经市场监督管理机关批准或者登记，擅自经营广告业务。

（13）超越经营范围经营广告业务。

（14）非法设置户外广告。

（15）广告审查机关对违法广告作出审查批准决定。

（16）广告监督管理机关和广告审查机关的工作人员玩忽职守、滥用职权、徇私舞弊。

📖【案例 11-1】

成都市金堂县赵镇福兴山珍汤锅店违法广告案。当事人在汤锅店内发布的菜单广告包含野生食用菌信息 39 条，保健酒信息 11 条，其中极品松茸等菜品宣称具有"抗癌、止痛、延年益寿"的功效，超出产品正常信息内容。

其行为违反了《广告法》第十七条，"除医疗、药品、医疗器械广告外，禁止其他任何广告涉及疾病治疗功能，并不得使用医疗用语或者易使推销的商品与药品、医疗器械相混淆的用语"的规定。市场监督管理部门依据《广告法》第五十八条第一款第（二）项的规定，责令当事人停止发布违法广告，在相应范围内消除影响，罚款人民币 1.5 万元。①

【解析】

本案涉及印刷品广告，广告主自行或者委托广告经营者利用单页、招贴、宣传册等形式发布介绍自己所推销的商品或者服务的一般形式印刷品广告，以及

---

① 《乌木能驱邪、菜品能抗癌？成都一批违法广告被查处》，发布时间：2019-10-18，07：41 信息来源：《成都日报》，http://news.chengdu.cn/2019/1018/2077873.shtml.

广告经营者利用有固定名称、规格、样式的广告专集发布介绍他人所推销的商品或者服务的固定形式印刷品广告。

印刷品广告必须真实、合法、符合社会主义精神文明建设和弘扬中华民族优秀传统文化的要求，不得含有虚假的内容，不得欺骗和误导消费者。

第二节　广告行政责任

一、广告行政责任的概念

广告行政责任是指广告主、广告经营者和广告发布者，或者广告监督管理机关和广告审查机关的工作人员，不履行广告法律、法规规定的义务或者实施广告法律、法规禁止的行为，应当承担的行政法律后果。

广告行政责任是负有广告监督管理职能的国家行政机关，依据广告行政法律、法规对广告违法行为进行的行政制裁。

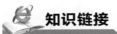 **知识链接**

广告行政责任的种类

根据行政制裁适用的违法行为、实施行政制裁的主体以及制裁方法的不同，行政责任可以分为行政处分和行政处罚两种。行政处分是指国家机关、企事业单位和社会团体依据行政管理法律、法规、规章、章程、纪律，对其所属人员或者职工作出的处罚。

行政处分有警告、记过、记大过、降级、降职、撤职、留用察看和开除八种形式。行政处罚是指特定国家机关对违反行政管理法律、法规的单位或者个人依法给予的制裁。行政处罚是国家维护社会经济秩序、行使国家权力的重要措施。行政处罚主要有拘留、罚款、警告、吊销营业执照、吊销许可证、责令停业和没收违法所得等。

二、广告行政处罚

（一）广告行政处罚的概念

广告行政处罚是指国家行政机关对违反广告法律、法规的广告活动主体的行政处罚。根据《广告法》的规定，对违反广告法律、法规的广告活动主体，主要由市场监管机关依法追究其行政责任。

市场监管机关在查明广告违法事实，查清广告违法种类、情节和危害程度的基础上，在广告法律、法规规定的处罚幅度内，实施相应的行政处罚。广告行政处罚的目的在于给予广告违法者以教育,从而防止新的广告违法行为以及更为严重的违法行为的发生。

【案例 11-2】

2019 年 8 月,临汾"洪剑"食品店在其店内展板上发布"黑茶"食品印刷品广告,广告中含有"黑茶九大保健功效……"等内容,广告内容中涉及疾病预防、治疗功能的内容,其广告发布行为违反了《广告法》有关规定。2019 年 9 月,临汾侯马市市场监督管理局依法作出行政处罚,责令停止发布该违法广告,处罚款 1 万元。[①]

【解析】

《广告法》第四条规定,广告不得含有虚假或者引人误解的内容,不得欺骗、误导消费者。第十七条规定,除医疗、药品、医疗器械广告外,禁止其他任何广告涉及疾病治疗功能,并不得使用医疗用语或者易使推销的商品与药品、医疗器械相混淆的用语。

该店堂广告因违反了上述规定而违法,相关责任方应承担法律责任。临汾侯马市工商局对临汾"洪剑"食品店处以责令停止发布违法广告、罚款等措施就是用行政处罚制裁违法广告。

(二) 广告行政处罚的主要形式

根据《广告法》的规定,广告违法行为的行政处罚形式主要有。

1. 责令停止发布广告

责令停止发布广告是指广告监督管理机关对违反广告法律、法规的广告,采取行政措施,强制广告活动主体取消违法广告的发布。责令停止发布广告,是给予违法行为人最轻的一种行政处罚,是大多数国家的通常做法,也是保护消费者利益和竞争者权益的首要手段。

对任何违反广告法律、法规的广告,广告监督管理机关首先要责令广告主、广告经营者或者广告发布者停止发布广告。这样做的目的,主要是防止广告违法活动继续进行,防止违法广告的危害后果进一步扩大。

2. 责令公开更正

责令公开更正是指广告监督管理机关对违反广告法律、法规的广告,强制违法当事人承担费用以同样的传播方式在该广告影响涉及的范围内,向社会公众和消费者作公开澄清,说明该广告的违法之处,以消除该广告的消极影响。

广告通常是通过大众传播媒介进行发布的,即使责令广告主停止发布广

---

① 《山西市场监管:一批典型违法广告案例公布 山西省市场监督管理局公布十起典型违法广告案例》,发布时间:2019-11-21,06:56。信息来源:《山西日报》,http://sx.people.com.cn/n2/2019/1121/c189130-33561291.html。

告,有时也已经造成了极坏的影响,因此,为了消除违法广告对消费者和社会造成的不良影响,必须责令广告主在停止发布违法广告的同时,公开更正。

3. 罚款

罚款是指广告监督管理机关对违反广告法律、法规的广告主、广告经营者或广告发布者,强制其在一定期限内向国家缴纳一定数量的货币的制裁方法。我国《广告法》对罚款标准采取浮动限额,即罚款数额可以在一定范围内浮动。

由于广告活动复杂多变,广告法律、法规不可能对所有广告违法行为都做出具体细致的处罚数额的规定,因此,必须根据具体情况,做出相应的处罚,即赋予广告监督管理机关一定的自由裁量权。

4. 没收广告费用

广告费是广告经营者、广告发布者设计、制作、代理、发布广告而收取的费用。没收广告费用是指广告监督管理机关将广告经营者、广告发布者从事违法广告活动收取的广告费用无偿收归国有,上缴国库的处罚措施。没收广告费用不适用于广告主。

5. 没收违法所得

没收违法所得是指广告监督管理机关依法没收违法广告活动取得的违法收入,如对伪造、变造或者转让广告审查决定文件所得的违法收入予以没收。没收违法所得不适用于广告主。

6. 停止广告业务

停止广告业务是指广告监督管理机关对违反广告法律、法规情节严重的广告经营者、广告发布者责令其停止广告业务活动,暂扣或者吊销广告经营许可证,取消其广告经营资格的行政处罚方式。停止广告业务剥夺了违法广告经营者、广告发布者的经营资格,是针对广告经营者、广告发布者最为严厉的一种行政处罚。停止广告业务不适用于广告主。

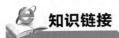 **知识链接**

市场监管部门履行广告监督管理职责,可以行使的职权

(1) 对涉嫌从事违法广告活动的场所、财物实施现场检查;

(2) 询问涉嫌违法当事人或者其法定代表人、主要负责人和其他有关人员,对有关单位或者个人进行调查;

(3) 要求涉嫌违法当事人限期提供真实、合法、有效的证明文件;

(4) 查阅、复制与涉嫌违法广告有关的合同、票据、账簿、广告作品和其他有关资料;

(5) 查封、扣押与涉嫌违法广告有关的广告物品、经营工具、设备等财物;

（6）对可能造成严重后果的涉嫌违法广告，责令暂停发布；

（7）法律、行政法规规定的其他职权。工商行政管理部门依照法律规定行使职权，当事人应当协助、配合，不得拒绝、阻挠。

（三）违法广告的行政处罚

（1）广告经营者、广告发布者明知或者应知广告虚假仍设计、制作、代理、发布的，由市场监督管理部门没收广告费用，并处广告费用三倍以上五倍以下的罚款，广告费用无法计算或者明显偏低的，处 20 万元以上 100 万元以下的罚款；两年内有三次以上违法行为或者有其他严重情节的，处广告费用五倍以上十倍以下的罚款，广告费用无法计算或者明显偏低的，处 100 万元以上 200 万元以下的罚款，并可以由有关部门暂停广告发布业务、吊销营业执照、吊销广告发布登记证件。

（2）有下列行为之一的，由市场监督管理部门责令停止发布广告，对广告主处 20 万元以上 100 万元以下的罚款，情节严重的，并可以吊销营业执照，由广告审查机关撤销广告审查批准文件、一年内不受理其广告审查申请；对广告经营者、广告发布者，由市场监督管理部门没收广告费用，处 20 万元以上 100 万元以下的罚款，情节严重的，并可以吊销营业执照、吊销广告发布登记证件：

① 发布有本法第九条、第十条规定的禁止情形的广告的；

② 违反本法第十五条规定发布处方药广告、药品类易制毒化学品广告、戒毒治疗的医疗器械和治疗方法广告的；

③ 违反本法第二十条规定，发布声称全部或者部分替代母乳的婴儿乳制品、饮料和其他食品广告的；

④ 违反本法第二十二条规定发布烟草广告的；

⑤ 违反本法第三十七条规定，利用广告推销禁止生产、销售的产品或者提供的服务，或者禁止发布广告的商品或者服务的；

⑥ 违反本法第四十条第一款规定，在针对未成年人的大众传播媒介上发布医疗、药品、保健食品、医疗器械、化妆品、酒类、美容广告，以及不利于未成年人身心健康的网络游戏广告的。

（3）有下列行为之一的，由市场监督管理部门责令停止发布广告，责令广告主在相应范围内消除影响，处广告费用一倍以上三倍以下的罚款，广告费用无法计算或者明显偏低的，处 10 万元以上 20 万元以下的罚款；情节严重的，处广告费用三倍以上五倍以下的罚款，广告费用无法计算或者明显偏低的，处 20 万元以上 100 万元以下的罚款，可以吊销营业执照，并由广告审查机关撤销广告审查批准文件、一年内不受理其广告审查申请：

① 违反本法第十六条规定发布医疗、药品、医疗器械广告的；

② 违反本法第十七条规定，在广告中涉及疾病治疗功能，以及使用医疗用

语或者易使推销的商品与药品、医疗器械相混淆的用语的;

　　③ 违反本法第十八条规定发布保健食品广告的;

　　④ 违反本法第二十一条规定发布农药、兽药、饲料和饲料添加剂广告的;

　　⑤ 违反本法第二十三条规定发布酒类广告的;

　　⑥ 违反本法第二十四条规定发布教育、培训广告的;

　　⑦ 违反本法第二十五条规定发布招商等有投资回报预期的商品或者服务广告的;

　　⑧ 违反本法第二十六条规定发布房地产广告的;

　　⑨ 违反本法第二十七条规定发布农作物种子、林木种子、草种子、种畜禽、水产苗种和种养殖广告的;

　　⑩ 违反本法第三十八条第二款规定,利用不满十周岁的未成年人作为广告代言人的;

　　⑪ 违反本法第三十八条第三款规定,利用自然人、法人或者其他组织作为广告代言人的;

　　⑫ 违反本法第三十九条规定,在中小学校、幼儿园内或者利用与中小学生、幼儿有关的物品发布广告的;

　　⑬ 违反本法第四十条第二款规定,发布针对不满十四周岁的未成年人的商品或者服务的广告的;

　　⑭ 违反本法第四十六条规定,未经审查发布广告的。

　　医疗机构有前款规定违法行为,情节严重的,除由市场监督管理部门依照本法处罚外,卫生行政部门可以吊销诊疗科目或者吊销医疗机构执业许可证。

　　广告经营者、广告发布者明知或者应知有本条第一款规定违法行为仍设计、制作、代理、发布的,由市场监督管理部门没收广告费用,并处广告费用一倍以上三倍以下的罚款,广告费用无法计算或者明显偏低的,处 10 万元以上 20 万元以下的罚款;情节严重的,处广告费用三倍以上五倍以下的罚款,广告费用无法计算或者明显偏低的,处 20 万元以上 100 万元以下的罚款,并可以由有关部门暂停广告发布业务、吊销营业执照、吊销广告发布登记证件。

　　(4) 有下列行为之一的,由市场监督管理部门责令停止发布广告,对广告主处 10 万元以下的罚款:

　　① 广告内容违反《广告法》第八条规定的;

　　② 广告引证内容违反《广告法》第十一条规定的;

　　③ 涉及专利的广告违反《广告法》第十二条规定的;

　　④ 违反《广告法》第十三条规定,广告贬低其他生产经营者的商品或者服务的。

　　广告经营者、广告发布者明知或者应知有前款规定违法行为仍设计、制作、代理、发布的,由市场监督管理部门处 10 万元以下的罚款。

广告违反本法第十四条规定,不具有可识别性的,或者违反本法第十九条规定,变相发布医疗、药品、医疗器械、保健食品广告的,由市场监督管理部门责令改正,对广告发布者处十万元以下的罚款。

(5)违反《广告法》第二十九条规定,广播电台、电视台、报刊出版单位未办理广告发布登记,擅自从事广告发布业务的,由市场监督管理部门责令改正,没收违法所得,违法所得 1 万元以上的,并处违法所得一倍以上三倍以下的罚款;违法所得不足 1 万元的,并处 5000 元以上 3 万元以下的罚款。

(6)违反《广告法》第三十四条规定,广告经营者、广告发布者未按照国家有关规定建立、健全广告业务管理制度的,或者未对广告内容进行核对的,由市场监督管理部门责令改正,可以处 5 万元以下的罚款。

(7)违反《广告法》第三十五条规定,广告经营者、广告发布者未公布其收费标准和收费办法的,由价格主管部门责令改正,可以处 5 万元以下的罚款。

(8)广告代言人有下列情形之一的,由市场监督管理部门没收违法所得,并处违法所得一倍以上二倍以下的罚款:

① 违反《广告法》第十六条第一款第四项规定,在医疗、药品、医疗器械广告中作推荐、证明的;

② 违反《广告法》第十八条第一款第五项规定,在保健食品广告中作推荐、证明的;

③ 违反《广告法》第三十八条第一款规定,为其未使用过的商品或者未接受过的服务作推荐、证明的;

④ 明知或者应知广告虚假仍在广告中对商品、服务作推荐、证明的。

(9)违反《广告法》第四十三条规定发送广告的,由有关部门责令停止违法行为,对广告主处 5000 元以上 3 万元以下的罚款。

(10)违反《广告法》第四十四条第二款规定,利用互联网发布广告,未显著标明关闭标志,确保一键关闭的,由市场监督管理部门责令改正,对广告主处 5000 元以上 3 万元以下的罚款。

(11)违反《广告法》第四十五条规定,公共场所的管理者和电信业务经营者、互联网信息服务提供者,明知或者应知广告活动违法不予制止的,由市场监督管理部门没收违法所得,违法所得 5 万元以上的,并处违法所得一倍以上三倍以下的罚款,违法所得不足 5 万元的,并处 1 万元以上 5 万元以下的罚款;情节严重的,由有关部门依法停止相关业务。

(12)违反《广告法》规定,隐瞒真实情况或者提供虚假材料申请广告审查的,广告审查机关不予受理或者不予批准,予以警告,一年内不受理该申请人的广告审查申请;以欺骗、贿赂等不正当手段取得广告审查批准的,广告审查机关予以撤销,处 10 万元以上 20 万元以下的罚款,三年内不受理该申请人的广告审查申请。

(13) 违反《广告法》规定,伪造、变造或者转让广告审查批准文件的,由市场监督管理部门没收违法所得,并处 1 万元以上 10 万元以下的罚款。

(14) 广播电台、电视台、报刊音像出版单位发布违法广告,或者以新闻报道形式变相发布广告,或者以介绍健康、养生知识等形式变相发布医疗、药品、医疗器械、保健食品广告,市场监督管理部门依照《广告法》给予处罚的,应当通报新闻出版、广播电视主管部门以及其他有关部门。新闻出版、广播电视主管部门以及其他有关部门应当依法对负有责任的主管人员和直接责任人员给予处分;情节严重的,并可以暂停媒体的广告发布业务。

新闻出版、广播电视主管部门以及其他有关部门未依照前款规定对广播电台、电视台、报刊音像出版单位进行处理的,对负有责任的主管人员和直接责任人员,依法给予处分。

第三节　广告民事责任与广告刑事责任

一、广告民事责任

(一) 广告民事责任的概念

广告的民事责任是指广告主、广告经营者和广告发布者因实施广告违法行为,欺骗或者误导消费者,使购买商品或者接受服务的消费者的合法权益受到损害,或者有其他侵权行为,应承担的民事法律后果。

(二) 广告民事责任的特征

1. 广告民事责任以财产责任为主

广告民事责任不同于广告行政责任,也不同于广告刑事责任的显著特点之一就是广告民事责任主要表现为赔偿财产损失,是以财产责任为主的法律责任。

2. 广告民事责任是向特定权利人或受害人承担责任

民事权利义务关系是双方的权利义务关系,权利的实现以对方承担义务为基础,所以,广告的民事责任是向特定权利人或受害人承担责任。

3. 广告民事责任以等价补偿为主

广告民事责任的承担一般与违法行为造成的损害相适应,即根据损失大小进行赔偿。造成财产损失的,适用财产责任,造成非财产损失的,适用非财产责任。

（三）承担广告民事责任的法定情形

1. 违反《广告法》规定，发布虚假广告，欺骗、误导消费者，使购买商品或者接受服务的消费者的合法权益受到损害的，由广告主依法承担民事责任。

2. 广告经营者、广告发布者不能提供广告主的真实名称、地址和有效联系方式的，消费者可以要求广告经营者、广告发布者先行赔偿。

3. 关系消费者生命健康的商品或者服务的虚假广告，造成消费者损害的，其广告经营者、广告发布者、广告代言人应当与广告主承担连带责任。

4. 前款规定以外的商品或者服务的虚假广告，造成消费者损害的，其广告经营者、广告发布者、广告代言人，明知或者应知广告虚假仍设计、制作、代理、发布或者作推荐、证明的，应当与广告主承担连带责任。

5. 广告侵权责任。

《广告法》第六十九条规定，广告主、广告经营者、广告发布者违反本法规定，有下列侵权行为之一的，依法承担民事责任：

（1）在广告中损害未成年人或者残疾人的身心健康的。

（2）假冒他人专利的。

（3）贬低其他生产经营者的商品、服务的。

（4）在广告中未经同意使用他人名义或者形象的。

（5）其他侵犯他人合法民事权益的。

【案例 11-3】

2019 年，知名博主 Papi 酱旗下北京春雨听雷公司的短视频商业广告配乐因侵权被告上法庭。事情源于 Papi 酱的短视频品牌 papitube 旗下的自媒体账号"Bigger 研究所"于 2018 年发布的一个视频广告中使用了音乐 Walking on the Sidewalk。该音乐为夫妻二人组 Lullatone 所作，而原告北京音未公司于 2019 年 3 月取得了该音乐的合法授权。

事后，涉事自媒体账号也曾在微博上回应起诉一事，承认版权意识不强，并将侵权短视频全网下架。2019 年 8 月 30 日，这一案件在北京互联网法院宣判，法院认为 Papi 酱北京春雨听雷公司存在侵权行为，判决赔偿原告北京音未公司7000 元。[①]

【解析】

在广告活动中擅自使用他人享有著作权的音乐、绘画、图片作品的，构成对他人著作权的侵犯，应当承担著作权侵权的民事法律责任。创作者、设计者、著作权人有着较为强烈的版权意识、法律意识，公司在广告活动中应当充分尊重

---

① 《Papi 酱旗下公司侵权案宣判：赔偿原告 7000 元》，发布时间：2019-08-31，02：26。信息来源：中国新闻网，https://m.chinanews.com/wap/detail/sp/sp/shipin/cns/2019/08-31/news8943139.shtml.

他人作品、尊重他人的合法权益,在日后的广告活动避免此类民事侵权行为的发生。

二、广告刑事责任

(一) 广告刑事责任的概念

广告刑事责任是指广告主、广告经营者和广告发布者在广告活动中,或者广告监督管理机关和广告审查机关的工作人员在执行职务中,实施的违法行为,情节严重,不但违反了广告法律、法规,而且构成了犯罪,依照《刑法》规定应当承担的刑事法律后果。

广告刑事责任比广告行政责任、广告民事责任要严厉得多,广告刑事责任追究的是对社会有严重危害性、触犯刑律、依法应当受到刑罚制裁的犯罪行为。

(二) 广告刑事责任的类型

《刑法》对广告活动中的犯罪行为及处罚作了相应的规定。根据广告刑事违法行为侵犯客体的不同,广告刑事违法行为可以构成下列犯罪:

1. 虚假广告罪

虚假广告罪是指广告主、广告经营者和广告发布者违反法律规定,利用广告对商品或者服务作虚假宣传,情节严重,依法应当追究刑事责任的行为。根据《刑法》规定,犯虚假广告罪的,处2年以下有期徒刑或者拘役,并处或者单处罚金。

2. 诽谤罪

诽谤罪是指利用广告故意捏造、散布虚假事实,损害他人商业信誉,造成重大损失或者有其他严重情节,依法应当追究刑事责任的行为。

3. 诈骗罪

诈骗罪是指以非法占有为目的,利用虚假广告骗取数额较大的公私财物,依法应当追究刑事责任的行为。

4. 假冒商标罪

假冒商标罪是指违反商标管理法律、法规的规定,利用广告假冒其他企业的注册商标,情节严重,依法应当追究刑事责任的行为。

5. 伪造、变造、买卖国家机关公文、证件、印章罪

伪造、变造、买卖国家机关公文、证件、印章罪是指在广告活动中,伪造、变造或者转让广告审查决定文件,情节严重,依法应当追究刑事责任的行为。

6. 渎职罪

渎职罪是指广告监督管理机关和广告审查机关的工作人员滥用职权、玩忽职守,或者利用职权徇私舞弊,违背公务职责的公正性、廉洁性和勤勉性,妨碍国家机关正常的职能活动,严重损害国家和人民利益,依法应当追究刑事责任的行为。

【案例 11-4】

2017 年,郑某、成某、刘某、赵某、孙某每人出资 3 万元启动资金,合伙开办"某某健身馆"。10 月开始宣传预售会员卡,通过发宣传单、手机微信等方式宣传,承诺至尊卡享受终身免费健身、赠送专用衣柜、提供贵宾休息区、室内高尔夫等待遇。

12 月,郑某等人又通过微信朋友圈宣传:健身馆将收购两家健身俱乐部,届时至尊卡将三店通用,未办理的和想升级的朋友抓紧办理,一旦正式营业将不再办理至尊卡,以此吸引更多消费者购买健身会员卡。至 2018 年 1 月 16 日郑某任法定代表人期间,共办理会员卡 6871 张,收取会费人民币 2186635.00 元。

由于会员人数过多和健身馆场地、设施有限,致使服务质量达不到事先承诺的标准,尤其是至尊卡会员无法享受到承诺的 VIP 待遇,致使会员与健身馆之间产生矛盾。

2018 年 1 月 16 日,郑某将健身馆转让给姚某并办理工商登记。姚某接手后,继续采用宣传单、微信、电台广播等方式,宣传办理会员卡,共办理会员卡 460 张,收取会费人民币 119601.00 元。2018 年 4 月,因入不敷出且无法兑现承诺的服务,引发会员不满,激化矛盾,姚某将健身器材抵押后逃匿。

经审理,吉林省通化县人民法院认为,六被告人利用夸大、虚假的广告宣传,诱使大量消费者办理健身卡,场馆不能正常经营,给消费者造成一定经济损失,情节严重,其行为均已构成虚假广告罪。

判处六被告人有期徒刑一年两个月至一年四个月不等,并处每人罚金人民币 5000 元,退赔被害人经济损失人民币 76.7 万元。对公安机关依法扣缴的健身设备,予以没收,责令退赔被害人。①

【解析】

我国《刑法》第二百二十二条规定:"广告主、广告经营者、广告发布者违反国家规定,利用广告对商品或者服务作虚假宣传,情节严重的,处二年以下有期徒刑或者拘役,并处或者单处罚金。"《广告法》第五十六条规定:"违反本法规定,发布虚假广告,欺骗、误导消费者,使购买商品或者接受服务的消费者的合法权益受到损害的,由广告主依法承担民事责任。

广告经营者、广告发布者不能提供广告主的真实名称、地址和有效联系方

---

① 《投放虚假广告 健身房经营者六人获刑罚》,发布时间:2020-07-21,14:09。信息来源:中国法院网,https://www.chinacourt.org/article/detail/2020/07/id/5362524.shtml.

式的,消费者可以要求广告经营者、广告发布者先行赔偿。"消费者在办理会员卡前,要了解经营户的注册登记和年报情况,确认其正常的经营资格。要对商家的信誉度进行了解,选择信誉度高、规模较大的商家,以降低消费风险。办卡时,尽量选择时限较短的月、季度消费卡,避免承担较大风险。如发现商家经营情况异常,及时向相关职能部门投诉。

第四节　广告行政复议与广告行政诉讼

一、广告行政复议

(一)广告行政复议的概念

广告行政复议是指不服广告监督管理机关作出具体行政行为的公民、法人或者其他经济组织,依法向作出该具体行政行为的上级广告监督管理机关提出请求重新处理的申请,由上级广告监督管理机关在当事人参加的情况下,对已作出的具体行政行为进行审查,在规定期限内,重新裁决维持、变更或者撤销原具体行政行为的活动。

在广告监督管理过程中,广告活动主体与国家行政机关之间产生争议在所难免,广告行政复议就是解决广告活动主体与国家行政机关之间争议的行政救济手段。1999年4月九届全国人大常委会第九次会议颁布《行政复议法》,标志着我国建立起独立的行政复议制度。该法2009年、2017年进行了修正。

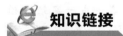
知识链接

广告行政复议与广告行政诉讼相比的优点

(1)程序简便,可以不公开审理,争议双方当事人可以不到场辩论,也不进行调解,只进行调查和书面审查,作出裁决。

(2)争议可以较快解决,有利于上级行政机关对下级行政机关进行监督,也有利于行政机关增强法制观念和提高执法水平。

(二)申请广告行政复议的范围

根据《行政复议法》的规定,对广告监督管理机关的下列行为,公民、法人或者其他经济组织认为对其构成侵权的,可以依法申请行政复议。

(1)对行政机关作出的警告、罚款、没收违法所得、没收非法财物、责令停产停业、暂扣或者吊销许可证、暂扣或者吊销执照、行政拘留等行政处罚决定不服的。

（2）对广告监督管理机关作出的有关广告经营许可证、执照、资质证、资格证等证书变更、中止、撤销的决定不服的。

（3）认为广告监督管理机关侵犯其合法的广告经营自主权的。

（4）认为广告监督管理机关违法要求履行义务的。

（5）认为符合经营广告业务法定条件申请广告监督管理机关颁发广告经营许可证，广告监督管理机关拒绝颁发或者不予答复的。

（6）认为广告监督管理机关的限制人身自由或者查封、扣押、冻结财产等行政强制措施决定不服的。

（7）认为符合法定条件，申请行政机关颁发许可证、执照、资质证、资格证等证书，或者申请行政机关审批、登记有关事项，行政机关没有依法办理的。

（8）法律、法规规定可以提出申请行政复议的其他行为。

（三）申请广告行政复议的条件

（1）申请人是认为广告监督管理机关的具体行政行为侵犯其合法权益的广告主、广告经营者或者广告发布者。申请广告行政复议必须以具体行政行为为前提，没有广告行政机关具体行政行为，就根本谈不上广告行政复议申请。

（2）有明确的被申请人。被申请人是指作出具体行政行为的广告监督管理机关。

（3）有具体的广告行政复议请求和事实根据。如果没有具体的复议请求和事实根据，广告行政复议机关不予受理。

（4）属于申请广告行政复议的范围。超出申请复议范围的，复议机关不予受理。

（5）属于受理复议机关管辖。广告行政处罚复议申请只能向作出具体行政行为的上级广告监督管理机关提出。

（6）广告行政复议申请必须在法定期限内提出。《行政复议法》规定："公民、法人或者其他组织认为具体行政行为侵犯其合法权益的，可以自知道该具体行政行为之日起六十日内提出行政复议申请；但是法律规定的申请期限超过六十日的除外。"

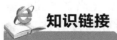 **知识链接**

广告行政复议申请书应当载明的内容

（1）申请人的姓名、性别、年龄、职业、住址或者法人及其他组织的名称、地址、法定代表人的姓名。

（2）被申请人的名称、地址。

(3) 申请广告行政复议的要求和理由。

(4) 提出广告行政申请复议的日期。

(四) 广告行政复议的受理、审查和决定

1. 广告行政复议受理

广告行政复议机关收到广告行政复议申请后,应当在五日内进行审查,对不符合本法规定的广告行政复议申请,决定不予受理,并书面告知申请人;对符合《广告法》规定,但是不属于本机关受理的广告行政复议申请,应当告知申请人向有关广告行政复议机关提出。否则,广告行政复议申请自广告行政复议机关负责法制工作的机构收到之日起即为受理。

2. 广告行政复议审查

广告行政复议机关受理复议申请后,应当对被申请复议的广告行政处罚进行审查,审查内容包括:广告行政处罚在援用法律、法规方面是否适当,事实认定是否清楚,是否符合法定权限,是否符合法定程序等。

3. 广告行政复议决定

广告行政复议机关经过复议审查,应当在收到复议申请之日起六十日内作出复议决定。广告行政复议决定一般有以下四种。

(1) 广告行政处罚认定事实清楚,证据确凿,适用依据正确,程序合法,内容适当的,决定维持。

(2) 被申请人不履行法定职责的,决定其在一定期限内履行。

(3) 广告行政处罚有下列情形之一的,决定撤销、变更或者确认该广告行政处罚违法;决定撤销或者确认该广告行政处罚违法的,可以责令被申请人在一定期限内重新作出广告行政处罚。

① 主要事实不清、证据不足的。

② 适用依据错误的。

③ 违反法定程序的。

④ 超越或者滥用职权的。

⑤ 广告行政处罚明显不当的。

(4) 被申请人不按照《行政复议法》规定提出书面答复、提交当初作出广告行政处罚的证据、依据和其他有关材料的,视为该广告行政处罚没有证据、依据,决定撤销该广告行政处罚。广告行政复议机关责令被申请人重新作出广告行政处罚的,被申请人不得以同一事实和理由作出与原广告行政处罚相同或者基本相同的广告行政处罚。

广告行政复议机关作出复议决定,应当制作复议决定书,并加盖印章。复议决定书一经送达,即发生法律效力。

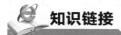

知识链接

广告行政复议决定书应载明下列事项

（1）申请人的姓名、性别、年龄、职业、住址或者法人及其他组织的名称、地址、法定代表人的姓名，如有第三人参加复议，还应当列明第三人的情况。

（2）被申请人的名称、地址、法定代表人的姓名、职务。

（3）申请广告行政复议的主要事实和理由。

（4）广告行政复议机关认定的事实、理由、适用的依据。

（5）广告行政复议结论，这一部分应当根据维持原处罚决定、撤销原处罚决定、部分维持部分撤销原处罚决定、部分维持部分变更原处罚决定四种情况作出不同表述。

（6）诉权及起诉期限。

（7）作出广告行政复议决定的年、月、日。

广告行政复议机关逾期不作出复议决定的，申请人可以在广告行政复议期满之日起十五日内向人民法院起诉。复议期间，被申请复议的广告行政处罚不停止执行。当事人对广告行政复议决定不服的，可以在接到复议决定之日起十五日内向人民法院起诉。申请人逾期不起诉又不履行广告行政复议决定的，做出广告行政处罚决定的机关可以申请人民法院强制执行。

二、广告行政诉讼

（一）广告行政诉讼的概念

广告行政诉讼是指广告主、广告经营者和广告发布者认为广告监督管理机关作出的广告行政行为侵犯其合法权益，而向人民法院提起诉讼，由人民法院在行政争议双方当事人、诉讼参与人的参加下，按照法定程序，对行政案件进行审理，作出裁决，解决行政争议的活动。

（二）广告行政诉讼的特征

（1）广告行政诉讼的一方必须是广告监督管理机关，而且只能是被告。

（2）广告行政诉讼的原告是自身权益受到侵犯的广告主、广告经营者或广告发布者。

（3）广告行政诉讼中的原告和被告法律地位平等，在诉讼中享有平等的权利和义务。

（4）广告行政诉讼的客体只能是广告监督管理机关作出的具体广告行政行为。广告监督管理机关作出规定、发布具有普遍约束力的决定、命令等抽象行政行为,以及广告监督管理机关内部对工作人员的任免、奖惩决定等不是广告行政诉讼的客体。

（三）广告行政诉讼的范围

（1）对广告监督管理机关作出的罚款、没收广告费用和停止广告业务等行政处罚不服的。

（2）认为广告监督管理机关侵犯其合法的广告经营自主权的。

（3）认为广告监督管理机关违法要求履行义务的。

（4）认为符合经营广告业务法定条件申请广告监督管理机关颁发广告经营许可证,广告监督管理机关拒绝颁发或者不予答复的。

（5）认为广告监督管理机关侵犯人身权、财产权的。

（6）对财产的查封、扣押、冻结等行政强制措施不服的。

（7）法律、法规规定可以提起行政诉讼的其他行为。

（四）提起广告行政诉讼的条件

1. 原告适格

广告行政诉讼的原告必须是认为自身合法权益受到广告行政行为侵犯的广告主、广告经营者或广告发布者。

2. 有明确的被告

未经广告行政复议的案件,作出行政处罚的广告监督管理机关是被告。经行政复议的案件,广告复议机关决定维持行政处罚的,作出行政处罚的广告监督管理机关是被告。广告复议机关改变行政处罚的,广告复议机关是被告。

3. 有具体的诉讼请求和事实根据

诉讼请求必须具体、明确,不能模糊不清,难以认定。事实根据是广告行政行为争议是否存在的事实,不是广告行政行为是否违法的事实。

4. 属于人民法院受案范围和受诉人民法院管辖

广告行政诉讼案件由最初作出具体广告行政行为的广告监督管理机关所在地人民法院管辖。经行政复议的案件,广告行政复议机关改变原具体广告行政行为的,也可以由广告行政复议机关所在地人民法院管辖。

（五）广告行政诉讼案件的审理和判决

1. 广告行政诉讼案件的审理

人民法院审理广告行政诉讼案件实行两审终审制。《行政诉讼法》规定:"人民法院应当在立案之日起五日内,将起诉状副本发送被告。被告应当在收到起诉状副本之日起十日内向人民法院提交作出具体行政行为的有关材料,并提出答辩状。

人民法院应当在收到答辩状之日起五日内,将答辩状副本发送原告。""人民法院审理行政案件,由审判员组成合议庭,或者由审判员、陪审员组成合议庭。合议庭的成员,应当是三人以上的单数。""经人民法院两次合法传唤,原告无正当理由拒不到庭的,视为申请撤诉;被告无正当理由拒不到庭的,可以缺席判决。人民法院审理行政案件,不适用调解。"

2. 广告行政诉讼案件的判决

人民法院经过审理,根据不同情况,分别作出以下判决。

(1)具体广告行政行为证据确凿,适用法律、法规正确,符合法定程序的,判决维持原处罚决定。

(2)对原具体广告行政行为的主要证据不足,或者适用法律、法规错误,或者违反法定程序,或者滥用职权、超越职权的,判决撤销或者部分撤销原广告行政行为,并可以判决被告重新作出具体行政行为。

(3)被告不履行或者拖延履行法定职责的,可以判决其在一定期限内履行。

(4)广告行政处罚显失公正的,可以判决变更原处罚决定。

《行政诉讼法》规定:"人民法院判决被告重新作出具体行政行为的,被告不得以同一的事实和理由作出与原具体行政行为基本相同的具体行政行为","当事人不服人民法院第一审判决的,有权在判决书送达之日起十五日内向上一级人民法院提起上诉。

当事人不服人民法院第一审裁定的,有权在裁定书送达之日起十日内向上一级人民法院提起上诉。逾期不提起上诉的,人民法院的第一审判决或者裁定发生法律效力。人民法院审理上诉案件,应当在收到上诉状之日起两个月内作出终审判决。"

 思考与练习

一、简述题

1. 简述广告违法行为的构成要件。

2. 简述广告行政处罚的主要形式。

3. 简述广告民事责任与广告刑事责任。

二、案例题

基本案情:

在搜索引擎用户规模与互联网市场营销价值凸现的情况下,搜索引擎营销已经成为广大企业选择的重要互联网营销手段之一,搜索引擎关键字服务正是其中的一种重要手段。然而,在搜索引擎市场繁荣后,搜索引擎关键字服务提供商遭遇侵权诉讼的案件越来越多。

因认为北京京瀚英才教育科技有限公司未得到授权许可,购买学而思教育注册商标"学而思"作为关键词,在百度搜索引擎中进行网络推广,损害了其商标权。北京学而思教育科技有限公司将北京京瀚英才教育科技有限公司、北京百度网讯科技有限公司诉至法院,要求二公司立即停止侵犯商标的行为、赔偿损失及合理支出 30 万元。

原告学而思教育诉称,其成立于 2005 年,10 余年来,企业一直专注于中小学、幼儿教育领域,旗下拥有多个品牌,现已经成为中国领先的教育科技企业。学而思教育在教育、培训、娱乐、文体活动服务项目上申请注册了一系列"学而思"及"学尔思"商标。

经学而思教育调查发现,北京京瀚英才教育科技有限公司购买学而思注册商标作为关键词,在百度搜索引擎中进行网络推广。在百度搜索引擎中输入"学而思",搜索结果页面中会出现"北京学尔思选京瀚,专业的学尔思"链接,并且在网址之后显示有"广告"字样。

原告学而思教育认为,北京京瀚英才教育科技有限公司与其均属于教育培训服务领域,北京京瀚英才教育科技有限公司未得到其授权,擅自在链接标题及网站介绍中使用"学尔思"商标,且使用该商标作为网络搜索关键词,在百度搜索引擎中发布链接,使之与自己公司相关联并进行推广,消费者极有可能误认为北京京瀚英才教育科技有限公司与学而思教育具有关联关系,而错误点击并完成消费。

北京京瀚英才教育科技有限公司的上述行为客观上造成了相关公众的混淆误认,损害了学而思教育的商标权益。百度公司作为网络服务提供者,未尽到合理审查之义务,使得北京京瀚英才教育科技有限公司侵权行为在其网站中大量存在,给学而思教育造成损失,构成共同侵权行为。[①]

思考讨论题:

试分析本案的民事责任。

分析要点:

按照传播媒体来分类,搜索引擎关键字广告属于网络广告的一种形式。《广告法》规定:"广告主、广告经营者、广告发布者不得在广告活动中进行任何形式的不正当竞争。"如果竞争对手对产品、信息、服务等核心关键词采用了恶意的关键字广告,指向自己的链接或其他链接,都构成不正当竞争,是民事侵权行为。

搜索引擎在各种因特网服务中使用度很高,它不仅体现在搜索引擎等搜索工具上,更重要的是被搜索的网页。站点可以根据用户键入的关键词来决定结

---

① 《学而思诉京翰教育和百度侵犯商标权,索赔 30 万元》,发布时间:2018-06-08,10:43。信息来源:北京市海淀区人民法院网站,http://bjhdfy.chinacourt.gov.cn/article/detail/2018/06/id/4016659.shtml。

果页面上出现的广告内容和各种链接关系。在现实中,搜索引擎关键字广告通常存在着搜索引擎运营商对关键字无法或不作出审核的问题,搜索引擎运营商在诉讼中往往进行免责申辩。

从权利义务关系对等的角度来说,搜索引擎网站的关键词服务是收取费用的,收费是权利,就需要承担相对应的义务和责任,就应当审查收费服务中的违法情况。该案例说明,我国《广告法》为当事人维护自身合法权益提供了充分的维权渠道,也为与广告相关的司法活动提供了有力的保障。

 **本章导读**

1. 通过学习使学生理解国际广告业发展趋势;
2. 熟悉国际广告行为规范,掌握外国广告管理。

 引例

在英国,法国化妆品巨头欧莱雅旗下的美宝莲和兰蔻两部平面广告被禁播,理由是这两部广告在后期制作时有意美化模特,误导消费者。这两部广告分别是由朱莉娅·罗伯茨代言的兰蔻奇迹薄纱粉底液,以及由名模克里斯蒂·特林顿代言的美宝莲抗衰老粉底 The Eraser。

欧莱雅集团随后向媒体承认广告经过了后期处理,比如给照片里的特林顿"提亮皮肤、美化妆容、减少阴影、柔滑嘴唇、加深眉毛"。英国广告标准局于2011年7月发布了一条禁令,英国广告标准局表示,欧莱雅不能证明在杂志上刊登的这两部广告准确表现了产品的效果。

请问:英国的广告管理与中国的广告管理一样吗?①

【解析】

化妆品广告在英国被禁播并不是第一次。2005年,两部同样来自欧莱雅的护肤品广告在英国电视台被禁播,原因是商家拿不出有力证据来支持广告中所说的功效。尽管佩内洛普·克鲁兹代言的一款睫毛膏和朱莉娅·罗伯茨代言的兰蔻奇迹薄纱粉底液在中国也有销售,但在英国声势浩大的禁播惩罚之后,国内相关部门却没有丝毫动静。

在我国化妆品广告夸大宣传的问题似乎也已见怪不怪,海飞丝、玉兰油、潘婷等多个知名品牌都曾因夸大产品功效而被曝涉嫌违法宣传。化妆品广告通

---

① 《欧莱雅产品广告英国被禁播,被指夸大功效》,http://goods.pcbaby.com.cn/mami/tj/1108/1021058.html.

过技术处理进行美化已是通行做法,以美白、祛斑、祛痘为功能诉求的产品广告尤甚。

尽管由国家工商总局颁布的《化妆品广告管理办法》规定,化妆品广告必须真实、健康、科学、准确,不得以任何形式欺骗和误导消费者。同时禁止使用他人名义保证,禁止含有"使用××天,色斑全部消失"等断言和保证,但对于代言人形象是否过度修饰等问题并无相关细则。我国也还没有类似英国广告标准局这样专业独立的广告监管机构。

第一节　国际广告行为规范

一、国际广告行为规范

国际广告活动不仅受到广告发行区域国际广告管理法规的制约,而且还要遵从国际广告界普遍接受的广告业自律规则的规定。目前,国际上带有权威性的广告行为规范是国际商会(ICC)在 1937 年通过、1973 年修改的《国际商会广告自律规则》和 1963 年通过的《国际商业广告从业准则》。

(一)《国际商会广告自律规则》

《国际商会广告自律规则》规定的基本原则是所有广告必须合法、诚实和真实,每一广告必须具备应有的社会责任感,并遵守在商界公认的公平竞争原则。

《国际商会广告自律规则》一般标准如下。

1. 公平

任何广告不得有违反通行的公平标准的声明或描述。

2. 诚实

任何广告不得滥用消费者的信任,或利用消费者的缺乏经验和知识贫乏。广告不得使用恐怖、迷信手段,不得宣传暴力行为。广告要如实描述,不得通过直接或间接说明的方法,或通过省略、含糊其辞、夸大的方法误导消费者,广告不得误用研究成果或错误引用科技著作。

3. 比较

对比广告不得产生误导作用,对比广告的内容应以具体事实为基础,不得以不正当的手段选择对比点。

4. 证明

广告证明必须合法有效,过期或已不再用的证明不得使用。

5. 贬低

广告均不得直接或间接地通过侮辱对方或嘲笑对方,或以其他方式,诋毁任何商品或产品。

6. 保护人身权

不管在公开或私下场合,事先未经许可,不得在广告中描绘或涉及任何人,不得以任何方式宣传他人的认同感受。

7. 信誉宣传

广告中禁止不合理地使用任何商行、公司、机构的名称或其开头字母。在广告中禁止不正当地利用另一商标或产品标志的信誉。

8. 模仿

广告不得在总体设计、正文、标识、解说词、音乐、音响效果等方面模仿其他广告。

9. 广告的识别

广告画面是清晰易辨的。在新闻媒介上发布广告须有明确标志。

10. 安全

广告不得展示或描述危险行为,也不得展示或描述忽视安全的情况。针对儿童、青少年的广告,尤其要特别注意安全;不得利用儿童的轻信或青少年缺乏阅历的特点来做广告。针对儿童、青少年的广告,不得对其产生不良影响或伤害其自尊心。

(二)《国际商业广告从业准则》

《国际商业广告从业准则》分为两大部分:《国际广告从业准则》和《国际电视广告准则》。

1.《国际广告从业准则》

为保护消费者的利益,要求该准则应由下列各当事人共同遵守:刊登广告的客户;负责撰拟广告文稿的广告客户、广告商或广告代理人;发行广告的出版商或承揽广告的媒介商。内容主要如下。

（1）保护消费者利益的广告道德标准

应遵守所在国的法律规定,并应不违背当地道德及审美观念。凡是可能引起轻视及非议的广告,均不应刊登;广告的制作,也不应利用迷信或一般人的盲从心理。广告只应陈述真理,不应虚伪或利用双关语及略语的手法歪曲事实。广告不应含有夸大成分的宣传,致使顾客在购买后有受骗及失望的感觉。

凡广告中刊有的商号、机构或个人的介绍,或刊载产品品质、服务项目等,不应有虚假或不实的记载。凡捏造、过时、不实或无法印证之词句均不应刊登。引用证词者或作证者本人,对证词应负同等责任;未经征得当事人同意或许可,不得使用个人、商号或机构所作的证词,也不得采用其相片。对已逝人物的证词或言辞及其照片等,若非依法征得其关系人的同意,不得使用。

（2）广告活动的公平原则

广告业应普遍遵守商业上的公平与公平竞争的原则,不应采用混淆不清足以使顾客对产品或提供的服务产生误信的广告。在本国以外国家从事广告活动的广告商应严格遵守当地有关广告业经营的法令，或同业之约定；广告商为广告客户所做的歪曲夸大的宣传，应予以禁止；广告客户对于刊登广告的出版物或其他媒介，有权了解其发行量，及有权提供准确发行数字的证明。

广告客户如欲了解广告对象的听众或观众的身份及人数，以及接触广告的方法，广告业者应提供忠实的报告；各类广告的广告费率以及折扣，应有明了翔实而公开的刊载，并应确实遵守。

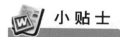 小贴士

《国际电视广告准则》的约定

《国际电视广告准则》是国际电视广告业的约定。最初是由"国际广告客户联合会"于1963年年会上提出通过的。比利时、丹麦、法国、美国、意大利、荷兰、挪威、瑞典、瑞士及西德诸国派代表出席会议。该会对电视商业广告，最初仅作若干原则性的规定，但为了达成前述目标，进一步订立细则。

依据《国际商会广告从业准则》的规定，所有电视广告制作的内容除真实外，应具有高尚风格。此外，还要符合在广告发行当地国家的法令及同业的不成文法。因电视往往为电视观众一家人共同观赏，故电视广告应特别注意其是否具有高尚道德水准，不使触犯观众的尊严。

2.《国际电视广告准则》

（1）儿童节目广告准则

原则规定了在儿童节目中或在儿童所喜爱的节目中不应做伤害儿童身心及道德的广告。也不容许利用儿童轻信的天性或忠诚心，而做不正当的广告。

特殊规定有：利用儿童节目发表的广告，不应鼓励儿童进入陌生地方，或鼓励与陌生人交谈；广告不应以任何方式暗示儿童必须出钱购买某种产品或服务；广告不应使儿童相信，如果他们不购买广告中的产品，则将不利于其健康和身心发展，或前途将受到危害，所谓如不购买广告中的产品将受轻视或嘲笑；儿童应用的产品，在习惯上并非由儿童自行购买，但儿童仍有表示爱恶的自主权。电视广告不应促使儿童向别人或家长要求购买。

（2）发布的广告内容要求

虚伪或误人的广告，不论听觉或视觉的广告，不应对某产品的价格，或其顾客的服务等，作直接或间接虚伪不实的报道。使用科学或技术名词及利用统计数字、科学上的说明或技术性文献等资料时，必须对观众负责；影射及模仿不应采用足以使顾客对所推销的产品或服务发生错觉，借机遂行鱼目混珠的广告方式；不公平的广告及引证；避免滥用保证；揣实作证之原则。

（3）关于酒精饮料广告的规定

各国对含有酒精的饮料广告，态度不一。一般而论，电视广告与其他广告相同，在发行广告国家当地法律的范围内，不应鼓励滥用酒精饮料，也不应以少年人为广告对象。

（4）关于香烟及烟蒂的规定

各国对香烟及烟蒂的广告，态度颇为不一致。一般而言，电视广告与其他广告相同，在发行广告国家法律的范围内，不应鼓励或提倡滥吸香烟及烟蒂，亦不应以少年人为广告对象。

（5）关于设备性产品的租用或分期付款购买的广告的规定

广告对产品的总值、销售条件及详细办法应明确说明，以不致引起误信为原则。

（6）有关职业训练的广告规定

凡为职业考试举办的某行业或某科目的训练班，其广告不得含有代为安排工作的承诺，或夸言参加此种课程者，即可获得就业的保障，也不可以授予未来为当地主管当局所认可的学位或资格。

（7）关于邮购广告的规定

推行邮购业务的广告客户，须对广告业者提供证明，以证实广告中推销的产品确有足够数量的存货后，才可刊登邮购销售广告。仅有临时地址或信箱号码的商号，不得刊登邮购广告。

（8）与私生活有关的广告规定

凡与个人私生活有密切关系的产品，其广告的制作应特别审慎，宜省略不宜在社会大众之前公开讨论的文辞，广告应特别强调其高尚风格。

（9）药物及治疗的广告的规定

（a）应避免误人或夸张的宣传。除非具有足够的事实证明，广告中不可引用某大学、某诊疗所、某研究所、某实验室或其类似的名称。无论是采取直指或含义的方式，广告不应对药品的成分、性质或治疗有不实之说明，亦不得对药物及治疗的适应症作不当的宣传。

（b）不宜采用恐吓手段。广告不可使患者感到恐惧、给予暗示和不加以治疗则将陷于不治之境。

（c）广告不可揭示以通讯方式诊治疾病。

（d）应避免夸大治疗效果的宣传。广告不可向大众宣示包治某种疾病。不宜滥为引用职业医生及医院临床实验的效果。除非有具体的理由根据，不得以广告证明医生或医院曾采用某种治疗方式或实验。广告不可涉及医生或医院的试验，不得刊载文辞夸张的函件样本。广告中不可采用内容过分渲染与文辞夸张的函件影印本作为治疗效果的佐证。禁登催眠治病的广告。广告不可提示采用催眠治疗疾病的方式。疾病需要正常医疗。

（e）广告不可对通常应由合格医师治疗的严重疾病、痛楚或症状，不经医师处方，即提供药品、治疗及诊断的意见。

（f）对身体衰弱、未老先衰及性衰弱等医药广告的规定。医院广告，不可明示某种药物或治疗方法可以增强性功能，治疗性衰弱，或纵欲所引起的恶疾，或与其有关的病痛。妇科医药广告，在治疗妇女月经不调，或反常的医药广告中不可暗示该药物可治疗或可用做流产。

第二节　广告管理的比较研究

有目的地研究外国广告动态，吸收其先进的管理经验和科学技术，是发展我国广告事业一项不可缺少的工作。虽然，西方国家与我国的社会制度不同，生产力水平不同，广告发挥作用的范围不同，广告管理法规所调整的经济关系也不同；但是，其广告发展的道路、经济管理的方式、广告行业管理的原则等方面是值得参考和借鉴的。

西方发达国家与我国有密切的经济贸易往来。它们在我国进行了大量的广告宣传，我国在外国也开展广告宣传。所以，了解和研究外国广告具有重要的现实意义。

一、广告在经济领域和政治领域都发挥着重要作用

在西方发达国家，广告业异常兴旺。无论是在政治上，还是在经济中，广告都发挥着重要的作用。兴盛的广告业已成为西方发达国家的显著标志。

在经济活动中，由于资本主义是自由市场经济，价值规律自发地发挥着作用。企业管理者为了推销商品，顺利地实现资本形态变化，加速资本周转，就必须加快流通。只有缩短了流通时间才能把商品尽快地转移到消费者和用户手中，实现商品的价值并获得剩余价值。而完成这一过程，首先是信息的传递。广告是经济中大量和广泛的传递经济信息的最有效的手段，其作用是其他任何事物都无法替代的。

在政治活动中，个人、社会团体和党派等都采用了广告宣传的方式。政治广告是表明个人、社会团体和党派的信念，并以获取支持为目的，有代价的非商品的宣传。在西方发达国家，表明个人意愿，可以在媒体刊登广告；社会团体表示政治观点和召集活动也可以发布广告；甚至总统竞选也要仰仗广告的力量。

二、广告费是其经费的主要来源

西方发达国家的新闻媒介单位绝大多数与政府和政党无隶属关系。政府和政党对这些新闻单位无财政拨款。其经费的主要来源是广告费、发行费以及其他收入。

例如,按照美国《人权法案》第一号修正案的规定:"国会不得制定任何削弱出版自由的法律。"所以,政府不通过法律限制报纸的内容和发行,因此也不设立专门的管理机构和拨付款项。报社的经费大部分来源于广告客户支付的广告费。政府仅在营业执照的核发上控制新闻媒介。企业领取政府颁发的营业执照,才有经营广告业务的资格。

三、广告管理立法完备

美、日等发达国家广告管理立法完备。以日本为例,涉及广告立法的经济法规虽然占经济法规很少一部分,但其绝对数量仍达百种以上。日本经济法律一般由国会制定,施行细则、条例、命令等程序法则分别由内阁总理大臣以及各部大臣制定与发布,从而保证了立法的统一性与权威性。

涉及广告的法律主要有:《禁止私人垄断及确保公平交易法》《家庭用品质量表示法》《不正当竞争防止法》,等等。这些法律从不同的角度和方面对广告活动予以限制。

四、广告行业自律较强

西方发达国家的政府和企业之间的关系,没有严格的行政隶属关系。由于生产资料的私有制这一基本原则,造成政府和私人企业的分离,从而促使了企业用行业组织的方式施行自我管理。这种自我管理既是自律,也是自我保护。广告行业内部出现了问题和矛盾,由行业组织调解,非到万不得已不交法庭或政府管理机构审理。

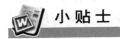 小贴士

广告自控系统

美国广告协会、美国广告公司委员会、全美广告主委员会和最佳商业局委员会四个社会团体于1971年7月联合创办广告自控系统。该广告自控系统可以受理大量有关广告的投诉,解决涉及广告的纠纷。它还负有监督广告商守法的责任。对于严重违反法律的广告行为,广告自控系统可以提交政府机构解决。

五、重视广告学科理论研究

主要的发达国家市场经济发展水平较高,广告业非常盛行。由于广告在社会经济中起着重要的作用,所以他们重视广告理论研究,以增强广告的经济效益,减少无效劳动,更好地发挥广告的作用。他们除了采用计算机、卫星等先进科技武装广告业外,还积极开展广告理论研究。

例如,美、英、日等国每年都有广告学的著作问世,而且许多有影响的广告学著作大都在这些国家出版。20世纪初,美国创立市场学(或称营销学),广告学是其中重要章节,后广告学单独形成一门学科。从而,使广告不仅仅是一种实用艺术,还要与市场营销、商品生命周期、消费趋势变化、媒体和产品研究结合起来,形成一门学科。

20世纪50年代,日本从美国引进市场学的理论使日本对广告学的研究产生了质的飞跃。日本的广告理论研究比较深入,且十分重视广告理论的引进,这正是日本现代广告不断发展的一个重要因素。

近10年来,欧美和日本的广告学又推出了整合营销理论"4C理论""CIS理论"等,引导着广告发展的新潮流。对广告发布新材质、新设备的研究,对于网络广告的开发等都走在世界的前列。

 **知识链接**

日本的广告理论研究

1956年日本商业代表团去美国访问,从美国引进市场销售学说。同年9月,当时的电通社长吉田秀雄出国了解国外广告情况,回国后发表《AE制构想》。1959年引进了企业广告理论,第二年企业的"印象派"广告便盛行于日本。1959年H.A.泽尔斯克对广告再生产率与忘却率有研究成果,后来在日本被广泛地应用。

1960年日本推出了有关选择广告媒体和测定广告效果的分析方法。1967年出现了"马古鲁汉"理论热,在日本流行起"热门媒介"和"冷门媒介"的理论。1968年小林太三郎的《广告管理的理论和实践》一书问世。此书重点放在阐述如何提高广告效果方面,有别于其他理论。

六、企业和消费者负担大量广告费

发达国家的广告费用开支巨大,加重了企业和消费者的负担。

对于发达国家广告盛行的这一经济现象,应该进行全面的分析和认识。广告对商品经济的发展固然起着不可低估的作用,但是人们也应认识到广告费用膨胀,将会造成巨额的社会浪费。许多企业在广告巨流的裹胁之下,不得已而为之。

许多厂商的广告费远远超过商品生产成本。企业增加的负担,最终转嫁到消费者身上。广告费用水平应与经济发展水平保持一个合理的比例,过大或过小都会给社会生产造成损失和破坏,这是一个复杂和深奥的课题,有待于深入研究。

巨额的广告费用造成巨大的社会浪费。美国社会各个阶层对广告普遍存在一种厌恶感和逆反心理,这不是广告商通过提高广告的艺术性、知识性和幽默感可以扭转的,其根源是美国的经济结构和社会制度的基本矛盾。

七、国际广告业发展趋势

世界广告业的迅速发展反映了世界市场和国际贸易正朝着更为广阔的深层发展,广告作为强大的促销武器,在其地位不断加强的同时,也呈现出一些新的特点。这些特点必将对 21 世纪中期的世界经济产生极其深远的影响。

（一）广告业发展趋于国际化、全球化

20 世纪末世界经济结构产生重大变化。商品市场全球化趋势发展迅速,发达经济国家的跨国兼并浪潮此起彼伏,世界资本在全力争夺世界商品市场和投资市场,争夺世界物资和人力资源。世界经济结构出现了投资分散化和经营全球化的特点。有关人士认为,当代的世界经济是"无国界经济",所有的经济活动都扩大到全球规模。

通讯技术的飞跃发展,运输手段的高效率,自由贸易思想的普及等,使世界经济越来越呈现出全球化趋势。全球化经济的发展,必然迫使各个国家的广告也走国际化的道路。现代高科技的发展是广告的国际化成为可能。信息通讯技术的发展,缩短了人际距离,促使全球化媒介与全球化广告应运而生。

发展国际化、集团化、具有规模优势并能提供整体服务的大型广告公司,是跨世纪广告的趋势与要求。部分广告主从多国籍企业向全球企业过渡而发生质的变化。这时,与全球化市场相对应的达到全球规模的广告效果也被提到议事日程。

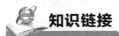

知识链接

大型公司的国际性的广告经营战略

在 20 世纪 70 年代,发达国家许多大型公司就相继走向国际化道路,如美国的李奥贝纳、英国的萨奇、日本的电通等广告公司纷纷在世界各地建立分支机构,以适应开发全球广告的需要。90 年代以来,世界大型广告公司基本上都

实施了国际性的广告经营战略。

跨国广告经营战略的建立，大大节省了为适应不同消费者群而制作不同广告的费用，使企业品牌的形象在全球范围内保持一致，增强了跨国广告公司的活力，并为之带来了可观的收益。

（二）广告功能内涵进一步扩大

广告功能内涵的拓展，是广告活动从狭隘的传播商品和劳务信息扩展到能为社会、广告主、消费者提供全方位的信息交流服务，从而使广告业成为对社会各方面产生更大影响的信息产业。日本电通广告公司提出的"凡是有信息交流需求的地方，必定存在着电通活跃领域。以全球性的视野来探索和开拓这个领域，提供创造性的卓越的信息交流服务，这就是我们的工作"的方针正是这一趋势的写照。

近年来，盛行于世界广告界的整合营销传播理论，对广告策划、广告创意、广告运作的理论起到了革命性转变的作用。由于广告功能内涵的扩大，在将来的社会中，能够提供全面信息服务的广告公司和提供高度专业化信息服务的广告公司将更显示出其生存和发展的优势。所以，广告也将会与商业情报的调研和市场预测等信息机构相互融合，成为托拉斯式的信息传播行业。

（三）广告媒介的现代化、国际化

现代广告业的发展充分证明了这样一个事实，即高尖端技术在广告业中的应用是广告业不断走向繁荣的重要因素。验证了这样一个规律，即广告业的发展紧紧依靠并充分利用人类文明建设的成果。在当代，卫星传送为电视的发展做出了突破性的贡献。众多电视频道的选择，使电视栏目更加专业化、细分化，为国际媒体发展奠定了物质基础。互联网的介入，又使广告产生爆炸性的转变。

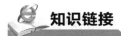 **知识链接**

未来社会的广告媒介

未来社会的广告媒介将是最新科学技术的荟萃，其主要媒介形式有新型电视（包括立体电视、超小型电视等），卫星传播，电子新闻和电子传真等。新的媒介形式将进一步打破地球范围的时空限制，使广告传播无处不及，无时不在。广告将真正成为"第二空气"而伴随着人类社会生活。

（四）广告诉求追求个人的感觉

随着现代市场经济的发展，消费者日益成熟，人类的消费价值取向发生重大变化：从重视生活水平的提高向重视生活质量的提高转变，由追求物质产品向同时追求服务消费转变。满足人们日益提高的需要为出发点的市场竞争，引导着广告的诉求必须紧紧围绕着人的欲求而展开。广告商面对的不仅仅是消费者，更是现实生活中的人，要求做到"精准营销"。

在现实生活中，只有深入个人的生活，研究其现代化的生活方式、生活态度、生活理念，探讨人的行为方式、行为准则，才能为现代人提供更好的生活服务，满足现代化的欲求，实现全效沟通。广告的诉求点应紧紧围绕着现代人的感觉和生活理念去演绎、去说服。广告商对受众扮演着朋友的角色，而不是征服者的角色。

（五）广告主与广告商的关系变化

广告主对营销的态度和对广告代理商的选择，在很大程度上影响并决定了广告的效果。近年来，国际上这方面的主要变化有。

1. 重视品牌资产

在产品高度同质化的今天，消费者更多地根据品牌来选择产品，因此，品牌成为企业的竞争优势，是企业的资产。这一点虽然早已得到公认，但是由于竞争激烈，为了提高销售额，很多广告主追求短期利益，忽略了对品牌的培育，结果因小失大。在这种情况下，不少广告主重新坚定信念：要以长期的一系列策略来树立和保护自己的品牌。

2. 尝试联合营销

近年来，国际上采用联合营销方式的广告主越来越多。联合营销，是具有互补性的广告主基于共同的利益，采取互相合作的营销方式，如共同发布广告、联合进行促销，等等。联合营销不但可以节省营销费用，更重要的是能起到 $1+1>2$ 的作用。此外，想降低宣传费用又不损害品牌形象，联合营销是一个比较好的办法。

3. 代理商成为广告主的合作经营伙伴

在市场竞争更加激烈的条件下，越来越多的广告主强烈希望代理公司能够成为自己真正的合作经营伙伴，帮助企业提供发展方向、企业战略等方面的咨询服务。代理公司开始参与到企业的经营层面，成为企业的智囊。而代理公司由于参与到企业的经营层面，也有可能更牢固地维护已有的客户。因此，广告主与广告代理公司之间确立了这种新型关系。那些不适应这种新型关系的代理公司，将逐渐被其客户抛弃。

1997 年，美国广告客户挂起所谓"变节风"，像柯达与智威汤逊长达 67 年的合作关系，利维与 FCB 长达 68 年的合作关系，美国联合航空公司与李奥·贝纳长达 31 年的合作关系短期内彻底断裂。不适应这种新型代理关系是其重要原因之一。

4. 国际化广告主选择多家代理商

广告主采用一家或者多家代理模式,并没有一定之规,一般要依据广告主的策略和代理公司的能力而定。当今,国际化跨国广告主却几乎很少使用一家代理公司,而是充分利用代理业之间的竞争,以期得到最佳的广告方案。尽管这种方式也有缺陷,但是许多广告主却屡试不爽。

(六) 媒介购买公司改变了传统的广告代理形态

近年来,媒介购买公司成为国内广告业的热门话题。媒介购买公司是指那些独立运作从事媒介信息研究、媒介购买、媒介策划与实施的经营实体。媒介购买公司所提供的服务范围跨越了广告公司媒介业务和媒介的广告经营业务,是联系二者的中介实体。

媒介购买公司成为专业从事有关媒介营销活动资源的整合者。媒介购买公司的出现,导致了广告业代理形态的重大变化。

1. 突破了"一对一代理制"

为了避免客户之间的冲突,欧美的广告业普遍实行"一个业主一家公司"的代理形式,通称"一对一代理制"。但是,随着广告业的全球化和广告公司的集团关系,这种代理形式成为广告公司扩大规模的障碍。

为了业务竞争的需要,随着业务量的扩大,不同广告公司的媒介部门进行合并,共同购买媒介时间和版面,便成立了媒介购买公司,逐步形成新形式的代理关系。同属奥姆尼康的 DDB 和 BBDO 把双方在欧洲的媒介部门合并,成立"最佳媒介管理公司"就是典型的实例。

2. 引发了广告业界的媒介代理权之争

专业媒介公司所收取的代理费比广告公司低,广告公司的代理费一般是媒介所报总价的 15％,净价的 17.65％,而媒介购买公司一般是净价 3％～5％。因此媒介购买公司成为广告公司的强有力竞争对手。以实力媒介为例,在全球范围内与一些大广告公司争夺全球性客户中取得了胜利,在其强劲的竞争压力下,亿万美元的客户已经从一些世界级的广告代理商悄然地流向实力媒介。

第三节　外国广告管理

一、美国广告管理

(一) 广告管理概况

美国是当今世界上广告业最发达的国家之一。为了有效管理庞大的广告业,美国除了完善全国性和地方各州的广告立法之外,在管理机制上,采用了政府管理和行业管理相结合的广告管理模式,即一方面由政府根据国会制定的法律进行管理;另一方面大力提倡行业自我管理。

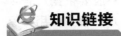

知识链接

美国广告立法的发展

美国广告的发展是从近代报纸广告开始的。1704年4月24日,美国第一份刊登广告的报纸《波士顿新闻通讯》创刊。1841年,伏尔尼·帕尔默兄弟在宾夕法尼亚的费城开办了第一家广告公司,并自称为"报纸广告代理人"。1869年开办的"艾尔父子广告公司"是美国第一个安排广告活动的现代广告公司。

随着广告业的繁荣发展,广告立法也随之发展。1906年,美国通过了《纯食品和药物法案》,涉及医药广告管理问题。纽约是公认的世界广告中心之一,在1911年,纽约州通过《普令泰因克广告法案》(又称《印刷物广告法案》),这是美国历史上第一个有关广告管理的专门法律。1913年美国国会通过《联邦贸易委员会法案》。

此外还有1938年的《联邦食品、药物和化妆品法案》、1958年的《纺织品分类法》、1966年的《正当包装与商标法》,1968年制定了《消费者信贷保护法》、《控制辐射确保健康法与安全法》、《家禽制品批发法》,1969年制定《玩具安全法》。自1970年以来,制定了日臻完善的《订正广告法案》。

(二)美国联邦贸易委员会和联邦通讯委员会对广告的管理

美国政府广告管理的机构主要是联邦贸易委员会和联邦通讯委员会。联邦贸易委员会是最权威、最综合的广告管理部门。它的主要职责和日常工作是制定广告规章并负责监督实施,调查处理消费者对广告的控告,召开听证会,处理各种违法广告等。

联邦贸易委员会在广告管理中特别注重对各类虚假广告和违法商业原则的不道德、不正当的竞争行为的管理。对于这两类广告,联邦贸易委员会有权要求其停止广告播出或做出更正广告。如果广告商或生产者接受委员会的处理决定,则可免予处罚,否则委员会可采取正式的法律程序,广告商或生产者将会受到处罚。

1. 联邦贸易委员会发现虚假广告的途径

联邦贸易委员会发现虚假广告的途径主要有以下四种:

(1)由专门人员负责监督管理和发展问题。

(2)从竞争者的客户和消费者信函中发现问题。

(3)依据其他部门和专家学者提供的检验证据。

(4)通过突击性的检查方式发现问题。

2. 处罚措施

对发现的各种违法广告,美国联邦贸易委员会可根据《联邦贸易委员会法案》,实行以下处罚措施:

(1) 要求停止播放违法广告,并赔偿损失或接受政府的罚款。

(2) 作更正广告。

(3) 上诉法院,通过法院发布禁止令、冻结令,情节严重的予以判刑,并将处罚结果公布于众。

美国的联邦通讯委员会主要管理邮寄广告,也有权管理诸如电视广播广告的数量和播出时间。对邮购不实的广告,联邦通讯委员会有权对电视广告进行全面的审查。凡发现属于"不公正、虚假的违法"广告,立即采取要求停止播放、罚款、赔偿损失或作更正广告等措施。若电视台或广告主不执行联邦通讯委员会的决定,委员会还可请求法院强制执行。

为了保护广告商和广告主的合法权益,美国法律还规定,如果广告商和广告主对联邦贸易委员会的处罚不服,可向法院起诉或向国会陈情,法院和国会有权推翻联邦贸易委员会和联邦通讯委员会的决定。

(三) 美国广告行业自律

除了政府管理外,美国广告业的行业管理组织也很多,且管理有效,如全美广告公司协会、美国广告联盟、全美广告评议委员会等,其中最有权威的是全美广告评议委员会。该委员会亦称为全美广告监察委员会,隶属美国广告联合会。它是由广告主、广告公司、公众代表组成的组织。

该委员会负责管理广告主对他们的竞争者所作的广告宣传提出的指控,调查普通公民的指控,并对广告实行监督。其工作程序大致为:当接到某一项指控后,首先让广告主做出说明,如不接受,就把档案交给全国广告工作局;广告工作局审查后,再提交联邦贸易委员会或联邦通讯委员会处理。

在美国,除了政府管理和行业管理外,广告主都有很完善的自律守则。他们有自己的广告律师,负责处理与竞争者的广告纠纷。如美国三大电视公司,即全国广播公司、美国广播公司、哥伦比亚广播公司都有自己的自律守则和律师机构。这样既可以尽量避免与竞争者发生纠纷,又可较好地应付那些不可避免的广告纠纷。

《美国广告公司协会章程》主要内容如下。

1. 广告在美国经济体系和国民生活方式中有双重职责

对于民众,广告是大家了解自由企业的产品与服务的一个基本途径,是大家了解符合自己愿望与需求的商品与服务的基本途径,民众享有期望广告内容可靠、表现真实的权利。对于广告主,广告是他们在生活激烈竞争中劝说人民购买其产品或服务的一种基本手段。他们享有将广告作为一种促进业务、获取利润的表现手段的权利。

2. 广告与美国民众的日常生活密不可分

广告已成为广播电视节目的组成部分而进入家庭，在最受欢迎的报纸、杂志中亦占一席之地，还向游客和居民展示自己。在上述种种展示中，广告都必须尊重大家的趣味和兴趣。

3. 广告针对的人数众多、目标广泛，人人口味不同、兴趣各异

因而，广告也难以讨得每一个人的喜爱。因此，广告人公认，他们必须在美国的传统限制下运作，为多数人的利益服务，同时尊重少数人的权利。

的确有些地区会对广告做出虽真实但却不同的理解与判定。口味是很主观的东西，因时因人都会有很大的差异，而每个人接触广告信息的频率也不大相同。尽管如此，协会成员仍一致赞成，不向广告主推荐使用低级趣味或不健康的广告和由于内容、表现形式或过于重复而令人不快的广告。

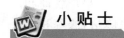 **小 贴 士**

美国广告公司协会的成员不得制作的广告

协会的成员，不仅要求支持并尊重有关广告的法律和规章，还要自觉地扩大伦理范围，提高伦理标准。不得故意制作含有以下内容的广告：

（1）以视觉或语言的形式，进行错误或误导性的说明或夸大。

（2）不能反映证言人真实选择的证言。

（3）误导性的价格承诺。

（4）不正当地贬低竞争对手产品或服务的对比。

（5）证据不充分的承诺，或由专业人员或实际应用的承诺。

（6）有悖社会行为标准的说明、建议和图像。

二、英国广告管理

（一）广告管理概况

在欧洲各国中，英国在广告管理方面是较为成功的。1907年，英国颁布了《广告法》，禁止广告妨碍公园以及娱乐场所或风景地带的自然美。1925年，对该法进行了修改，进一步扩大了禁止范围：禁止损害乡村风景、公路、铁路、水道、公共场所，以及任何有历史价值的街市；禁止损害闹市中居民的利益，阻碍行人及乘车人的行动。这是关于户外公共的法律规范。

1968年英国颁布了《医药条例》。它规定在为医药品做广告时，凡涉及的每个产品都必须与医药委员会颁发的许可证相符合。1975年英国制定了《香烟法规》，1979年修订。这法规是英国卫生和社会保障部、制造商和进口商以及广告标准局共同讨论的结果。

英国广告法制管理的最重要法规是独立广播局 1973 年制定的《独立广播局广告标准和实务法》,该法主要管理广播、电视广告,具有法律效力,非常严格。除了上面提到的法律外,英国还颁布了很多设计广告管理的法律、法规。正是英国立法方面卓有成效的工作使其广告活动一开始就纳入了法制的轨道。

(二)广告行业自律

在广告管理中作用最大的是广告自我管理系统。该系统由两大部分组成。

1. 对非广播媒介广告的管理系统

它由 20 多个广告业协会联合组成,负责制定非广播媒介的规范;受理和查处来自广告业内和所有公众的申诉;为广告主提供法律服务;联络政府部门和行业外的其他组织。该系统对所有包括香烟在内的各种类型的商品广告进行事前审查,并在广告发布前提出意见,并对来自公众方面的申诉进行调查。

2.“独立广播权威”

它主要负责对电视、广播广告进行事前审查。根据该系统规则的规定,所有电视和广播所做的广告必须由“独立广播权威”进行两次审查。第一次是剧本审查,主要审查广告的内容及所用语言;第二次是制作完成后的审查,主要审查制作完成的作品与第一次审查的内容有无出入,若有较大出入或违法现象,该系统可令其停止播放。

3.《英国广告职业行为准则》

英国广告自律的主要法则是《英国广告职业行为准则》(British Code of Advertising Practice,BCAP)。该法于 1962 年制定,1979 年出了第 6 版,由广告标准局实施。制定该准则有双重目的:

一是提出广告从业者共同遵守的具体准则。

二是通过一系列自律措施,向外界证明广告是可以信赖的。

该法的基本原则是,一切广告应合法、正派、诚恳、真实。该准则主要限于印刷广告,电影广告的管理,而不适用于广播广告、凭处方销售的药品广告以及邮购产品目录广告。对酒类广告、头发产品广告、维生素和矿物质广告、免费字眼的使用、广告中的王室成员、不予承认的广告权、儿童与 BCAP、毁誉广告、诱饵广告、迷信、保证、宗教、授权发表的证书等做出了说明和规定。

4.《英国促销职业行为准则》

英国广告自律的另一个重要规则是《英国促销职业行为准则》(the British Code of Sales Promotion,BCSP)。该准则草创于 20 世纪 20 年代,1980 年、1984 年经两次修订,是 BCAP 的补充准则,由广告标准局和广告实务准则委员会联合负责实施。其签约组织与 BCAP 相似,食品制造商联盟和英国市场营销协会也加盟。

该准则宗旨是确保"各种促销活动做到合法、正当、诚实与可信",主要涉及以下方面:贴水价(premium offers)、减价和免费、附单和赠券的分发、个性化促销、慈善性促销、样品和奖品的宣传、刺激性促销和贸易、编辑和促销建议等。

由于英国广告自律系统工作成效卓著,现在越来越获得广大公众的信任,已成为广告管理中不可缺少的组成部分。

【案例 12-1】

日本索尼音响曾做过一个创意广告,用来开拓泰国市场,却遭到了停播。广告中播放一支动听的乐曲,佛祖释迦牟尼随着音乐节拍全身扭动起来,后来居然睁开了慧眼。这是"连佛祖都会动心"的功效定位,创意也很成功。

请问:为什么在泰国被停播了?①

【解析】

由于日本索尼公司没有考虑到泰国盛行佛教,广告播出后,全国上下一片哗然,虔诚的佛教徒提出强烈抗议,认为这是对泰国的公然挑衅。泰国政府忍无可忍,最后通过外交途径向索尼提出强烈抗议。至此,索尼公司才恍然大悟,立即停播广告,并公开赔礼道歉。

三、日本广告管理

(一)广告管理概况

在日本,通过国家立法对广告进行直接或间接的限制是很普遍的。宪法是其他法规的基础。日本广告法制体系是以宪法为出发点的。日本宪法与广告有直接关联的是表现自由的规定,在不违反公共秩序和良好风俗也不违反消费者的利益和不违反各种法制条件下保障广告表现的自由。

日本《民法》中第 529—532 条规定了广告主、广告代理公司及媒介三者之间的权利与义务,为调节这三者之间的关系确立了基本法律规范。

知识链接

日本的广告限制的法律

日本限制的法律按类别分类,可分成下列六种:(1)公法——宪法。(2)民事法——民法等。(3)刑事法——轻微犯罪法、禁止卖淫法等。(4)经济法——独禁法、不正当竞争防止法、赠表法。(5)社会法——消费者保护基本法、药物法、食品卫生法等。(6)无形财产法——商标法、专利法、图案设计(专利)法、新

---

① 《浅谈国际广告传播的文化调适》,豆丁网,www.docin.com/p-1535509347.html。

产品专利法、版权法等。

（二）主要的广告管理法律和法规

1968 年 5 月,日本政府颁布了《消费者保护基本法》。该法对国家、地方公共团体、企业经营者和消费者四方面所负责任和各尽义务,予以明确规定,对虚假广告也制定惩罚措施。

1953 年,日本政府颁布了广告管理的直接性重要法律:《禁止私人独占及保证公正交易的有关法律》。这是为了维持和发展合理自由的竞争,排除限制竞争的不合理交易和私人独占;以保证一般消费者的利益,促进国民经济民主、健全发展。该法规定禁止下列几种不合理的交易方法。

（1）对其从业者采取不适当的差别对待。

（2）不等价的交易。

（3）采取不正当的手段将竞争对手的顾客引诱过来与自己做交易,或者强制进行交易。

（4）让对手的事业活动在不正当的约束条件下进行。

（5）不正当地利用自己交易上的地位与对手进行交易。

（6）对竞争公司的股东或主要负责人采取引诱、唆使或者强制他们作不利于自己公司的行为。

对不正当交易方法的限制有两种规定。

（1）以特殊事业范围为对象的"特殊规定"。

（2）以特殊事业范围以外的一般的广泛事业为对象的"一般规定"。其中第8 项"欺骗性地引诱顾客"与广告直接有关。它禁止"把自己的商品或劳务内容,以及有关的这些交易事项,说成比竞争者有显著的优良和有利,使顾客误认,以便把竞争者的顾客拉到自己这边来进行交易,作这种不正当的引诱。"

1962 年,日本政府制定了管理广告的另一个直接性法律——《不正当赠品及不正当表示防止法》,简称《赠表法》。"本法是为了防止在有关商品和劳务交易中,用不正当的赠品及表示引诱顾客的行为……目的是确保公正的竞争,保护一般消费者的利益。"该法对不正当的表述作了下列认定。

（1）该事业者对于商品或者劳务的重量、规格和其他内容与社会上的东西或者和自己有竞争关系的其他事业者的东西相比较,表明自己的比别人的显著优良,使消费者误解,以此来引诱顾客。

（2）该事业者对于商品或者劳务的价格和其他交易条件与社会上实际的价格,或者与自己有竞争关系的其他事业者的东西的价格相比较,在交易时比其他有显著的优惠,给消费者造成误解。

（3）除前两项以外,对有关产品和劳务的内容进行使一般消费者发生误认的表示。该法规定,广告表示是否正当有日本公正交易委员会认定,并发出限制或禁止令,标准是"对有了注意力和判断力的消费者是否有意思地造成他们的误解"。

1975 年,日本又公布实施了《不正当竞争防止法》,从制止经济活动中不正当竞争行为角度规定了禁止的广告。

（1）在广告上对商品的质量、内容、制作方法、用途或数量做出可以产生错误的表示。

（2）在广告上对商品原产地做出虚假表示。

（3）在广告上做出可以使人错认为该产品是出产、制作或加工地以外的地方出产、制作或加工的表示。

（4）陈述虚假事实、妨害有竞争关系的他人信用。对实施上述行为的处 3 年以上劳役或 20 万日元以下的罚金,给他人造成损害的,承担赔偿责任。

此外,《户外广告物法》规定,广告牌、招牌等户外广告不得影响市容美观,在公园、绿化地、纪念地、坟墓等地不得安设广告牌,地上广告的高度不得超过 10 米等,违者除取缔外同时予以罚款。

《药物法》《食品卫生法》规定,药品或食品卫生广告做了言过其实的夸大或虚伪表示,分别处三年以下劳役或 50 万日元的罚款,六个月以下劳役或 3 万日元罚款。

上述对广告的立法限制主要是对已表现出来的广告违法行为的处罚,同时也要求在广告表现之前,进行自我约束。这些法律对推动广告事业的发展起着积极的作用。

（三）广告行业自律

日本广告界建立有各种各样的行为组织,每个组织都制定了各种广告伦理纲领、业务准则、条例、公约等作为自己的行为规范。这些文件虽然不是法律,但有很强的约束力。广告业界称之为"半法"的效力。其体系构成可分为如下四个部分。

（1）广告业界共同的伦理纲领。

（2）有关媒介的伦理纲领和广告刊登标准。

（3）有关广告业界的伦理纲领和规则。

（4）广告主同行业之间的自主限制。

1.《广告净化纲要》

成立于 1947 年 2 月的"日本广告会"吸收了广告客户、媒介和广告业者为会员,把广告净化、道德化作为事业重点并开展了各种活动。1950 年 3 月,广告净化委员会成立,拟定了《广告净化纲要》。内容如下:

（1）广告必须以社会道德为基础,为公共福利事业做贡献。

（2）广告必须真实,要公正真实地向社会传达商品信息,对广告的社会反应要正确对待,并承担有关责任。

（3）广告不能有诽谤内容,要回避过高评价自己的内容。对虚假、夸大的不良广告要坚决制止。

2.《广告伦理纲领》

1953年10月,"全日本广告联盟"成立,制定了《广告伦理纲领》,内容如下。

（1）广告应顺应既有之社会道德,并牢记大众之利益。

（2）广告若能本着事实真相,避免夸大或歪曲,将得到大众对它的信任。

（3）广告对商品应避免作夸大不实的陈述。

（4）广告绝不能借诋毁他人而获利。

（5）广告绝不可利用部分公众之迷信和无知。

（6）绝对要避免剽窃或模仿别人的意念、技术、名称、包装和设计。

（7）广告媒体以及广告主、广告代理,都必须认清他们对广告的责任。

3.《日本公正真实广告的协定》

日本广告主协会制定了《日本公正真实广告的协定》:广告应当是真实不欺的、高雅的,并赢得一般大众的信心。下列各信条绝对不可触犯。

（1）会引起人怀疑广告威信与尊严的措施。

（2）利用法律法规漏洞的措辞。

（3）欺诈夸大的措辞。

（4）会引起不正当投机心理的措辞。

（5）借毁谤或贬抑他人以图己利的措辞。

（6）可能会被认为是剽窃他人或是出处不明的措辞。

（7）其正确性未经主管局认可的措辞。

（8）会导致不当交易的措辞。

（9）强迫人购买,或使对其产品或服务不熟悉的人导致错误认识的措辞。

（10）对公认善良行为有害的措辞。

4. 广告界应恪守的原则

在销售与广告方面,为了要获得消费者的信心与谅解,日本广告主协会确定了广告界均应恪守的原则:

（1）我们广告业者的责任,就是要把商品的正确知识传播给消费者,以使人们获得更好的生活。

（2）我们广告业者应不断研究经营方法、公正的销售方法与更经济有效的广告方法,以便将更廉价的产品与服务提供给消费者。

（3）我们广告业者应致力研讨消费者问题,这样,他们的要求才能从市场里获得解答。我们也应积极参加政府与民间组织主办的消费者关系活动。

（4）关于广告活动,消费者所提出对产品、服务或销售的建设性意见,我们表示诚意的接受。

四、加拿大广告管理

加拿大是世界广告大国之一。加拿大政府的有关部门制定了各种规章制度,对广告主和广告商的广告制作、广告宣传活动提出了严格的要求。根据广播法和其他法律有关规定编制成的《广告准则》强调,在广播电视节目中播出商品广告,必须符合货真价实的原则;广告中的商品必须与市场上销售的完全一样;不允许广播中出现虚假的、欺骗性的或导向错误的广告。

在描写商品的特征时,使用的语言必须准确,不许随意夸张;说话的声音应该顺耳,不许放大嗓门;不能将色情、裸体和凶杀的表演加进广告中去。

在儿童商品广告中,不准使用诸如"只有"多少钱,"才"多少钱或者"花钱很少"等具有诱惑性的语言。在儿童专题节目中出现过的演员和播音员,不许出现在儿童商品广告中。在儿童专题节目中也不能播广告。

对药品、医疗用具和化妆品的商业广告管理更加严格。有关这类的广告,必须在制作前送国家卫生福利部审查。同时,对医疗广告的设计要求也极严,对违反规定者的处罚更重。

在加拿大,不许在广播电视节目中播放香烟和烈性酒广告,目的是保障广大消费者的健康和控制或减少由于喝烈性酒后开车所造成的交通事故。

其他商品如地毯、家庭用品和手表等的广告设计不需要送审,但是如果广告播出后发现有假冒商品广告,仍可按情节轻重给予处罚,如批评、警告、扣押商品、顾客退货、罚款直至坐牢等。电视台播放的商业广告出了问题,首先要受到追查。

如果电视台事先知道是假冒商品的广告,则将受到严厉的处罚。电视电信委员会有权吊销出错电视台的营业执照,或在下一次发新的执照时缩短有效期。如果查明电视台的确事先不知道,则依法处罚广告商。

加拿大对商业广告的时间也有限制,每小时不能超过12分钟。

由于加拿大政府严厉的管理措施,虽然商品广告名目繁多,但一般都措辞严谨,不敢随意夸大商品的使用价值。

五、澳大利亚广告管理

(一)广告管理概况

澳大利亚政府的广告管理机构主要是澳大利亚贸易实践委员会、澳大利亚广播电视局和各地方政府的有关部门。澳大利亚贸易实践委员会的任务是促进企业间的竞争;保护消费者的利益;对广告内容进行事后监督管理;对违反法律规定的广告行为向法院起诉。

澳大利亚广播电视局的任务是审批、颁发广播、电视台的开业执照；制定电视广播节目标准和广告标准；处理违反广播电视标准的案件。各地方政府有关部门的任务是贯彻执行国家有关广告管理的法规；制定地方广告法规；管理户外广告。

澳大利亚在对广告的管理方法上采取重点产品、重点媒介分工负责，并相应地制定了很多单行法规，如《广告道德法》《香烟广告法》《药品广告法》等。同时，侧重电视、广播、印刷出版物三大媒介的重点管理。

（二）广告行业自律

澳大利亚广告业的行为自律的效果较好，具有如下特点。

1. 机构完善

澳大利亚广告业自我管理的机构主要有：澳大利亚广告主协会、澳大利亚广告公司联合会、澳大利亚媒介委员会，以及由这三个组织发起成立的澳大利亚广告业委员会和广告标准局。

 小 贴 士

澳大利亚广告业自我管理的机构

根据澳大利亚法律规定，澳大利亚广告业委员会对内负责协调广告主，广告公司与广告媒介三方的关系；对外向公众宣传广告的作用。

广告标准局是广告自我管理体系的仲裁机关，由 11 名成员组成。主席由国家调解仲裁委员会主席担任，5 名是广告界的代表，另 5 名来自非广告界的知名人士。

媒介委员会是澳大利亚广告业自我管理体制的核心机构，它的成员来自于澳大利亚所有的民办商业媒介，它的主要工作是：

（1）进行事前审查；

（2）监督广告商和广告客户的广告行为是否合法。

2. 职能广泛

澳大利亚广告业自我管理机构都有其广泛的职能，尤其是在整个广告业管理中起关键作用的媒介委员会的职能更为广泛。

由于澳大利亚对广告实行政府管理与行业管理互相配合，广告主和广告经营者一般都能自觉遵守广告法规，各类虚假广告出现的也较少。

六、法国广告管理

（一）广告管理概况

法国广告事业比较发达。法国的广告以突出广告的艺术性著称于世。

在法国,电视广告受到国家的限制,报纸和杂志媒介是构成广告主传播信息的主要手段(占总广告费的 60% 以上)。此外,法国的户外广告、地铁广告、公共汽车广告、火车广告、灯箱广告、霓虹灯广告、橱窗广告等比较发达。

法国对电视广告控制比较严,共有 3 家国家电视台。政府只允许一台和二台做广告,每天播放广告的时间不得超过 24 分钟;不允许把广告插播在节目中;烟草及与烟草有关的产品以及酒类禁止做电视广告;禁止广告出现低级趣味、过于猥亵和导致身心不安等类的内容。对电视广告实行事先审查的制度,未经审批的广告不得发布。

法国有关广告方面的法规主要有:《关于防止商品销售中欺骗和有关防止食品、农产品质量下降的法律》《不正当行为防止法》《彩票禁止法》《禁止带有赠品的销售法》《消费品价格表示法》《不正当广告禁止法》《利用诱惑物销售及欺骗广告的限制法》《商业、手工业引导法》等。

 **知识链接**

法国广播电视广告审查机构

法国负责广播、电视审查的机构是法国广播电视广告审查机构,由政府和三家国家电视台、法国消费者协会、广告公司等单位集资组成,其中政府投资占 51%。它实际上是一个半官方的组织。广告审查不收费,但广告公司、电台、电视台需从年营业额中按比例提取费用。

该机构的主要职责是审查全国所有广播、电视广告内容,以保障广告的真实性,防止虚假广告。广告通过审查之后,广告才能开始制作。制作完成后,广告还要交审查机构进行复审,以查验是否与批准的脚本相一致。没有审查机构的批准证明,任何媒介都不得播放。

（二）广告行业自律

法国广告业自律团体是广告审查协会(BVP)。它是为了消费者利益,促进广告的健康发展,1953 年由法国广告联盟(FTP)、消费者协会和主要的广告经营者组织而成。该机构站在消费者立场上,对除广播、电视外的所有媒介的广告进行审查。它可以在广告发布前提供咨询,并处理所有消费者和行业关于广告的申诉,并监督广告法规的实施情况。

法规早在 1920 年便建立起开展国际广告活动的机构——国际商会(ICC),制定了《广告活动国际标准纲领》,以此作为净化广告活动的准则。该纲领在施行的过程中多次修订,并成为许多国家制定广告规则的依据。

思考与练习

一、简答题

1. 试分析国际广告行为规范。

2. 简述美国广告管理制度。

3. 简述英国广告管理制度。

4. 简述日本广告管理制度。

5. 简述澳大利亚广告管理制度。

二、案例题

基本案情：

丰田汽车的广告画上有一位大肚子的怀孕妇女，坐在丰田汽车里，本来是表示车体宽大平稳，乘坐舒适。但澳大利亚有 100 多名妇女投诉，认为这是不尊重妇女的挑衅行为。日本只好重新设计该车的广告，并诚恳道歉。

思考讨论题：

上述案例违反了日本的哪一广告法规？违反了哪些内容？

分析要点：

上述案例违反了日本广告主协会制定了《日本公正真实广告的协定》。该协定规定：广告应当是真实不欺的、高雅的，并赢得一般大众的信心。下列各信条绝对不可触犯：会引起人怀疑广告威信与尊严的措施；借毁谤或贬抑他人以图己利的措辞。

市场监管总局等十一部门关于印发《整治虚假违法广告部际联席会议 2020 年工作要点》和《整治虚假违法广告部际联席会议工作制度》的通知①

　　各省、自治区、直辖市及新疆生产建设兵团市场监管局(厅、委)、党委宣传部、网信办、通信管理局、公安厅(局)、卫生健康委,中国人民银行上海总部、各分行、营业管理部、各省会(首府)城市中心支行、各副省级城市中心支行,各省、自治区、直辖市及新疆生产建设兵团广播电视局(文化体育广电和旅游局)、银保监局、中医药局、药监局:

　　为全面贯彻党的十九大和十九届二中、三中、四中全会精神,认真落实中央经济工作会议部署,进一步加强广告市场协同监管,严厉打击虚假违法广告,维护良好广告市场秩序,市场监管总局、中央宣传部、中央网信办、工业和信息化部、公安部、卫生健康委、人民银行、广电总局、银保监会、中医药局、药监局等十一部门联合制定了《整治虚假违法广告部际联席会议 2020 年工作要点》,修订了《整治虚假违法广告部际联席会议工作制度》。现印发你们,请结合实际,认真贯彻执行。

　　市场监管总局、中央宣传部、中央网信办、工业和信息化、公安部、卫生健康委、人民银行、广电总局、银保监会、中医药局、药监局

2020 年 3 月 9 日

整治虚假违法广告部际联席会议 2020 年工作要点

一、总体要求

　　2020 年是全面建成小康社会和"十三五"规划收官之年,整治虚假违法广告工作总体要求是:坚持以习近平新时代中国特色社会主义思想为指导,深入学习贯彻党的十九大和十九届二中、三中、四中全会精神,认真落实中央经济工作

---

　　①　http://www.samr.gov.cn/ggjgs/tzgg/202003/t20200318_313141.html.

会议部署,牢固树立新发展理念,进一步创新广告监管机制、监管方式,加强部际联席会议成员单位之间的协调配合,完善广告协同监管体系,不断提高广告协同监管能力和水平,全力维护良好的广告市场秩序。

二、工作重点

(一)加强广告导向监管。深入贯彻党的十九届四中全会关于坚持马克思主义在意识形态领域指导地位的根本制度、完善坚持正确导向的舆论引导工作机制等有关部署和要求,清理整治含有"软色情"内容等低俗庸俗媚俗广告,依法严肃查处妨碍社会公共秩序、违背社会良好风尚、造成恶劣社会影响的涉及导向问题的违法广告。健全宣传教育、监测预警、应急处置等工作机制,全力引导维护广告宣传正确导向,使"广告宣传也要讲导向"成为广告活动的基本遵循,营造风清气正的广告市场环境。

(二)推动全国广告道德委员会建设。进一步研究完善广告道德委员会的工作职责、组织机构和工作机制,倡导广告行业良好道德风尚,引导广告从业人员强化社会责任意识和道德水平,依法依规自我管理、自我约束,探索建立法律层面、道德层面和行业自律层面多管齐下的广告行业治理格局。

(三)加强重点领域广告监管。加强重点产品、重点行业广告监管,严厉打击保健食品、医疗、药品、房地产、金融投资理财等事关人民群众健康和财产安全的虚假违法广告,集中曝光典型违法广告案件。加强重点媒体、媒介广告监管,夯实互联网平台责任,依法加强对广播电视播出机构、金融机构、医疗机构的管理,严肃查处平台和机构违规广告行为。加强重点区域广告监管,对虚假违法广告多发地区进行挂牌督办。

在新冠肺炎疫情防控工作期间,统筹抓好疫情防控与广告监管执法工作,重点针对涉及非法野生动物交易广告、口罩等防护用品广告以及涉及借疫情宣传疫病防治内容的虚假违法广告开展监测,依法从严从快查处相关虚假违法广告。

(四)治理规范移动端互联网广告。研究加强广告新兴业态监管,突出重点平台、重点媒介,加大监测监管力度,坚决遏制移动 APP、自媒体账号等虚假违法广告多发、易发态势。督促互联网平台自觉履行法定义务和责任,核查有关证明文件和广告内容,及时制止发布虚假违法广告行为。

(五)强化广告协同监管。加强部门间沟通及信息共享,强化联合部署、联合约谈告诫、联合执法、联合调研,提升部际联席会议协调调度能力。健全完善重点案件联合督办机制,对重大违法案件实行统一挂牌督办。研究建立广告领域失信联合惩戒机制,推动形成一处违法、处处受限的广告信用监管格局。

三、明确分工,形成合力

(一)市场监管部门。发挥好整治虚假违法广告联席会议牵头单位作用,会同相关成员单位部署 2020 年整治虚假违法广告工作并牵头组织实施。会同有关部门研究解决整治虚假违法广告工作中遇到的突出问题。协调组织对影响较大、涉及多部门监管职责的重点案件开展联合约谈、联合查处,适时组织开展联合调研。突出移动端广告监管,进一步系统治理互联网广告,巩固深化互联网广告专项整治成果。完善广告监测机制,强化移动端互联网广告监测工作。严格药品、医疗器械、保健食品、特殊医学用途配方食品广告审查工作,严把广告审查准入关。进一步强化虚假违法广告案件查办力度,强化曝光力度。推进修订《互联网广告管理暂行办法》。积极探索广告领域跨部门失信联合惩戒工作机制。

(二)党委宣传部。组织新闻媒体持续深入做好整治虚假违法广告相关工作的宣传解读,宣传报道各地各部门贯彻落实《广告法》和查处虚假违法广告行为的工作成效。协调新闻媒体曝光虚假违法广告典型案例。开展舆论监督,协调加强网上不良信息管控。加强媒体管理,督促新闻媒体进一步健全广告刊播管理制度,严格履行法定广告审查义务,完善纠错机制,严格责任追究,确保广告真实合法。

(三)网信办。配合市场监管等部门大力整治互联网违法违规广告信息,加强网上正面宣传引导,严厉查处发布虚假违法广告信息的网站平台。督促网站平台切实落实主体责任,建立健全长效工作机制。不断巩固和扩大整治虚假违法广告工作成果,促进网络空间更加清朗。

(四)电信主管部门。加强 ICP 备案、域名和 IP 地址等互联网基础管理,强化技术能力和管控手段,完善违法违规网站处置流程,进一步提升违法违规互联网应用(网站、APP 等)处置能力。配合有关部门依法处置发布虚假违法广告的违法违规网站。开展相关行业内宣传活动,积极引导行业自律。

(五)公安机关。充分发挥打击犯罪职能,重点打击民生领域虚假广告犯罪。对行政机关移送的涉嫌虚假广告犯罪的案件,要依法及时查处。对阻碍行政机关开展广告监管执法工作,涉嫌违法犯罪的,依法及时查处。

(六)卫生健康部门。落实"放管服"有关工作要求,加强事中事后监管,引导医疗机构诚信经营、公平竞争。加强医疗广告审查工作,继续做好市场监管部门移送案件的依法查处工作。将发布虚假违法医疗广告情况列入医疗机构校验管理。加强健康科普宣传,传播健康知识,引导群众提升健康素养,建立科学正确的健康观。

(七)人民银行。联合各金融管理部门推动《关于进一步规范金融营销宣传行为的通知》落地实施。牵头研究金融广告治理工作面临的新情况、新问题。推动健全金融广告治理协作机制,构建完善违法违规金融广告案件联合处置长效机制。充分运用金融科技、信息技术手段,不断提升金融广告监测体系精准度和实效性。依据属地监管原则,推动压深压实违法违规金融广告监测处置职责。加强涉及金融广告的知识普及和消费者教育工作。

(八)广电行政部门。督促指导广播电视播出机构、视听节目网站等单位履行广告发布审查职责,建立健全广告业务的承接登记、审核、档案管理等制度,严格规范广告发布行为。强化指导,提升广告内容的艺术水平,加强广告导向管理。强化网络视听电子商务直播节目管理,进一步规范电视购物节目播放。严肃查处播出机构、视听节目网站的违规行为,对不履行广告发布审查责任、虚假违法广告问题屡查屡犯的机构以及相关责任人,依法依规予以处理。

(九)银行保险监管部门。配合相关部门加快制定出台《防范和处置非法集资条例》。部署开展非法集资风险排查工作,将涉嫌非法集资广告资讯信息作为重点。在 P2P 网贷机构检查中,加强对广告宣传行为的检查。

(十)中医药管理部门。加强中医医疗广告审查,规范中医医疗广告宣传行为。加大报刊虚假违法中医医疗广告监测力度,探索开展互联网虚假违法中医医疗广告监测工作,做好虚假违法中医医疗广告突发事件应对和重大案件督办工作,配合有关部门查处违法中医医疗机构。

(十一)药品监管部门。加强与市场监管等部门的沟通协作,充分发挥整治虚假违法广告部际联席会议机制作用。对发现的违法广告,及时移交相关部门处理,对涉及严重失信的企业,实施联合惩戒,并加大对药品、医疗器械生产企业监督检查力度,依法从严监管。

各成员单位要提高政治站位,加强组织领导,突出工作重点,制定详细的工作计划,采取扎实有力的措施,加大虚假违法广告整治力度,确保各项工作任务落到实处。部际联席会议将适时开展联合调研,及时通报各地整治工作进展情况。各地相关部门在查处虚假违法广告工作中遇到的重大情况和问题,请上报各自上级主管部门,并抄送同级市场监管部门。

整治虚假违法广告部际联席会议工作制度

为进一步健全完善整治虚假违法广告部际联席会议制度,发挥各成员单位职能作用,建立整治虚假违法广告工作联动机制,制定本工作制度。

一、联席会议组成

(一)联席会议由市场监管总局、中央宣传部、中央网信办、工业和信息化部、公安部、卫生健康委、人民银行、广电总局、银保监会、中医药局、药监局等有关单位组成,市场监管总局为牵头单位。联席会议召集人由市场监管总局主要负责同志担任,各成员单位负责同志为联席会议成员。

(二)联席会议联络办公室设在市场监管总局广告监管司,承担日常事务性工作。联席会议联络员由成员单位有关司局负责同志担任。联席会议成员因工作变动需要调整的,由所在单位提出,通报联席会议联络办公室。

二、联席会议工作规则

(三)联席会议根据工作需要定期或不定期召开,由牵头单位负责召集,成员单位可以根据需要提出召开联席会议的建议。联席会议主要通报、沟通各部门整治工作进展情况,部署阶段性整治工作,研究解决整治工作中的薄弱环节和突出问题,提出政策措施,确定重大事宜。联席会议可根据工作需要,邀请相关部门参加。

(四)联席会议联络办公室应当定期召开联络员会议,落实联席会议确定的具体工作任务,研究提出整治工作重点和具体整治措施,协调各部门工作进展,组织联合督导检查,部署查办重大虚假违法广告案件,并对整治工作进行总结。

(五)联席会议成员单位应在部际联席会议工作机制下,充分发挥各自职能作用,做好本部门相关日常监督管理工作,坚持齐抓共管、各尽其责、综合治理,制定实施推进治理广告问题的措施,及时向联络办公室和有关成员单位通报工作情况,加强部门协作配合,增强监管合力。

三、联席会议成员单位协调配合事项

(六)市场监管总局要履行牵头职责,做好组织协调工作,会同有关部门研究解决广告监管工作中遇到的突出问题,协调组织对影响大、涉及多部门监管职责的重点案件开展联合约谈、联合查处,适时组织开展联合调研。指导药品、保健食品、特殊医学用途配方食品、医疗器械广告审查工作。加大对重点领域广告的监测监管力度,指导地方市场监管部门强化日常监管,加大案件查办力度,查处重大典型违法广告案件,曝光典型虚假违法广告,及时向成员单位通报广告监测以及案件查处等情况,提请有关部门对严重虚假违法广告涉及的广告主、广告经营者、广告发布者及产品,采取通报批评、约谈警告、追究责任、暂停产品销售、列入重点监管对象、缓检缓验、吊销许可等行政处理措施。

(七)中央宣传部要通过新闻通气会、新闻阅评等形式,及时通报提醒媒体单位广告发布中存在的苗头性、倾向性问题,指导和监督媒体在广告活动中加强自律,坚持正确导向,推动公益广告的发展,将虚假违法广告整治情况列为文明城市测评内容;严格对报刊出版单位的管理,督促指导有关单位落实广告发布者责任,清理整治利用专版和新闻报道等形式变相发布广告的行为;会同市场监管等部门深入研究和解决制约媒体广告健康发展的突出问题,支持市场监管部门依法查处和曝光典型虚假违法广告,指导有关部门追究发布不良广告以及虚假违法广告造成恶劣影响的媒体单位有关人员责任。

(八)中央网信办要加强对各网站平台的日常监管,配合市场监管部门做好互联网违法违规广告的处置工作和违法违规网站平台的联合执法工作。加强网上正面宣传引导,大力推送相关部门及权威媒体的宣传引导文章,营造良好网络氛围。

(九)工业和信息化部要依法加强对互联网信息服务提供者和呼叫中心业务经营者、短信息服务提供者的行业管理,与市场监管、卫生健康等部门加强联动配合,指导各地通信管理局对经有关部门认定擅自从事药品、医疗器械、医疗保健等互联网信息服务的,依法依规进行处置;市场监管、卫生健康等部门要及时向电信主管部门提供日常广告监测、网上巡查发现的违法广告及信息的证据材料,提请采取处置措施。

(十)公安部要及时掌握虚假广告犯罪形势,配合有关部门共同协调地方行政机关与公安机关做好执法衔接,指导各地公安机关依法打击虚假广告犯罪。有关行政部门要及时将涉嫌虚假广告犯罪案件移送公安机关,公安机关要配合行政机关做好案件移送,并及时开展审查,符合条件的要依法立案查处。

(十一)卫生健康委要加强医疗机构行业管理,监督指导地方卫生健康行政部门严格审查医疗广告,加大对发布虚假违法医疗广告的医疗机构监督检查力度,将医疗机构发布虚假违法医疗广告情况列入医疗机构校验管理;市场监管部门要及时将查处的虚假违法医疗广告案件信息通报卫生健康行政部门,对发布虚假违法医疗广告情节严重的,提请采取吊销诊疗科目或者吊销医疗机构执业许可证的措施。

(十二)人民银行要依据法定职责加强金融机构行业管理,联合各金融管理部门健全完善金融广告治理协作机制,推动加大金融机构营销宣传行为监管力度,依法督促金融机构合法合规开展金融营销宣传活动,切实保护金融消费者合法权益。研究金融广告违法违规重点难点问题,配合市场监管部门研究制定完善金融广告监管制度,加大违法违规金融广告惩处力度。

(十三)广电总局要加强广播电视播出机构与网络视听节目服务机构的行业管理,监督指导有关单位落实广告审查责任,健全广告审查制度,清理整治各种利用健康养生类节(栏)目等方式,变相发布广告的行为;对不履行广告发布审查责任、虚假违法广告问题屡禁不止的媒体单位以及相关责任人,依法依规予以处理。强化网络视听电子商务直播节目管理,规范服务内容。市场监管部门要将广告违法率居高不下、广告违法问题屡查屡犯的媒体情况通报广电部门,卫生健康、中医药、药监部门要对广播电视播出机构播出的健康养生类节(栏)目的内容提供专业指导,协助规范健康养生类节(栏)目。

(十四)银保监会要依法对银行保险金融机构发布金融广告的行为实施监管,配合市场监管总局等部门对银行保险机构发布金融广告行为的合法性进行认定,加强与相关部门的信息互通。对不符合有关法律、法规和规章要求发布金融广告的机构,依法进行查处。

(十五)中医药局要加强中医医疗机构的管理,监督指导地方卫生健康行政部门、中医药管理部门审查中医医疗广告,对多次发布虚假违法广告被市场监管部门处罚的中医医疗机构,依法给予责令停业整顿、吊销诊疗科目、吊销执业许可等处理,规范民营中医医疗机构经营活动,促进中医药行业健康发展。

(十六)药监局要加强药品、医疗器械、化妆品生产企业监督管理,对相关部门移送的除发布虚假违法广告外,还涉嫌其他违法生产经营行为的,要将相关生产经营者列为重点监管对象,加大惩治力度。

四、联席会议成员单位工作机制

(十七)建立信息沟通通报机制。联席会议成员单位之间要进一步完善信息通报制度,建立部门间沟通渠道,及时将查办案件、处理相关广告主、广告经营者和广告发布者、处理相关企业和产品、暂停产品销售以及吊销经营许可等重要监管信息通告相关部门;有关部门对通报或者移送的案件线索要及时交办,跟踪督办,反馈结果。

(十八)建立监管执法联动机制。部际联席会议成员单位要加强部门间工作衔接,充分利用各自的职能和手段,采取行政处理、经济处罚、刑事追责等多种措施,形成有效的综合监管合力,协同查办严重虚假违法广告涉及的广告主、广告经营者、广告发布者,实现行政执法与刑事司法的有效衔接,增强处罚措施的联动效能。

(十九)建立联合监督检查机制。牵头单位要会同有关行政主管部门,加大联合检查、联合督查、联合告诫、联合公告、联合办案力度;各部门要强化执法监督,落实属地监管职责,考核评价各地广告整治工作,对地方建立和落实联席会议制度情况和各部门发挥职能作用情况进行督查指导。

(二十)建立工作会商研究机制。牵头单位要根据工作需要或者其他部门提议,及时组织有关部门会商工作中出现的新情况、新问题,破解监管难题,研究制定标本兼治措施,针对具体问题,开展联合调研,研究提出有效解决深层次问题的政策建议,完善广告监管体制机制,推动广告业健康发展。

五、其他事项

(二十一)联席会议成员单位要监督指导本系统有关部门履行各自职责,加强与其他部门协调配合,落实联席会议工作制度,共同加大治理虚假违法广告力度。

(二十二)各地可参照本制度,制定地方联席会议工作制度。

(二十三)本工作制度印发后,原《国家工商行政管理总局等九部门关于印发整治虚假违法广告部际联席会议工作制度的通知》(工商广字〔2015〕106号)同时废止。

工商总局关于印发《国家广告产业园区管理办法》的通知

工商广字〔2018〕8 号①

各省、自治区、直辖市及计划单列市、副省级市工商行政管理局、市场监督管理
部门：

　　《国家广告产业园区管理办法》已于 2018 年 1 月 2 日经工商总局 2018 年第
1 次局务会议审议通过,现予印发,请结合实际认真贯彻实施。

工商总局　2018 年 1 月 12 日

国家广告产业园区管理办法

　　第一条　为提高广告产业集约化、专业化、国际化水平,推动广告产业健康
持续发展,加强国家广告产业园区建设,规范园区管理,特制定本办法。

　　第二条　本办法所称国家广告产业园区是具有功能完善的广告业发展公
共服务体系,广告产业要素集聚,广告产业及相关产业链集中度高,创新能力
强,对全国或区域广告及相关产业发展起示范、引领作用的特定区域。

　　第三条　国家工商行政管理总局和各省(自治区、直辖市)及计划单列市工
商和市场监管部门支持地方结合实际、因地制宜建设广告产业园区。配合地方
人民政府出台相关的支持政策和措施。

　　第四条　国家广告产业园区认定要正确处理政府和市场的关系,坚持社会
效益与经济效益并重,坚持统筹规划、合理布局,遵循自愿、公开、择优、示范的
原则,依照规范的程序进行。

　　未经国家工商行政管理总局认定,不得以任何形式使用国家广告产业园区
称号及类似表述。

---

① http://www.samr.gov.cn/ggjgs/tzgg/201902/t20190215_281578.html.

第五条　国家工商行政管理总局履行指导广告业发展职能,负责国家广告产业园区的管理。各省(自治区、直辖市)及计划单列市工商和市场监管部门负责组织本地区国家广告产业园区的认定申报工作,对辖区内的国家广告产业园区进行指导和监督管理。要大力推进商事制度改革,加强事中事后监管,全面落实"双随机、一公开"市场监管机制。

第六条　国家广告产业园区管理机构应当协助工商和市场监督管理部门做好本园区广告产业发展和监管的相关工作。

第七条　鼓励园区及入驻企业创新发展,加大创新驱动投入,加大对创新创业团队、产业领军人才和创新发展人才的扶持力度。强化知识产权创造、保护、运用,促进创新成果转化,建设创新型园区。

第八条　申报国家广告产业园区应符合下列条件:

(一)符合国家及区域经济社会发展总体规划和产业发展规划,并经地市级以上人民政府或者有权限的部门批准设立;

(二)园区有完整的建设和发展规划,园区规模适应产业集聚需要,有明确的地理边界;

(三)地方人民政府要建立完善的管理机制,健全管理制度,对园区建设和发展有明确的支持政策和措施;

(四)园区建设和运营主体明确,具有独立法人资格,有专门的管理机构和管理人员,运营机制规范,管理制度健全,能够有效组织开展园区的管理和运营;

(五)园区规范运营2年以上,且已经省级工商和市场监管部门认定为省级广告产业园区;

(六)以广告产业以及直接关联产业为园区产业特色和发展定位,广告产业以及关联产业企业占园区入驻企业70%以上,并形成产业链;

(七)园区内广告经营额、交易额等经济效益指标居于领先地位,在全国或本省及区域内具有代表性或示范性;

(八)拥有功能完善的公共服务平台和支撑体系,能够为入驻园区的企业和区域内的广告企业提供双创支撑平台及企业孵化、市场交易、金融服务、专业化技术支持、专业培训和人才培养、市场推广、信息交流、展示等专业服务和基础服务;

(九)园区内企业的经营活动符合相关法律规定;

(十)具备完善的基础设施,能够为广告产业发展提供必要的硬件环境。园区安全生产、节能环保等符合国家规定;

(十一)法律法规规定的其他条件。

第九条　申请成为国家广告产业园区,由园区管理机构向所在地各省(自治区、直辖市)及计划单列市工商和市场监管部门提出申请。各省(自治区、直辖市)及计划单列市工商和市场监管部门收到园区申请后,按照本办法第八条规定的条件进行初步审查,提出审查意见。

对符合条件的,经报请各省(自治区、直辖市)及计划单列市人民政府批准后,以文件形式向国家工商行政管理总局申报。

第十条　国家工商行政管理总局负责委托第三方评估机构对申请材料进行评审,组织对园区进行实地考察、论证与评估,形成评估报告,提出拟认定或者暂不予认定的意见。

第十一条　对评估提出拟认定的园区,提请国家工商行政管理总局局务会议审议通过后,认定为"国家广告产业园区"。

第十二条　国家广告产业园区对规划作重大调整时,应当经园区所在地省(自治区、直辖市)及计划单列市人民政府同意,由园区所在地省(自治区、直辖市)及计划单列市工商和市场监管部门向国家工商行政管理总局提出申请,国家工商行政管理总局负责组织第三方机构实地考察、论证与评估,形成评估报告,提出拟同意或者暂不同意的意见。

对评估提出拟同意调整的规划,提请国家工商行政管理总局局务会议审议通过后,以国家工商行政管理总局的名义发文予以批准。

第十三条　国家广告产业园区所在地各省(自治区、直辖市)及计划单列市工商和市场监管部门应当在每年1月前对园区上年度的产业发展、成果转化和运营管理等情况报送国家工商行政管理总局。

第十四条　国家工商行政管理总局依照本办法规定对国家广告产业园区进行考核,并委托第三方机构开展评估。考核结果分为合格和不合格。国家工商行政管理总局将对考核不合格的园区进行行政约谈、限期整改,行政约谈和限期整改情况作为再次考核的依据。限期整改期限不超过6个月,整改期限届满后,国家工商行政管理总局委托第三方机构再次评估,考核仍不合格的,撤销认定。

考核结果书面通知考核对象。

第十五条　对国家广告产业园区的考核包括以下几个方面:

(一) 发展方向符合国家有关政策法规和本办法要求;

(二) 园区规划实施情况;

(三) 园区管理和运营情况,包括园区组织机构和制度建设、公共服务平台建设、园区内广告企业发展、园区促进区域广告业发展、园区和园区企业配合相关部门工作等情况;

(四) 地方政府支持园区建设和发展的政策和措施;

(五) 省级工商和市场监管部门对园区管理的意见;

（六）遵守相关法律法规情况。

第十六条　国家广告产业园区有下列情形之一的，经国家工商行政管理总局局务会议审议通过后，撤销其国家广告产业园区认定：

（一）因政策或经营方向调整而改变广告业发展主业性质的；

（二）广告宣传出现重大导向问题及其他对社会造成不良影响的行为；

（三）损害消费者利益，并造成严重不良社会影响的；

（四）发布虚假违法广告或提供虚假违法广告服务，并造成严重社会影响的；

（五）经营管理不善，不能达到园区认定条件的；

（六）考核不合格，并在规定期限内整改仍不合格的；

（七）申报时提供虚假材料或采取其他手段骗取园区资格的；

（八）有其他重大违法违规行为的；

有本条第（二）（三）（四）（八）项情形的，通过国家企业信用信息公示系统予以公示。

第十七条　本办法由国家工商行政管理总局负责解释。

第十八条　本办法自发布之日起施行，2012 年 3 月 26 日发布的《国家广告产业园区认定和管理暂行办法》同时废止。

一、法律和国际条约

1.《中华人民共和国商标法》

2.《中华人民共和国产品质量法》

3.《中华人民共和国广告法》

4.《中华人民共和国反不正当竞争法》

5.《中华人民共和国消费者权益保护法》

6.《中华人民共和国药品管理法》

7.《中华人民共和国食品安全法》

8.《中华人民共和国烟草专卖法》

9.《中华人民共和国行政处罚法》

10.《中华人民共和国民法典》

11.《中华人民共和国专利法》

12.《中华人民共和国著作权法》

13.《国际广告行为准则》

14.《中华人民共和国侵权责任法》

二、行政法规

1.《广告管理条例》

2.《食品安全法实施条例》

3.《出版管理条例》

4.《公司登记管理条例》

5.《著作权集体管理条例》

6.《专利法实施细则》

7.《乳品质量安全监督管理条例》

三、部门规章及规范性文件

1.《医疗广告管理办法》

2.《广播电视广告播出管理办法》

3.《报纸出版管理规定》

4.《广播电视广告播出管理办法》

5.《出版物市场管理规定》

6.《计算机信息网络国际联网安全保护管理办法》

四、行业协会规范

1.《中国广告行业自律规则》

2.《广告自律劝诫办法》

3.《奶粉广告自律规则》

参 考 文 献

1. 崔银河.广告法规与职业道德[M].北京：中国传媒大学出版社,2007
2. 何修猛.现代广告学[M].上海：复旦大学出版社,2008
3. 王健.广告经营与管理[M].北京：中国建筑工业出版社,2008
4. [美]哈里·G.法兰克福.论真实[M].孙涤等译.南京：译林出版社,2008
5. 刘林清.广告法规与管理[M].北京：高等教育出版社,2009
6. 李明合、史建.国外广告自律研究[M].郑州：河南人民出版社,2010
7. 王悦彤、李明合.广告法规与管理[M].开封：河南大学出版社,2011
8. 倪嵋.广告法规与管理[M].上海：上海人民美术出版社,2012
9. 吴汉东.知识产权法(第六版)[M].北京：中国政法大学出版社,2012
10. 姜智彬、葛洪波.广告学概论[M].上海：上海人民美术出版社,2012
11. 倪嵋.中外广告法规与管理[M].上海：上海人民美术出版社,2016
12. 庾为.广告学教程[M].北京：首都经济贸易大学出版社,2017
13. 崔银河.广告法规与广告伦理[M].北京：中国传媒大学出版社,2017
14. 程远.广告法理与实务[M].北京：法律出版社,2018
15. 徐卫华.广告法规教程[M].杭州：浙江工商大学出版社,2018
16. 刘双舟.互联网广告法律问题研究[M].北京：中国政法大学出版社,2019
17. 中华人民共和国广告法：案例注释版(第四版)[M].北京：中国法制出版社,2019
18. 陈丽平.广告法规管理[M].杭州：浙江大学出版社,2020
19. 药恩情.广告法教程[M].北京：知识产权出版社,2020

推荐网站：

1. 中国法学网 http://www.iolaw.org.cn/
2. 中国民商法律网 http://www.civillaw.com.cn/
3. 找法网 http://china.findlaw.cn/
4. 中国大律师网 http://www.maxlaw.cn/
5. 国家市场监督管理总局官网 http://www.samr.gov.cn/
6. 中国广告协会网 http://www.cnadtop.com/
7. 中国广告主协会网 http://www.zggz.org.cn/
8. 中国消费者协会信息网 http://www.cca.org.cn/
9. http://blog.sina.com.cn/s/blog_45a49b5e010006tq.html
10. http://3y.uu456.com/bp-a2840bc208a1284ac8s043sc-1.html
11. http://finance.sina.com.cn/xiaofei/shenghuo/20050323
12. http://china.findlaw.cn/info/jingjifa/guanggao/anli/226971.html
13. http://www.cicn.com.cn/content/2014-08/26/content_145076.htm
14. http://china.findlaw.cn/info/jingjifa/guanggao/anli/227036.html